汉译世界学术名著丛书

资本积累论

〔英〕琼·罗宾逊 著

于树生 译

商务印书馆

2018年·北京

Joan Robinson
THE ACCUMULATION OF CAPITAL
© Joan Robinson,1956,1965,1969

First published in English by Palgrave Macmillan, a division of Macmillan Publishers Limited under the title The Accumulation of Capital by Joan Robinson. This edition has been translated and published under license from Palgrave Macmillan. The author has asserted her right to be identified as the author of this Work.

汉译世界学术名著丛书
出 版 说 明

我馆历来重视移译世界各国学术名著。从 20 世纪 50 年代起,更致力于翻译出版马克思主义诞生以前的古典学术著作,同时适当介绍当代具有定评的各派代表作品。我们确信只有用人类创造的全部知识财富来丰富自己的头脑,才能够建成现代化的社会主义社会。这些书籍所蕴藏的思想财富和学术价值,为学人所熟悉,毋需赘述。这些译本过去以单行本印行,难见系统,汇编为丛书,才能相得益彰,蔚为大观,既便于研读查考,又利于文化积累。为此,我们从 1981 年着手分辑刊行,至 2016 年年底已先后分十五辑印行名著 650 种。现继续编印第十六辑、十七辑,到 2018 年年底出版至 750 种。今后在积累单本著作的基础上仍将陆续以名著版印行。希望海内外读书界、著译界给我们批评、建议,帮助我们把这套丛书出得更好。

商务印书馆编辑部
2018 年 4 月

目　　录

前言 ………………………………………………………… 1

第一篇　绪论

第一章　所得的种类 ………………………………………… 11
第二章　财富的意义 ………………………………………… 24
第三章　货币的意义 ………………………………………… 35
第四章　资本和所得 ………………………………………… 44
第五章　消费和投资 ………………………………………… 53
第六章　平衡的意义 ………………………………………… 70

第二篇　长时期的积累

第七章　一种简单的模式 …………………………………… 77

第一部分　只有一种生产技术时的积累

第八章　技术不变状态下的积累 …………………………… 89
第九章　技术进步 …………………………………………… 102

第二部分 技术的边界

第十章 技术光谱 ……………………………………… 121
第十一章 资本的估值 …………………………………… 135
第十二章 黄金时代中的技术边界 ……………………… 146
第十三章 生产力和实际资本比率 ……………………… 155
第十四章 积累而没有新发明 …………………………… 163
第十五章 劳动的过剩 …………………………………… 178

第三部分 资本积累和技术进步

第十六章 技术进步没有偏向时的积累 ………………… 187
第十七章 技术进步有偏向时的积累 …………………… 193
第十八章 长期积累理论的提要 ………………………… 203

第三篇 短期

第十九章 价格和利润 …………………………………… 209
第二十章 工资和价格 …………………………………… 225
第二十一章 投资率的波动 ……………………………… 231
第二十二章 循环和趋势 ………………………………… 247

第四篇 资金供给

第二十三章 货币和资金供给 …………………………… 259
第二十四章 利率 ………………………………………… 272

第五篇 食利者

第二十五章 利润的消费 ······ 283
第二十六章 长期中的消费和积累 ······ 292
第二十七章 食利者和商业循环 ······ 301
第二十八章 食利者和资金供给 ······ 311

第六篇 土地

第二十九章 土地和劳动 ······ 321
第三十章 要素比率和技术 ······ 338
第三十一章 土地和积累 ······ 355
第三十二章 土地、劳动和积累 ······ 373
第三十三章 递增和递减的报酬 ······ 381

第七篇 相对价格

第三十四章 供给和需求 ······ 397

第八篇 国际贸易

第三十五章 对外投资 ······ 413
第三十六章 国际投资 ······ 419

附录:关于各种问题的一些意见 ······ 434
图解 ······ 460
投资资本的价值 ······ 474

前　　言

两百年来为了了解"国家财富的性质和原因"而进行的经济分析,已经被人用另一个新娘——价值论——骗过去了。没有疑问,这一更替之所以发生,有种种根深蒂固的政治原因,可是也有一种纯粹技术的、知识上的原因。要分析一个经济组织在整个时期内,牵涉到人口变化、资本积累和技术变动的全面动态,同时又要分析特殊商品的产量和价格的详细关系,是非常困难的。这两套问题都需要解决,可是每套问题都必须分开研究,用简化假设的办法把另一套撇开。两者之间究竟先牺牲哪一方面呢?一百年来经济学家牺牲了动态学说,以便讨论相对价格。这是很不幸的,第一因为假设全面的静态条件,根本脱离现实,以致不可能对其中任何事项用实证方法加以检验;第二因为这样做就不可能讨论许多实际上很有趣味的问题,而使经济学成为枯燥无味的形式主义,像克拉盘在《论空洞的经济学宝箱》一文[①]中所讥讽的那样。

凯恩斯的《就业、利息和货币通论》打碎了静态论的玻璃房子,以便能够讨论一个现实问题——失业的原因。可是他的分析以短期为范围,在这种短期内资本拥有量和生产技术都是特定的。它

[①] 见《经济季刊》(1922年9月)。

留下了一大堆长期的问题,这些问题上面都盖着一些来自静态论的碎玻璃片,而且关于这破碎的房屋怎样可以重建的问题,它只提出了一些模糊的暗示。

近年来兴趣的中心又回到了关于经济组织的全面发展的那些古典派的问题上了。这种变化的一个主要范例是哈罗德的《动态经济学》。为了简单地讨论动态的问题,哈罗德丢开关于相对价格的整个问题,进行一种对一个经济组织的全面发展的分析,而不注意价值论。本书学习了他的分析方法。

人们对古典派的一些问题重新发生兴趣,使得古典派的学说复兴。本书所讲的东西对博学的读者很多是非常熟悉的。我自己得到这些观念,并不是由于研究古典学派。在我脑子里出现的问题是如何使《通论》一般化,就是说,如何把凯恩斯的短期分析扩充为长期的分析。可是斯拉法对李嘉图的《政治经济学原理》的介绍,使我受到很大的启发。

致 谢

我之受益于凯恩斯、魏克赛尔和马歇尔,和我们大家都受益于前辈一样,在本书中十分明显地可以看出。我在某些地方为了便利读者而提到他们,并不是为了表示继承他们的衣钵。卡莱基虽然是一个同时代的人,也属于这一类。在这方面,我也要提到缪尔达尔的《经济理论中的政治成分》。

我最初试图对资本积累做一种分析,是由于哈罗德的鼓舞,我必须再一次对他的极其有益的激励表示衷心的感谢。哈罗德对我的帮助早就开始,因为正是在他的影响下我第一次有系统地陈述了"没有偏向的技术进步"这一概念,并且我们都把它作为分析的中心。① 往往是这样,康恩看出了我们正在摸索的要点,使我们能够用一种容易了解的形式把它表达出来。

哈罗德完全没有解决的一个问题是,怎样调和资本对产量的比率不变时的长期发展和魏克赛尔的生产函数所包含的概念,或哈耶克所说的"李嘉图影响"——实际工资对最有利的"生产时期的长度"的关系。关于这一课题,以及整个的积累问题,我的一些意见是在和卡尔多进行的一系列辩论中形成的,这些辩论从我们跟罗斯巴斯争论在他死后才发表的《美国工业比英国工业效率高的原因》一篇文章中提出的理论时,早就开始。②

在这种讨论中,不可能评价任何一方的贡献。我只知道我借助于卡尔多的东西很多,虽然他不一定赞同我对这些东西的用法。③

生产函数是一个很难对付的问题。在这方面我获得康恩的宝贵帮助,他又一次找到主要线索,使我的论证摆脱了我所造成的混乱。钱珀瑙恩运用他的数学专长帮助了我们。在阐述投资资本的价值问题上他所尽的力量,对我的帮助特别大,承他和康恩(在《经

---

① 参阅《新发明的分类》,《经济研究评论》(1938年2月)。
② 《经济季刊》(1946年9月)。
③ 他所发表的关于我们的辩论的著作是:《最近关于资本学说的论争》,《计量经济学杂志》(1937年7月);《论资本学说——对奈特教授的答辩》,《计量经济学杂志》(1938年1月);《资本密度和商业循环》,《经济学报》(1939年2月);《哈耶克教授和所谓错综复杂的影响》,《经济季刊》(1942年11月);《希克斯先生论商业循环》,《经济季刊》(1951年12月);《经济成长和周期波动的关系》,《经济季刊》(1954年3月);以及《钱伯氏百科全书》中关于分配理论的一些文章。

济研究评论》编者的同意下)的盛意,允许我在本书中重新发表他们关于这个问题的笔记。

另一种解答方法是由布莱斯独力提出的。

我还感谢钱珀瑙恩,一则因为他把论证推广到两种生产要素的积累问题(土地和劳动的供给固定不变,而资本投资继续进行)[1],再则因为他在阐述在特定的技术知识状况下的积累的理论方面,给了我很多帮助(即使在他不同意我的看法的时候)。

古德温、本苏桑－巴特、马修斯、约翰逊、柯亨、纳普和塔希斯等诸位,和我讨论研究,也对我帮助很大。杰克逊看了校样的一大部分,并提出了许多宝贵的意见。

编写计划

第一篇讨论积累的分析所需要的一些概念和范畴。它的一般主题是说:构成种种精确的定义,而有关的实际情况并不这样精确,那是徒劳无益的。关于这一点,我要引用波伯尔在《自由社会和它的敌人》一书中的一段话。[2]

"有人认为科学的精确和科学语言的精确有赖于它的术语的精确,这种看法确实好像很有理,可是仍然是一种偏见。不如说,一种语言的精确恰恰有赖于注意避免使它的术语负

---

[1] 《生产函数和资本学说评选》,《经济研究评论》第 XXI (2)卷,第 55 期(1953—1954)。

[2] 第 2 卷,第 18 页。

担必须是精确的那种任务。像'沙丘'或者'风'这种名词确实是很含糊的(一个小沙堆必须有多少英寸高才可以叫作沙丘?空气必须流动得多快才可以叫作风?)然而,对地质学家的许多用途来说,这些名词十分精确;为了其他的用途,如果需要比较精细的区别,他总是可以说'高度在四至三十英尺之间的沙丘'或者'速率在每小时二十至四十英里之间的风'。在更精密的科学里,情况也相似。例如,在物质的计量上,我们总注意要考虑到可能发生错误的幅度;所谓精确,并不在于设法使这个幅度缩小到等于零,或者假托说没有这种幅度,而不如说是在于明白地承认这种幅度。"

经济学上的概念,例如财富、产量、所得和成本,不比风更容易给予精确的定义。然而这些概念是有用的,有了它,经济学上的问题就可以讨论了。

第二篇,"长时期的积累",包含本书的中心部分。本篇的策略是一步一步地前进,从最最简单的假设走向越来越复杂的情况,在每一步中学好可能学到的一切,然后走向下一步。第二篇的第一部分"只有一种生产技术时的积累",含有这样提出的一些最重要的命题,其余部分可以认为是环绕着这个核心的种种复杂情况和限制条件。这一部分里所用的简单化的方法,是假设在任何特定的发展阶段都有严格不变的技术系数,所以,如果消费的型式是一定的,则劳动对设备(以设备能力计算)的比率也是一定的,不管工资和利润的水平怎样。在第九章里,没有偏向的和有偏向的技术进步都在这一假设下进行讨论。

在第二部分里，取消了这一假设，而在论证中谈到工资水平对技术选择的影响。这个问题极端复杂，分析的困难和它的重要性不成比例。然而，似乎有必要略加研究，既因为它在实际上有些重要，又因为它(以一种生产函数的概念为口实)在传统的经济学说中占着广泛的地位。

在第三部分里，技术进步的分析又和工资对技术的影响的分析结合在一起。

第十八章总结一下上面推论过的一些定理。

第三篇讨论一种各事变化无常以及对未来的预期受现在经验的影响过大的经济组织的演化。这种预期状态引起活动方面短期的波动。投资率逐年的波动和它在长时期内的趋势的关系，在第二十二章里讨论。

第四篇讨论金融和货币制度。在经济生活的这一部门中，某些制度形式(例如中央银行)和法规(例如规定通货的发行的条例)起很大的作用；在这里不企图解释或评价规章制度在实际经济中所采取的个别形式。所有对制度规章的运用情况的说明，都是用一般化的因而也是高度典型化的形式做出的。

到此为止，论证一直是在这样一个假设下进行的，即没有从利润中支出的消费。第五篇向读者说明食利者是怎样一种人。我们于是不得不回过头来考虑怎样修改我们已经提出的论点，以便容纳从利润中支出的消费。这样的安排也许对读者有些麻烦，可是(我相信)这样做比把食利者引进第一个模式，麻烦要少一些。

到这一点为止，我们假设没有土地的稀少性。在第六篇里开始引入地租，又一次我们不得不回溯以前的论点，说明需要怎样一些复杂的修正，以便容纳土地的稀少性。这个分析中很多地方可加以修正，使其能适用于多种多样的生产要素所造成的问题，例如熟练的和不熟练的劳动。

这一篇的最后一章（"递增和递减的报酬"）以及其余两篇（"相对价格"和"国际贸易"）很概略地勾画出在现时经济学说中占很大地位的大家熟悉的园地；这里谈到这些问题，是为了显示这一部分和积累问题的关系，而不是为了对这些问题提出什么新的贡献。

全部理论尽可能作为一种分析而提出，尽可能少做争论。

接下去我陈述一些对各种问题的"意见"，辩护我所用的各种概念，显示它们和某些其他分析方法的关系或者分歧。提出这些"意见"不是为了对现时的经济学说进行探讨，而只是为了帮助读者看出本书的理论在哪些方面和他可能熟悉的某种思想有冲突。

关于投资的边际生产力的概念的讨论，既是非常重要又是非常令人感到困惑的，似乎最好把它放到本书的主要内容中去。因此，它被列在第三十章后面。

"图解"说明正文里的一些可以用平面图来研究的定理。

最后附列的钱珀瑙恩和康恩的"投资资本的价值"，提供一种根据某些简单化的假设而做出的公式，可以用来计算资本财货的成本中的利息成分。

琼·罗宾逊

剑桥，1955

第一篇

绪论

第一章 所得的种类

知更鸟的经济生活比人类的经济生活简单。一年的大部分时期中,知更鸟的工作只是觅食。一只知更鸟占据某一块地方,其他知更鸟的所作所为,好像它们都承认它对这块地方的产权似的,因为各人似乎都能奋勇战斗,保卫自己的领土,可是在侵犯邻土时就显得软弱,容易被对方吓退。每到春季,有一个配偶来和雄鸟同居,那雌鸟除了自己觅食以外,还从事于基本建设,找寻材料,营造窝巢。在雌鸟孵卵期内,雄鸟做一些额外工作,来供养雌鸟;同时双方都做一些额外工作,来抚养它们的幼雏。[1]

有些人类的经济仅仅比知更鸟的经济稍微复杂一些;在一种自耕农社会里,每份人家都有一块土地,从土地上几乎生产他们所消费的一切,只和其他人家做极少的一点交易。可是在工作中(以及不幸在战斗中)许多各有专长的个人进行合作,所产生的成果,远远超过他们单干的总和,因而人类的经济组织发展成为非常复杂的专业活动的集合体。互相关联的各种活动的成果怎样分配的方法,于是就成为重要的问题了。

---

[1] 参阅拉克:《知更鸟的生活》。

工作和财产

知更鸟吃掉它所找到的虫子；对它来说，生产和消费是完全结合在一起的。在发达的经济中，一个人靠消费整个社会的共同产品的一部分而生活；其中没有一点东西显而易见是他自己的，对产品的分享必须按照某种规则来进行。再则，知更鸟边走边吃，而人类的各种生产大多数包含一些需要时间来完成的过程。今天可以利用的源源不绝的消费品是过去所做的工作的结果，并且工作中所用的工具和设备可能又是很久以前建造的。这些工具和设备必须有条不紊地加以照料和管理，不许任何人抢夺或毁坏。因此，在人类的经济中，对于资本货物——设备和在制品——必须有财产权，和对于土地一样。单靠工作而没有财产，不能生产任何东西；单有财产而没有工作，财产很快就会消耗掉。有关这方面的规则，大部分是关于怎样把工作和财产在生产中结合起来，以及两者所赋予的在成果中分享一份的权利。

在奴隶经济中没有由于工作而产生的所得。奴隶们的消费是资本财货的维持费的一部分。生产成果全部归于财产的所有人（如果有些所有人给奴隶的报酬超过生活和再生产所不可少的最低数量，这是例外，因为奴隶没有权利，这种赐予应该作为主人的恩惠，而不能作为奴隶的劳动所得）。自己有工具和自己组织工作的工匠，用他自己的产品交换其他的产品，从而在消费品的总产量中分享一份；对他来说，来自工作的所得和来自财产的所得是结成一体的。在一个彻底的社会主义经济里，财产由集体所有，工作由集体组织；所得的分配一部分采取免费服务的形式（教育、医药等），一部分作为根据个人的工作贡献对各人的配给。在资本主义经济里，财产由少数的个人所有，这些人按照双方同意的工资雇用许多人的劳动，组织他们的工作（直接地或者通过所雇用的经理）。生产成果超过工资支出的部分似乎就是来自财产的所得。

没有一个实际的经济组织符合于一种纯粹的类型，以资本主义为主的经济包含许多专为自家消费的生产成分、许多工匠生产的成分以及许多社会主义的成分。然而，这些简单的类别是有用的，只要我们记住，必须把无数的复杂因素加进去，然后才能使抽象的分析和实际情况对比。

企 业 家

在资本主义制度下，任何人只要掌握足够的购买力或者财力，并且知道怎样加以运用，就能成为劳动的雇主或者企业家。在典型的情况下，他准备一个工作的地方——工厂——以及一些设备和一些作为工作对象的材料。他所雇用的工人们把劳动借给他，可是由于他们只有很少的财产或者完全没有财产，而必须靠挣来的钱生活，他能向任何一个工人借入的劳动量是有限的，通常他在每周之末偿还这种债，就是从他的资金中支付工资（领取薪俸的雇员可以把他们的服务借给他一个月或者一季）。到了生产和销售的第一个循环完成的时候（循环期的长短决定于生产过程和产品销售所需要的时期），企业家已经收回了（如果他的经营顺利）原料的成本和工资的支出，于是第一次循环的货价收入可以用作第二次循环的资金,并且像这样依次递转下去,只要生产和销售顺利地继续不断。工厂设备的使用的循环期通常比生产的循环期长得多;企业家为了在工厂设备的有效期限告终时可以有资金来更新设备,必须在使用期内从收入中积累一笔折旧基金。只要他这样做,并且他的营业始终顺利,一笔资金投下去以后就能创造出一批可以无限期地继续存在下去的资本财货。然而,投资不免有一种风险,因为经营不能保证一定顺利;如果不顺利的话,比如由于这种生产物的市场突然萎缩,资本财货的价值就会低落或者完全消灭。那时候企业家就会后悔没有把原有的资金运用在不至受到损失的其他方面。要成为一个成功的企业家,第一项必要条件在于能够选择一些不发生这种不利情况的生产途径。

在资本主义的早期,典型的企业家是一个把自己的资金投在一个由他自己管理,并以后作为一个经营中的企业传给他的继承人的企业里的人。现在仍然有很多这样的企业家,可是大规模生产的有利条件(技术经济和战略力量两方面的有利条件)以及使大规模经营成为可能的金融组织的发展,已产生了许多庞大的分设许多部门的由一批经理人员管理的公司。这时候这些经理在形式上是产业所有人的雇员,可是他们对业务细情的知识使他们有很大的独立性,这种独立性实际上往往等于完全的控制。在现代的情况下,"企业家"是一个没有定型的概念;然而,有关业务经营的问题必须做出决定,无论是由个人还是由个人之间的相互作用来决定;因此,也许我们可以认为(加上一些适当的保留条件)他是一个体现公司政策的决定问题的实体,并且用一种人格化的说法,把"他"称为企业家。

资本主义的经营方式促成大规模生产以及精细技术的使用。独立自主的工匠们很难合作，因为各人都不愿意受别人的牵制；没有财产的人则不得不服从纪律。企业家能够组织大批工人，实现分工的经济；他们对资金的控制使得每一个企业家有可能为他所雇用的工人置办复杂的设备，他为了竞争以较低的售价压倒别人，必须这样做；这使每个工人的产量（就标准化的产品来说），比一个独立工匠的产量高得多。因此，生产的控制，一经集中以后，人们就不让它再分散，这一套经营方法现在仍在实行中。

食 利 者

资本主义的经营方式便于建立债务形式的财产。甲向乙借入对购买力的支配权，借贷的条件一般包括一种偿还的保证和约定按双方同意的利率支付利息，并且给乙方一张欠据。这欠据乙方可以出卖，也可以用作抵押品去借款；那债权是他的财产。这种债权有各种不同的名称，视债务的条件而定。用地皮抵押的叫作抵押单，短期归还的叫作期票，期限较长的（或者不规定偿还日期的）叫作债券，等等。

在资本主义以前的经济中，最通常的借钱的原因（除了战时需要以外）是为了消费，借入者或者是乱花钱的人或者是遭遇不幸的家庭。当时舆论是反对放债者的，因为他们从别人的坏习惯和苦难中取得高利贷的收入，当时关于债务方面的种种规定都不利于促进这种交易。

如果人们投资于资本财货并且在生产过程中雇用工人，从而获利,情形就大不相同。借款人有信心地预期能从他营业的收益中支付利息;贷款人完全不是利用别人的不幸为自己谋利,而是帮助一种生产过程,使整个经济的生产资源可以增加(除了判断错误的或者纯粹竞争性的投资)。因此贷款人得到人们的好感,人们制定了详细的法律条文来促进各式各样的借贷,并便利第二手债务的买卖。

现代金融技术的发展,产生了一种重要的财产形式——普通股票——这种财产介于债务(例如债券所代表的债务)和企业家所有的资金之间(企业家控制着这笔资金所投放的企业)。在法律上,一个股东持有某企业的股票,就是那个企业的部分所有人,可是有限责任的制度以及通过第二手(证券交易所)买卖股票的便利,已经使所有权和控制权分开,这使许多股东在实际上更像是贷款人而不大像企业家。股东可以大致分为"内部的人"和"外部的人",前者在某一个企业中保有大量的和长久的股份,对企业的事务有积极的兴趣,后者的财富则分散在许多企业里,对于任何一个企业没有继续不变的兴趣。内部的人履行企业家的某些职能,而外部的人对某一个企业的关系很像是它的债权人(债券持有人)的关系。有些时候,一个企业的所有人可能完全是一批流动的外部股东,他们完全听任经理们凭自己的意志去经营企业。这时候企业的法律上的所有人就丝毫没有企业家的气味。

我们借用了法语中食利者(rentier)这个名词,来指一个从自己保有的债权上取得收入的人(就是以债券的利息为收入的人)。用这个名称来包括一切从金融财产上取得收入的人,是很方便的,虽然有些食利者(就这种广义的用法来说)如果是内部的股东,同时部分地也就是企业家。

我们也不妨借用法语中债务投资（placement）一词来指债权或者股票的买进，不管是用新近的储蓄买进的还是用卖掉别种财产而收入的款项买进的。因此，投资这个名词可以局限于用资金来创造资本财货这一意义。① 把范围扩大来说，我们可以用"债务投资"来指各种金融财产，这种东西本身虽对消费或生产都没用，可是具有价值，因为它们贮藏着购买力，其所有人可以随时用来购买或雇用在他自己所在的经济组织中可能得到的物品或者服务。因此，债务投资是指银行存款（代表银行欠个人的债）、债券和期票（代表各种法人团体欠个人的债）、股票（代表对公司的部分所有权）等的东西。所以，我们所用的食利者这个名词的范围，与债务投资所有人这个概念所包括的范围是同样广泛的。

和一切经济范畴一样，债务投资的概念是极为模糊的。人们要持有股份，部分地是作为一种对有关公司的控制的手段。土地（上面有建筑物或者没有）有时候是一种纯粹的债务投资，例如一个土地所有人持有地契，仅仅把它作为一种货币收入的来源或者潜在的出售价值，而对它没有其他兴趣；可是很多土地部分地是一种消费品或者生产工具，同时对所有人也是一种购买力的贮藏。商品的存货既是为了生产上的用途，也是作为一种投机。某一物质的东西（例如一所房屋）是最像消费品还是最像资本财货或者债务投资，决定于所有人的习惯和心理状态。在两个极端，区别是明显的。持有英国的老统一公债，只能是一种债务投资；一个煮熟的

---

① 可能也有对纯粹金融企业的投资（参阅本书第五章"投资的种类"一节）。

嫩蛋只能是一种消费品。对经济上的各种范畴总是这样,我们必须依靠常识上大致的区别,而不能依靠学者们对词汇所下的定义,那些定义精确的程度超过它们所适用的概念。①

资金供给

一个企业家能用以筹措资金的主要方法是:收回他以往放出的债款,例如提取银行存款;卖出他所有的某些财产;或者借入款项,这时候他可以直接用自己的财产作抵押品(例如用土地抵押),或者使对方知道他确实拥有财产(这种财产在他的投资万一失败的时候可以用来偿还他的负债),从而取得优惠的条件。(一个放出没有靠得住的抵押品的贷款的人,往往索取高利,这样使得他的到期偿还的债户补偿他在那些到期不能偿还的交易中所受的损失。)他也可以通过出售他所经营的事业的股票,以取得资金,或者,如果他的企业已经是股份公司,他就可以发行新股票。

外部资金(区别于由企业的自有财产所供给的资金而言)是由拥有财富的人所供给,他们愿意从他们的财产上取得一种报酬或收入,而本身不积极参加企业。然而,就股票持有人来说,这是一个程度问题(这一点我们已经看到),因为他们作为部分所有人的法律地位,赋予他们对企业管理的一定的权利,但这种权利实际上可以行使,也可以不行使。

资金需要的产生是由于有一些人(积极的企业家)看到可以获

---

① 参阅本书前言第 5 页。

利的投资机会,而他们本身的资金不足;一方面另一些人(部分地或者完全是消极的财富所有者)愿意让别人替他们把他们对购买力的支配权投入可以获利的用途。

把贷款人和借款人结合在一起以及买卖第二手债务和股票的活动,提供了一种可以投入资金经营业务的机会,因而产生了许多专门化的职业——买卖证券和做经纪人、承兑票据、承购新发行的股票或债券,以及在第二手市场上对有价证券的价格涨落做投机生意。还有一种重要的营业,它经营债务,一方面对贷款人,另一方面对借款人提供适合于他们的条件,从贷款人愿意接受的利率和借款人愿意付出的利率的差额中取得利润(例如,保险公司一方面以保险费的形式接受借款,在发生意外事故、突然死亡、超过一定寿龄等情况下,偿还被保险人;另一方面将收得的保险费转放出去,承受一种定期偿还的或者可以在市场上出售的债券,以便在必要时可以使贷款人得到偿还,而对借款人没有什么不方便)。

在这种业务中,银行处于一种特殊的地位。银行收进来即付的或接到通知后不久就要偿还的借款(存款),放出定期的贷款(垫支)或者通过保有随时可以售出的债权券来贷款。财富所有人使用他对购买力的支配权时,最方便的方法是转移他对自己放出的债款的权利(开出一张本人的银行账户的支票)。放给某一个人的贷款,在他对别人付款以后,就再出现在别人的账户上作为存款。因此,银行既参加对借款人供给资金的业务,也提供一种方便的交易媒介,可以用来清算债务、支付款项、进行其他种种借贷以及经营各种财产的买卖。

这一切交易中赚来的所得和投机性的利润,并不和生产过程中任何可以归功于这些交易的个别部分相当；整个机构，通过对贷款人提供安全和方便，就帮助调动资金供企业家运用，因而间接地有助于建立经济组织的真正的生产资源。可是，因为各种债务投资对象的价格会变化（整个的和彼此相对的价格都会变化），一个成功的投资者的主要本领在于买进那些会涨价而避开那些会跌价的东西。这需要运用资金以及耗费脑力和精神，这方面的代价和它们对经济组织的生产力的贡献可以说是十分不相称的。

专门职业的所得

劳动所得和财产所得的区别是不明显的。大公司的经理等负责人员的报酬，可能一部分是薪金一部分是红利。在专门职业中，公开出售服务的律师和工匠有一些相同的地方（律师的工具是法律知识）；领取薪金的教师有较多的和工人相同的地方，可是教师的所得一部分是投在他本人教育上的资本的收益。

从个人的观点来看，出钱受教育这种为了取得挣钱能力的投资，可以说是持有产生收益的财产的另一种办法，但是有一点重要的不同；在资本主义制度的惯例下，这种投资不能买进卖出（虽然在较小的范围内能够给它保险并把它用作借款的抵押），因此未来的个人挣钱能力的现在资本价值，只有一种暗比的而不是实际的财务上的意义。

从经济组织作为一个整体的观点来说，相同点比相异点较为重要。我们必须投一些财力在教育上，从而储备一批教师、医生以及各种训练有素的工人，正像机械工业必须储备一批机器一样；而增加熟练的人手的储备之需要投资,正如增加物质资本财货的存货一样。

土　　地

土地,作为一种生产手段,在许多方面和其他资本财货不同。关于土地所有权的规章惯例,在不同的资本主义国家里彼此不同。在有些国家里,土地财产和别的财产一样;可是在多数国家里,土地所有人,不管是农民、小地主或者贵族,形成一种特殊的阶级,他们的社会习惯和政治利害关系跟资本家的不同。财富从这一方转移到另一方——例如农产品的价格和工业制造品相对而言的上涨——产生的后果跟财富从这一资本家集团转移到另一资本家集团的后果不同。因此,在许多问题上,地租必须作为特殊的一种所得来处理,和资本的利润有区别。

土地在技术的以及社会的特征上都和普通的资本财货不同。这不是因为土地是一种"自然的恩赐",而资本财货是人造的。每一代的人都诞生在一个已经备有生产手段的世界里;区别单纯的空地和地面上的篱笆沟渠,或者研究一条道路是古罗马人建筑的还是由于地质的变形而造成的,那是没有意义的(暂且不谈历史的兴趣)。可是有些土地供给用得尽的资源(矿藏),这些资源在使用中被消灭掉,而一般土地和某些其他生产手段,例如铁路、堤、桥梁以及(在较小的程度上)各种建筑物等具有同样的特性,都可以用比较小的财力经常维修(修建篱笆和沟渠),从而永久保持完好,也都可以用于各种各样的用途;因此土地不大容易受到损耗,也不会由于对其服务的需求变化而致废弃无用,像机器的有用寿命受这方面的限制那样。同时,在一个已经开发的国家里,增加土地的供给(例如通过疏泄沼泽或者灌溉沙漠),即使不是实际上不可能,费用也是很大的。所以土地供给的变动要比大多数因占有它而能获得收入的其他资本财货的供给的变动小得多。

另一方面,如果有新土地可以使用时(例如由于改进运输的利便),比较小量的投资就可以大大地增加生产资源。而且土地往往会受到一种"反废弃"作用的影响,例如一种新作物的发现(像橡胶)把以前无用的森林变成富饶的生产资源。正是在这一方面,自然恩赐(或者免费获得的战利品)这个概念具有很大的意义。

所得和阶级

资本主义经济中所得的来源,传统上分为四类:工资、地租、利息和利润。工资(包括薪俸)代表契约性的各种对工作的报酬;地租是一种契约性的对租用土地和建筑物的报酬;利息是一种契约性的对资金借贷(第一手或者无论转多少次手)的报酬。利润不是这样简单的一种概念。我们将用准租金这个名词[1]来指企业收入超过费用的超过部分;用利润来指准租金超过维持企业资本所需要的租金和折旧基金的超过部分。利息被看作是和股利以及自己是业主的企业家的家庭用款一道从利润中支付出来的。利润超过

---

[1] 为了明了这个名词的出处,可参阅马歇尔《政治经济学原理》第7版74页。并参阅本书第328页注①。

第一章 所得的种类

这些支出的多余部分,由企业家留作企业的财产。按照这样的看法,企业家没有个人所得。执行企业家职务的那种人的所得,包括薪俸(如果是雇用的经理)以及他们个人以食利者的资格所取得的利润、利息和股利。

一个人可能从几种不同的来源得到所得,可是大体上工资这个范畴相当于那一大类只有一点微不足道的财产、靠出卖工作生活的人的所得。地租归于一个多少有些特殊的土地所有者阶级;利息和股利归于一个食利者阶级(我们在扩大的意义上使用食利者这个名词),其中有些人兼有食利者和企业家双重身份。

中等阶级的薪俸工作者和零星出卖服务的专门职业者(私人开业的律师、医生等),一般地有一些财产,从财产上取得他们的一部分所得。对他们来说,利息是从财产上取得所得的最方便的方法,不需要为了经营管理的问题分心,可以不影响他们的专业,可是有些人可能拥有土地,而许多人是外部股东。

因此,社会的各个阶级并不完全和所得的各个大类一致,虽然大体上是一致的。

第二章 财富的意义

财富,诚如习字簿上格言所说的那样,不一定是满足欲望的源泉。有两种满足欲望的方法:一种是多得一些,另一种是少要一些。再则,人类并不用直接的和始终如一的方式追求满足;他们经常走许多弯曲的路,自寻烦恼。可是,一般地说,作为个人、集团和国家,他们确实追求财富,并且人类对财富感觉兴趣这一事实,证明其中某些人(叫作经济学家)讨论财富而无须考察人类的聪明或愚蠢是有理由的[1]。

支出和消费

经济财富不是一个很精确的观念,我们只能对它做一种大略的解释。[2] 概括地说,经济财富是对所想望的物品和服务的支配权,或者简称消费能力。生产的重要意义在于它使之成为可能的消费。在资本主义的经营方式下,生产的主要部分是为了销售,不是为了消费。各个人的动机是取得对钱的支配权,川流不息地适

---

[1] 参阅罗伯森(D. H. Robertson):《效用及其他》。
[2] 参阅本书前言第5页。

第二章 财富的意义

合于满足人类需要的物品和服务,是人们为钱而努力的副产品。在任何时候,生产的一大部分也是为了维持和增加现有的资本财货,以便在未来生产中使用。可是,一个经济中如果生产程序不供给消费的需要,这个经济就不能生存;因此,把经济组织作为一个整体来看,我们可以说生产的意义在于消费,虽然这不是它的动机。(所谓生产为了自卫那种委婉的说法,不合于上面这种观点;我们现在研讨的范围以民用物品和服务为限)

消费在很大程度上是一种个人的事情。原型的消费行为是吞食一口食物(虽然个人的欲望和欲望的满足不能和他们所处的社会无关;对热量的需要是个人的,可是一个人吃的食物的种类以及吃时心理上的快乐情绪,是受祖先的传统和邻人的习惯的影响的)。消费可以集体地进行,例如交响乐演奏会是一种集体的消费品,可是个人却是三三两两地参加享受。同时个人使他们自己的消费和别人的消费成为同一的。一个母亲对孩子们吃的东西比对她自己吃的东西更关心;一个丈夫对妻子穿的衣服比对他自己的衣服更关心。一个家庭,在某种意义上,是一个消费整体或单位;一种像家庭感情那样的东西,被个人推广到一个经济组织以内的各种集团,例如宗教派别、社会阶级以及(最重要的)国家。所以我们可以像谈到一个个人或一个家庭的消费那样,谈到一个阶级或一个国家的消费。

可是人类的集团是一种组织很散漫的实体。甚至在一个家庭内也有经济利益的矛盾。丈夫在俱乐部里所使用的消费能力越多,妻子能在食品杂货店里使用的消费能力就越少。一个国家是由具有种种利益矛盾的集团和阶级构成的。没有内部矛盾的人类社会的唯一范例是鲁滨逊,甚至他也可能受过两种相反的感情互相冲突的痛苦。一个经济组织是一个包括着许多集团的实体,它们具有矛盾的利害关系,由一定的规章惯例把它结合在一起。当矛盾非常尖锐以致规章惯例不能实行的时候,那个经济组织就不能再存在,就会崩溃或者变为另一种不同的组织。因此,只要它继续存在,它就是一种具有单一性的实体,同时又部分地是可以分开的。当我们仿佛谈一个个人的消费能力那样谈一个家庭、一个阶级或者一个国家的消费能力时,决不可忘记同时提出那侦探小说中的问题(cui bono?),这句话往往被误译为:"有什么益处?"可是真正的意义是,"谁得到益处?"

经济财富支配哪种物品和服务呢?消费能力决不能和购买力等同起来——后者是对那种有一个价格而可以用货币这种尺度来衡量的东西的支配能力。即使最发达的资本主义社会也还包含一些重要的不能估定价格的严格节约的生活领域,在一个家庭的住宅和园地的范围以内,有很多为直接消费而进行的生产是与最重大的物质福利有关系的——从一磅马铃薯中能得到多少热量?我们可以给予家务工作以一种抽象的货币价值,可是这样做似乎很不自然。在马铃薯问题上,怎样来估价和比较一个英国主妇和一个法国主妇的成绩?一个国家的天然资源中一个很重要的部分还没有动用。一座猎鹿林和一片沼泽地(徒步旅行家可以在那里任意徘徊),在各方面都很相同,除了前者能收取地租而后者不能。两者都有理由可以要求被看作经济财富。国家财产中很重要的一部分——特别是公路系统——不是在社会主义的而是在下列共产主义的经营方式下管理起来最方便:各人按需要使用,按负担能力纳税。所以购买力和消费能力它们的范围并不是同样广阔的。

把经济分析应用在购买力上要比应用在总消费能力上容易得多。这一门学问,因已得到发展,最适合于那一部分可以交换因而互有价值或购买力的物品和服务的生产与消费。专供消费的可以交换的物品和服务,可以简称为商品。商品一经销售就脱离统计家的视野;消费在私人家里进行。因此,只因购买能计量、消费不能计量就把商品的购买和消费等同起来,这是一种魔道。可是这是一种很不确切的说法;就连对于由商品的购买来供应的那一部分消费,也是如此。消费需要时间,购买只是消费的开始。诚然,就某种物品——一本很旧的书或者一顶很新的帽子——来说,光是购买行为本身就已是一种快乐,且不说以后对那件财产的享受;可是就大多数东西来说,购买的唯一动机是为了在一段较短的或较长的未来时间中享受这些东西的服务。[①]

然而。把购买当作消费的那种思想习惯已经根深蒂固,它影响普通人的态度,也影响经济学家的论点。当英国实行衣着限额配给时,在每个人看来,每人配给若干张券而完全不管货物所代表的消费能力的不平均分配,似乎是完全公平而平等的。这种思想习惯在理论上会使人误入歧途;在实践上它会造成生产者的偏见(无意识的或者故意的),他们在资本主义的经营方式下,可以从经常售出一种很快就会坏掉的货物中获得较多的利润,比设法以对一定的支出来说在技术上可能的最大限度的消费能力供应购买者

---

① 参阅博尔丁:《经济学的改造》,第 135 页。

获利更多。

还有一种情况,在这种情况下,货币这个尺度的使用会引起误解。对许多资本家来说,销售产品比生产产品更加麻烦,消费者购买实物时所付的价格中很大一部分不是补偿实物生产以及技术上必要的运输和保管等费用,而是补偿劝说消费者来买的那种广告等费用。这意味着如果我们以为消费品单纯地是一种具体的和可以享受的东西,货币这个尺度就不能始终衡量我们所想的那种东西。

可是尽管像上面这样说,实际上具体物品和有效服务的总量确实会发生重大的变化,个人和集团的购买力是影响他们的消费能力的主要因素,所以对购买力的支配权是一个值得讨论的问题。

购买力和支出

购买力必须分两层来研究——一层是个人或集团对货币的支配权,一层是一个货币单位给人的对物品和服务的支配权。

所谓购买力,如果用个人在任何一个时刻所支配的货币来解释,不是一种很精确的数量。购买力肯定不限于家里或者他的银行活期账户上的现金。也不仅仅在于他的债务投资(一种纯粹金融性的资产)。[①] 一件大衣,虽然一般说来,人们想要它只是作为一种消费品,可是同时也是一种购买力的贮藏,这笔购买力可以随

---

① 参阅本书第 17 页。

时取用,只需把大衣卖掉或者当掉。购买力也不限于财产;它可以包括借债能力或者信用。透支的便利也是一种很好的购买力的来源,和银行存款完全一样。再说,个人各自所有的购买力的贮藏(这使他们觉得自己可以随时动用,因而安心),不能加在一起作为整个经济组织的总贮藏。假如每个人同时要使用他的购买力,那经济组织就会在一次超通货膨胀中爆炸。

然而,在正常的时候,个别的购买力所有者对于怎样使用购买力具有相当调匀的习惯,一个经济组织运行的情况决定于购买力的使用,不是决定于购买力的存在。因此,用货币计算购买力的那种概念的含糊,并不损害进行经济分析的可能性。我们可以计算一个家庭或者一个集团在某一段时期中使用的购买力的总额,例如他们一周或一年的支出。通常所谓的"国民收入",就是全国所有的家庭一年中支出的总数(加上投资于新资本财货的支出以及输出和输入的差额,不管是顺差或逆差)。支出本身是一个很有趣的问题,因为它给物品和服务造成市场,维持经济组织的运行。在本书中,我们有兴趣的是作为一种计量某些个人或集团的消费的(很不完备的)指标的支出。

购买力的计量

一笔钱的实际购买力在于它可能买到的各种物品和服务。这里我们说到购买力分析中较低的一层,碰到一些新的问题。

人类的头脑天生富有诗意,会从一些不可思议的本体来思索。说是各种事物就是现在这样,而不是另一种东西,这种说法人们不得不接受，可是不合人们的性格。把经济财富看作由劳动注入的若干价值，或者看作可以通过消费而获得的若干效用，比认为它包括只有在按照一种多少有几分武断的惯例来计量时才能把它看作一种数量的许许多多这样那样的东西，要容易得多。

货币的绝对购买力（在特定的时间和空间）是一种很难捉摸的概念。可是为了分析经济学所研究的那种问题——支配个人、集团、国家或者人类从事于财富生产的条件，以及支配他们之间财富消费的分配的条件——我们所关心的主要是总计数量或份额的变化，而不是绝对数量。因此我们的兴趣在于对购买力做种种比较，而不在于要测量绝对的购买力。

要比较不同的货币支出的实际价值，势必要比较不同的这样那样的物品。假设我们要比较一群消费者在两个不同时间购买的物品，就用一种简单的情况来说，所有的都是熟悉的东西（鸡蛋、大衣、音乐会入场券等），对于这些东西的物质性能、新旧、耐久性等等有明确的规定，两张清单都附有样品；那么，这两张清单唯一的不同是在价格和数量方面。

最简便的比较方法是用其中的一套价格来求得这两套商品的价值。这样，如果我们要比较前后两个日期买进的东西，我们可以把第二张清单上的每一个项目按它的价格抄到第一张清单上去。然后，我们用一种不合逻辑的但是方便的说法，把这样得到的总数上比例的差额叫作购买量上的变化。

由于采用第一张清单上的价格，如果所买的各种商品的比例有了改变，我们会过分抬高后一日期的购买量。在第一张清单上以高价出现的一些商品，可能在第二个日期供给多而价格较低；按

第二章 财富的意义

照这种计算方法,它们对购买量指数的影响,部分地反映在第一次情况下由于供给稀少而造成的高价,那种情况现在已经不切合实际。①

另一方面,根据第一次的数量按两套价格来计算,如果相对价格在两个日期之间已经发生变化,则对于一群购买者中各个人从一定数额的支出上所享受的利益,估计又太低。一个消费者有自由可以用他的购买力尽可能取得最有利的买卖,他会每次购买那种和他的欲望相对来说他认为便宜的物品;因此他使自己全部购买物的组成内容适应各种价格的情况,不管他受广告的诱骗或者炫耀心理的影响到什么程度,(在一个典型的实例中)他始终存在养活一个家庭这一事实,就说明他的欲望和他的需要根本上是符合的。这样,在相对价格变动以后,他得到较大的利益,虽然在计算法中会表现为一笔等量的实际购买力。②

为了估计由于使用第一套价格或数量而造成的偏向可能达到什么程度,我们用倒算的方法,按第二期的价格来计算第一张清单上各项东西的价值(反过来也是这样);这就会对购买量的增加估

---

① 例如,如果第一张清单包括60个面包,共计价格一镑,还有一盎司鱼子酱,价格一镑;第二张清单包括48个面包和五盎司鱼子酱,用这种方法缩成的指数就会表现购买量已经以290对100的比率增长了。

② 假设在第二次的情况下面包价格仍然是每个四便士,而鱼子酱现在是每盎司二先令。一个在第一期中购买六十个面包和一盎司鱼子酱的人,按照指数计算法,会被认为在第二次情况下以一镑二先令和在第一次情况下以二镑取得同样的对实际购买力的支配权;可是现在他消费着较多的鱼子酱(除非他买这种鱼子酱主要是为了摆阔,而现在已经失去这种作用),从指数表现的所谓不变的实际购买力数量中得到较多的利益。

计过低,对购买力的增加估计过高。①

没有一种理想指数的目标存在于这两个极端之间(或者可能用比较精细的计算方法去找到)。所谓出产的量和货币的购买力都是非常抽象的概念。② 我们只能说,那两种情况的真正事实用两套指数来说明,比单独用任何一套(或者一对)指数,较为准确一些。

再说,在两种情况下相对价格的不同,意味着从不同消费者的观点来看,货币购买力的变化是不同的。从某一个特殊消费者的观点来看,清单上的商品有许多是和他没有关系的,这或者因为他对那些东西不爱好,或者因为他的收入根本不容许他买。一个戒酒者对威士忌的价格没有实际的兴趣,一个骑自行车的人对汽油的价格也是这样。(社会上一些集团是由许多购用大致相同的商品的个人构成的。例如,生活指数一般是旨在表现一批与普通工人阶级家庭有关的物价)

支出方面的变化,通常总带来相对价格方面以及销货构成内容方面的变化,因此我们决不能期望编法不同的指数之间完全没有悬殊,或者购买力的变化对不同阶级的消费者完全没有差别。

当总支出在一个短时期中很快地发生变化时,某些商品的出产量不如另一些商品适应得那样灵敏,结果前者的价格变动就较

---

① 这一类,从 60 个面包和一盎司鱼子酱变成 48 个面包和五盎司鱼子酱的变动,就表现为购买量的增加,比率是 26 对 22,因而指数从 100 上涨到 118(不是到 290),鱼子酱价格从一镑减到二先令的下跌,表现为货币购买力的增长,比率是 116 对 26。这样,第一种指数大大地高估购买量的变化,第二种指数大大地高估购买力的增长。

② 参阅凯恩斯著《货币论》,第 1 卷,第 87 页。

第二章 财富的意义

大。特别是工业制造品的出产率能够比农产品改变得较快(当这样做是有利的时候),因此在商业繁荣和萧条的过程中,农产品对工业制造品的相对价格通常有一种涨落。食物在穷人家庭的预算中比在富人家庭的预算中占着较大的比例,所以这种相对价格上的变化就是不同阶级间实际所得的分配上的变化。

就长期来说,由于资本积累和技术进步而来的生产力的变化,对不同商品的影响不同。特别是,每一工时单位产量的逐渐增高通常会使相对于货币工资率而言的价格逐渐降低,因而使物品相对于服务而言越来越便宜。购买情况对物价情况的适应,特别是就中等阶级家庭来说,于是逐渐地改变消费习惯的整个构成内容(使用较多的电气器具,减少家务仆役;多买几双鞋,少由皮匠修补打掌)。这会使不同指数之间悬殊极大。

即使在物品的种类没有区别而只有数量和价格不同的时候,这一切含糊不清的地方也会产生。实际上,各种特质,包括那很重要的耐久性在内(这一点在人们把购买和消费同等看待时被忽略了),随着出产率以及时间的变化而变化。再则,全新品种的东西在清单上出现,而旧的不见。这引起购买力方面的一种差异,而这是不能用数字来表示的。(考虑一下一笔货币在不同的地方——例如伦敦、巴黎和苏格兰西方的群岛——对物品和服务的支配力的不同;就长期来说,像这样重大的质的区别在单独一个经济里也会发生)

消费的方式也对各种消费者角色起作用。雇用仆役的女主人和使用电动器具而亲自劳动的主妇是两种不同的人,驾驶汽车的人和骑马的人也不同。形成不同的消费者集团的不同的消费方式，不能用数字来进行比较。任何一个集团的消费者如果突然进入另一个集团的生活，他会觉得好像到了一片一无所有的沙漠或者一座有着各种不习惯的嗜好的天堂。

经济学是对财富的科学研究，然而我们不能衡量财富。这似乎是一种很为难的情况。但并不是完全没有办法的。当购买的内容在比较短的时期中发生大变化的时候，对那些不能很快地改变嗜好和习惯的消费者集团来说，一套指数所表示的现象，使我们至少有可能大概地说明当前的情况。甚至在长时期里，这种指数也不是完全没用的。任何时代和任何地方的人类，在食、住和娱乐方面有种种共同的需要；经济学家说明问题的方法（只要运用的时候适当地注意它的局限性），还是可以用来做出确实而重要的贡献，有助于一般地说明社会的种种变化。

第三章 货币的意义

经济理论的目的之一是透过货币的现象看到背后的真实情况。[①] 普通人是很少透过现象去看本质的。在他看来,货币意味着财富。当他说"钱不是最重要的东西"的时候,他的意思是(用经济学家的语言来说):对物品和服务的支配权跟幸福并不是同一回事。然而,当他说"钱不是它原来那样了"的时候,他确实透过现象看到了本质。这时他的意思是说,一个货币单位对物品和服务的购买力近来降低了。

货币和购买力

普通人一心地注意钱,是因为他希望(根据他个人的环境)通过工作、节约储蓄、投机、雇佣劳动、要求提高工资,来增加他对钱的支配权,而一个货币单位所代表的对物品和服务的购买力是从整个经济运行中产生的东西,他对它是毫无办法的。

再则,一个资本主义经济的运行(或者,实际上任何一种比知更鸟的经济复杂得多的经济的运行)需要一项必要的条件,就是,

---

① 参阅庇古:《货币的价值》。

它的成员应该用货币来进行思想活动，而不是用购买力来进行。因为，如果人们具有高度的购买力意识，当他们预料货币价格上涨时，他们就都会成为不是为了使用而是为了涨价而购买物品的投机家，而这种投机行为本身就会使物价上涨，结果是，除非有强有力的控制，货币制度将在过度膨胀中崩溃。或者，当他们预料物价下跌时，各人都想方设法卖出自己可能出卖的东西，而除了不可避免的眼前的需要，什么也不买进，结果使生产程序停顿。为了维持制度的运行，普通人必须在行动中好像他所说的那样，以为一先令总是一先令，即使他模模糊糊地知道实际上不是。

然而，经济学家必须具有购买力意识，因为他所关心的是财富的总数和它的分配。为了要分清货币和财富之间的种种关系，设想一个一切交易都用实物来进行的非货币的世界，是很迷人的。可是，把由这种假想情况中得出的结论，应用到资本主义经济上，是会引起误解的。我们可以设想一种工匠经济，在这种经济组织里，贸易以直接物物交换的形式来进行，或者用实物来进行简单的三角式交易。任何一种可以交换的商品代表它本身以及对其他商品的一定数量的购买力；编篮筐的人可以把他的货品卖给铁匠，换取铁钉，这些铁钉他不准备使用，而准备以后用来换取别的东西。可是在这些条件下所可能做到的专业化和贸易一定很有限，实际上我们知道，货币作为一种普遍接受的支付媒介或手段，在人类经济组织向复杂发展的过程中很早就已出现。特别是，工资经济需要货币。一个创办企业的雇主，在他还没有任何东西可卖以前，就得支付工人的报酬，因此他必须先有一笔这种形式或那种形式的购买力（资金），然后才能开始经营（在工人等待从业务收入中分取

第三章 货币的意义

一份作为报酬的场合,他们是合作者,不是雇员;这需要一套和资本主义经济中大不相同的规章惯例)。对一个已在经营中的企业来讲,用自己的产品来支付工人的报酬,是效率最差的办法(除非他们自己的产品恰巧是一种方便的交易媒介);因为,如果工人们必须从事于物物交换的贸易,用自己的产品去换取他们要消费的各种东西,他们就没有时间或精力来工作。[①](再则,那样他们将自己担负企业的风险,而这又需要一套不同的规章惯例)因此,一个还没有发明货币的社会,不可能发展成资本主义经济。

知更鸟的那种经济是非货币的经济,因为家庭和家庭之间没有专业化和交换(知更鸟并不用毛虫交换蛆虫,它取得领土是通过征服或占领,不是通过购买),同时在家庭内部,权利和义务都由严格的惯例规定得很清楚(通过天赋的本能而执行),不需要任何报酬。母鸟不需要资金就可以筑窝,因为它在同一时间内自己可以觅食。而后来公鸟给它取来的食物,不是用来诱使她孵雏的一种报酬,而只是在它不能离开蛋的时候维持它生命的一种手段。人类经济生活中很大一部分须受类似的家庭内部惯例的支配,这种惯例不涉及钱的问题。可是对那较大的人类经济组织来说,某种形式的货币是一种必需的条件。所以,货币作为一种法制来看,已经成为整个制度的一部分,这种制度我们正在透过货币价值的表象来加以考察。

虽然我们不可能设想一个非货币的资本主义经济而不陷入种

---

① 在第二次世界大战结束和开始币制改革之间的一段时期中,西德曾发生类似这样的情况。

种矛盾,但设想一种用不同媒介物执行货币的各种职能的经济,还是一种有益的做法。假定债务的清偿和款项的支付都用铁钉来进行,价值都用银两来表示,工资合同都用若干蒲式耳小麦来订定。那么,一个雇主支付工人的报酬时可给他若干铁钉,其价值以白银计算和约定的一定数量的小麦的价值相等。一个企业的获利能力主要受它的产品的小麦价格的支配,因为这决定着雇主对一个工时的劳动必须付出多少他自己的产品,因而(在每工时一定的产量下)决定着所雇用的每一个工人所生产的准租金。铁钉的价格影响他的生产成本正像一种原料的成本影响生产成本一样,因为他必须存有一批铁钉(每周买进以资补充),正如他必须存有一批原料(在生产周期的过程中不断补充),以便使企业继续运转。在这个系统里,有三种货币价格水平:用白银、用铁钉和用小麦表示的各种商品的价格。其中最重要的是用白银表示的价格水平,因为(在一定的小麦工资率下)这既表示工资和准租金在总收入中所占的份额,又决定工人的实际工资,即他们的铁钉工资收入使他们能买到的东西。因此最好的货币是小麦(工资合同中所用的计算标准),虽然铁钉提供交换的媒介,白银提供记账的单位。

在一个有一种已经标准化的交换媒介的经济组织中(因为这种媒介被普遍地接受,像黄金那样,或者因为它已成为法定货币,像英兰银行的钞票那样),它就被表现为若干记账单位(例如,英镑,它本身仅仅是一个名词),工资合同中就用它作为计算的标准。于是货币所有的特征便合而为一了。

以货币计算的价格水平具有很大的重要性,因为除了工资合同以外还有许多合同是用货币为计算标准的,货币购买力的变化,

第三章 货币的意义

在合同有效的期间,在有关付款的实际利益和实际成本方面造成相反的变化。可是最后一切合同都改订,使得货币实际价值的改变成为仅仅是文字上的改动。就长期来说,重要的价格水平是那种以劳动时间计算的价格水平,因为,正如我们已经了解的那样,这表示整个经济的总产品在工作和财产之间的分配。

货币和财产

到此为止,我们始终在关于随着时间进展而不断进行的生产程序和分配程序方面考虑货币。我们也需要从某一时刻存在的财产数量方面加以考虑。

一件牢固耐久的东西之所以可取,也许是部分地因为它有直接的用途,部分地因为它能帮助生产,部分地因为它租赁出去的时候可以取得租金,以及部分地因为它能给所有人提供一笔购买力,他可以随时将它出售,只需把这件东西卖掉,就可以用所得价款去购买物品和服务,放出一笔新债,或者买进一笔转手的债权、一块土地或者一种企业的股票。各种不同的财产在不同程度上具有这些不同的可取之处。一张普通的安乐椅除了直接使用以外没有别的用处,因为它的转手价格很小(在正常时期),并且它会减少而不是增加生产活动。然而,一件古代的艺术作品是可取的,可以作为一笔价值,或者作为一种投机,也可以加以使用。专门化的生产机器对它的所有人没有直接用途,并且它本身(和安乐椅一样)不是一笔价值;可是作为整个企业的一部分,它可以出卖(通过股票的发行)或者可以作为借款的抵押品。土地和建筑物可以由所有人自己使用或者租赁出去。在两种情况下,它们都同时代表一笔价值。债务投资那种财产没有用处,对生产没有贡献(虽然人们想要股份可能部分地是为了取得这些股份所赋予的对企业的控制权)。人们之所以要这种财产,是为了取得债务人有义务必须付给的利息(就股票来说,是为了取得股东希望公司董事们会提出来分配的股利),并且作为一笔价值。

对任何一种财产来讲,这笔价值形态很受对它的未来价格的预期的影响。如果人们预料它会逐渐丧失价值(像普通的安乐椅那样),显然它就不是一笔良好的价值。如果人们普遍地和有信心地预期将来它的价值会增长,它现在的价格就会相应地调整,结果保有这种财产所能预期的利益,不会超过保有产生利息的债权。如果人们认为它的未来价值会发生不正常的变动,或者捉摸不定它的未来价值会怎样变动,那么,对它感兴趣的就只有那些爱好投机的人,那些想要使自己所有的财富成为一堆包含着各种风险的东西的人,或者那些刚巧对它的未来价值抱着一种比它的现在价格所反映的价值更为有利的看法的人。然而,一般说来,这样的东西,作为一笔价值,总不如一种深信可以预料的东西来得适当;因为,尽管变化有两面(可以上涨也可以下跌),对大多数财产所有人来讲,担心损失比希望获利的心较重。而且,即使人们有信心地预期有跌也有涨,一个财产所有人总担心当他急需卖掉财产换取一些购买力以供消费或投资的时候,或者当他看到有利的机会可以把资金投放在另一种财产上的时候,刚巧碰上一次不利的低潮。因此,这一类型的资产,要使人们愿意买进,必须提供产生优厚收益的希望,抵补它们在价值贮藏竞争中的厄运。

还有一项特征,是各种不同的财产在不同程度上都具有的,它跟它们作为一笔价值的性质有关,可是并不是与这种性质同一的东西;这就是,可销售性。土地在未来价值可以预料这一点上也许很占优势,可是一块土地是一件个别的不标准化的东西,它在任何特殊时间能获得出售的机会,在很大程度上决定于有人恰巧要买这块土地;再则,进行这笔交易一定有相当的费用和麻烦。相反地,一种优良的债券(就是,债务人是有名的,一般认为不会不履行义务的),拥有广泛的市场,随时有人要买进,设有固定的、便利的和费用不太大的买卖机关(像在管理得很好的金融中心那样),就在市场销路方面占着很大的优势。因此,这种资产会有人愿意买进,尽管它提供的收益低于那种未来价值同样可靠但不易出售的东西。

这两种特质——未来价值的可靠和容易销售——合在一起成为流动性,就是容易变为现金的那种性质。

凡是代表一笔价值的耐久的东西,都是可能的交换媒介,不过那些流动性最大的往往最适用于这个目的。一个财富所有人(包括那种只准备保持所有权一周的人,例如从本星期五保持到下星期四),需要有一笔存款余额可以用来应付支出,并且从收入中加以补充;一个售出者(不管是售出物品和服务还是售出某项财产)收取的代价,必须是一种他能随时用来购物或投资的东西。一个著名而可靠的债务人的保证在短期内按面值如数偿还的债券,很容易变为现金;见票即还的债务票据,更容易变为现金。它的以货币计算的(当然不是以对物品和服务的购买力计算的)未来价值,像人类变化无常的生活中的任何事物一样几乎完全是可靠的,它的容易变卖的特性非常完全,以致说它容易变卖似乎已经勉强——不如说是可以被人接受。因此,这种东西很有资格作为一种交换的媒介。最后,如果它取得以记账单位计算的钞票的形式,赋有法定货币的地位(这使得它完全可以被人接受,只要人们信任那整个机构),它就完全具有流动性。它就是货币,上面所印的"见票即付英金一镑"那些神秘的字样,只是一种历史性的暗示,说明那时候有一种流动性更大的东西,债务人保证用它来赎回这张钞票。

钞票在流动性的竞争方面处于非常有利的地位,以致无须付出利息。放给一家信用卓著的银行的见票即还的贷款(活期存款账户)提供这样的便利(不会被盗贼抢窃,用一张小小的纸就能支付任何数目的款项),以致财富所有人甚至准备给借款人一些酬劳(银行手续费)。根据短期通知偿还的借款(一种存款账户)须付给利息来抵补流动性方面的缺点。其他种种债务——期票、债券等——由于这种流动性较为完备的财产的竞争,不能作为交换媒介来运用,而且为了使人们愿意买进,不得不产生利息。

黄　　金

用作交换媒介的商品,例如黄金、白银和玛瑙贝壳,在货币的发展中起了重大的作用。最初它们是和其他商品一样,满足使用的需要(虽然是为了美观和炫耀,而不是为了任何重大的目的),可是使它们特别适合于作为交换媒介的一些特性——耐久性、标准化、可分性(以及从原始时代以来就附着在它们身上的一种神秘的气氛)——使它们成为固定的货币,一时所有的存货主要地被吸收在流动余额里,以致它们作为商品的资格成为完全次要的了。

黄金是一切商品中最容易变卖的东西,因此很能吸引人们去生产,可是地质所提供的供给量很有限,地面上的存货增长的速度赶不上流动余额的需要,于是银行出来补足这种供给。作为主要的货币形式,从黄金到钞票和存款的过渡桥梁是持有黄金准备、随时可以用黄金来偿还它的见票即付的债务的银行。这就巩固了对银行债券的信任,并使这种债券具有流动性。现在责任在其他方面,而黄金的价值主要是靠下列事实而维持的,这个事实是:某些中央银行准备买进黄金来换取它们的国家通货。

提供一种方便而可靠的交换媒介,对于一个复杂的经济组织的顺利运行非常重要,所以在所有重要的资本主义国家里都设立了像中央银行这种全国性的货币管理机构,规定了详细的法律上和惯例上的必要条件,来保障谋求利润的银行的信用,并调节国家通货的供给。然而,国际货币制度的发展还处于一种幼稚的状态。

第四章 资本和所得

资本和所得的区别,扎根于道德观念。道德既不是合乎理性的也不是不合乎理性的;好像是,它在一种不同的世界中发生影响。对雕像焚香来提高庄稼的收成,是不合理性的,因为人们观察的结果证明不信神的人用科学方法取得了较好的收成。可是焚香不是不合理性的,因为这样做是不错的和适当的。一个人想到自己一百年后能够有名会多么快乐,而让这个思想影响他的行为,是不合理性的;可是感觉到自己对世界上未来的人类有一种责任,不是不合理性的。"我们必须为了未来的世代而保存我们民族的遗产",和"我们应该为子孙做什么? 他们从来没有为我们做过任何事情",这两种说法表现两种相反的道德观念,两者的合理性分不出高低。

可是我们可以从外面来看一个经济组织,把它看作一个运行中的机构,并且它的生存能力决定于它的成员的道德观念,以及他们遵行这些观念到何种程度。(即使拿知更鸟来说,使它们承认彼此的领土权的那种本能或者无论什么东西,也起着像保证种族的生存能力的道德律那样的作用)

第四章　资本和所得

道德和生存能力

农民按季节收取庄稼,他的道德是把他从土壤中得来的东西归还给土壤,从每次收成中提出种子,以便保存未来的生产能力,不仅为了他自己的一生或者他的子女的一生,而且为了永远的未来。正是这种道德产生了资本和所得的概念。所得在于大地恩赐的成果,资本在于土壤的生产力。动物和人类的经济,可以靠挖掘土壤、利用荒地或者掠夺其他的经济而繁荣一时;可是要长期地在和平的条件下能够生存,一个经济必须充分具有农民的道德。对于一个工业经济,显然也是这样;它的生产能力大部分在于一批寿命长的现有设备,这些设备必须通过修理和更换加以维持,并且只有在那些关于财产、贸易和金融制度的规章及惯例都被人们所接受并继续实行的环境中,才能发挥作用。①

个别的农民家庭既是一个消费的又是一个生产的实体。一个国家只能在很模糊的意义上被看作是一个消费的实体,可是(虽然在许多方面和整个世界经济相互依存)可以被看作一个生产的实体。它的劳动力在于公民的脑力、体力和勤勉;它的资本在于天然资源、训练和教育以及具体的物品;它的组织部分地由公认的当局有意识地管理指导,部分地从规章惯例的实行中产生出来。

对一个国家来讲,资本和收入的区别是实际的,可是决不精确,而且农民的道德对它不完全适用。一个国家的生产部分地在

---

① 参阅凯恩斯:《和约的经济后果》,第 17 页。

于真正的采矿。它的生产又可能部分地在于采伐自然的或天赋的资源，而不保持它们将来的生产能力；部分地在于掠夺其他的经济（通过征服或诈骗）；部分地在于不顾一切地利用国外市场，以致影响它们将来的获利能力。这一切的坏处在国家道德的眼睛里是相当模糊的，因为国家对它所继承的财产的关怀只是模糊地为人所觉察。大体上，一个国家的生产资源的保存，决定于国内各个人和各个集团对于保持总体中跟他们有关系的那个部分的关怀。

食利者的资本

某些类型的个人财产和它们所在的经济组织的生产能力完全没有关系。特别是对国家公债的投资有这种情况。钱早已借去，用在军事方面来破坏东西。这种债务不和生产能力方面的任何成分相应，仅仅靠政府的信用做担保——就是，靠人们相信政府将安排用一部分税收或者新借款来支付那约定的利息并按照规定办法还本。名义上的利息（五厘战时公债，二厘半统一公债，等等）反映过去政府各次借款时资金的价格。一个食利者现在做一笔债务投资所能获得的有效利率或收益，决定于债券在一般市场上对投资所保持的价格。实业公司的债券或股票代表（在典型的事例中）用于创造实际资本财货的资金，可是它们在市场上的价格却受许多跟生产能力没有什么关系的势力的影响。一种和另一种在收益上的区别部分地决定于它们的流动性，而整个收益水平（利率水平）决定于在银行制度所造成的供给情况下对具有流动性的债务投资的需求。(这些问题以后再讨论)[①]因此,对整个经济来说,债务投资的收益和资本价值之间的关系,跟产量和生产能力之间的关系,联系很不密切。可是对个别的食利者来说,债务投资的收益和土地的收益十分近似。

典型的食利者是在反映农民道德的那种概念下教养出来的。他感到有权用掉自己的收入,可是假如他从原有的资本中抽取购买力,他就觉得太不应该。当他的支出少于收入时,他就认为自己节约和增多资财的成绩很好。然而,他的资本,除了作为若干数量的价值以外,没有其他方法可以表明。货币的价值也许正在变动,或者可望在将来变动;可是就我们现在的论点来说,我们将假设一般物价水平十分稳定,使得食利者有理由只根据货币价值来考虑问题。一年中总有某些特殊的债务投资的价值(就是以货币计算的购买力)在变动。那么,食利者对于他一年中的收入怎样规划呢,他可能使他的债务投资保持不变,同样的那些证券一年来始终收藏在他的保险箱里。因此他可以认为这些证券是他的资本,他所收到的报酬是他的所得。或者,当他改变他债务投资的种类时,他可以立一本独立的资本账,而把利息和股利记入所得账。可是这不过是他愿意遵守的一种习惯。对个人来讲,利息和资本增值没有必然的区别。例如,当整个债务投资者的市场预期一两年内的一般利息水平会降低的时候,长期债券(这种债券预先保证在未来许多年内每年付给一定的数目)的价值就比短期债券高(因为当债务清偿时,只能按较低的收益再投资于债务),它们的相对价格

[①] 参阅本书第四篇。

(由于市场上的供求作用)会被调节,使得短期债券的利息差不多等于长期债券的利息加上预期的增值。[①] 或者,借债人可能以低于票面的价格发行债券(就是,保证将来偿还的货币数目大于最初收取的数目),以便少付一些年息。把任何叫作利息的东西当作所得,是不合逻辑的。对个别食利者来讲,合理的程序是按期地进行估值,从一个时期内收入的利息中减去证券的市价下跌数或者加上市价上涨数,才能说他这一段时期的所得是多少,并且估计这种价值变化的意义,以便预测他将来的所得。如果他在这种预测方面很成功(根据他的经纪人的意见或者依靠他自己的想象),投资于一些价格上涨了的债券,以致他的资本增值了,他就需要自问良心,是否有权利把这种增值实得到手,把它用掉;他怎样决定,在很大程度上出于他是否预期将来会得到同样的利益,以致这种利益可以适当地认为是一种连续不断的收入。

如果他所持有的证券的价值上涨,不是由于他个人在债务投资方面的本领,而是由于利率水平的降低,并且人们预料这种利息降低是长期的,那么,他就面临了一种不同的问题。暂时他的收入没有变动,而他的投资的价值上涨了,可是,除非他所持有的全部都是很长期的债券,或是市场上深信将来有能力支付股利的股票,他以后就得按较低的收益再投资,结果他未来所得的希望已经降低。这种情况会怎样影响他现在用钱的速度呢?他可以认为他现在的所得是他的债务投资的现在价值在将来的永久收益(按照新的利率水平)。把债务投资的资本价值的增长包括在利率恰巧下

[①] 凯恩斯:《通论》,第168页。

第四章 资本和所得

降的那一年的所得之内,确实不是适当的。在利率恰巧上涨的一年中,他也不需要觉得必须(通过努力节储)恢复他所有债务投资的价值。利率水平上的变动意味着通过占有财富而能取得收入的条件上的变动(类似于在工资水平变动时从工作中取得收入的难易程度的变动),食利者可以决定接受收入方面的变动,而相应地调整他对于什么是应该用的钱的看法。可是,由于一般利率水平的变动和各种不同的债务投资的相对收益的变动混淆不清,对任何个别食利者来讲,要决定他应将其所得看作什么,绝不是一件简单的事。

谨慎的食利者所遵守的惯例,对经济组织说来也许跟对他自己一样重要。如果他在任何时候都有节约的余地,并且把他的支出保持在一种稳定的水平,他愿意把他的所得和他的储蓄率叫作什么,没有任何实际的区别。可是,如果他的支出跟他对他的所得的看法有关,那么,他对物品和服务的需求(从而同一经济中其他成员的销售)就受他所遵守的那些惯例的影响(也受他遵守惯例的决心的程度的影响)。因此,食利者的所得的定义是一个在逻辑上可以争论的问题,而食利者据以行动的见解却是经济组织中的一种发生作用的因素。

税收当局在关于什么是所得和什么不是所得这一点上所遵守的惯例,对于个人和整个经济,也是一个具有实际重要性的问题。[1]

---

[1] 参阅卡尔多:《论支出税》,第67页。

收入和成本

把农民的关于所得的概念应用在企业家的事情上,比把它应用在食利者的事情上,还要困难。一个公司的所得是它的利润,就是收入超过成本的超过额,可是收入和成本都根本不是简单的观念。

首先,可以归因于一年销货的收入并不十分明确。信用的条件不同,结果支付和销货没有一种一定的关系(而且可能碰到呆账)。第二,公司的一部分收入可能是实物。当设备在公司自己的工场里制造,以及部分加工货品的存底增多时,就有这种情况。这些东西对公司的价值在于未来(由于预期在不久的未来销货会增加而在制品增多,和由于最近销路减少而存货积压增多,完全不同),在收入方面应该相应地怎样计算,是一个需要斟酌决定的问题。

要把成本的观念弄得精确,困难还更大。甚至一年的工资总额也不完全是一个明确的数量。对公司的养老金的补助或者对食品贩卖部的津贴,可以认为是一种补充的工资成本,也可以认为是一种从利润中分给工人的红利。薪金和利润有些分不清。[①] 物资必须早些时买进而后才卖出,既然这些物资的价格是会变动的,就有一种利润或损失的成分,其多少可以根据核算价值的日期来决定。

---

① 参阅上文。

租金支出以及利润中必须作为利息而支出的一部分的数额多少,是一个有关历史情况的问题,决定于公司的资金周转依赖借入到什么程度,以及公司的房屋地基是否自有。

然而,这些是比较次要的问题。主要的困难是在长寿命的工厂方面。工厂设备一生中在三种不同的情形下损失价值:由于使用的损耗,假如搁置不用,这种损耗就会冤掉;由于时间推移而本身老旧,以及易受火烧的危险等;还有由于流动费用或者顾客需求的改变,或者由于同行的竞争,致使它的出产品不能获利。全部设备的成本是由使用期内的全部出产品分摊的,任何一个时期的出产品应该分摊多少呢?任何一年的出产品应该分摊的数目,大部分决定于这些设备的预期的能挣钱的未来的寿命。未来的寿命越短,本年分担的成本越多,因而本年的利润越小。(再加上使用一笔折旧基金做债务投资所能得到的利息,或者把它用作资金时所能得到的利润,那就更加复杂了)所以收入和成本都不是明确的货币数目,而是包含着许多假想的估值成分的。

企业家的资本

企业家的道德以一种更极端的方式反映农民的道德。对企业家来讲,谋取利润的目的不是任性消费,而是维持和扩充他的业务。因此他的道德要求他在发生疑问的时候,应该采取传统的办法,使成本尽可能显得高而利润尽可能显得低(在这方面企业家不断地和征税人员争论)。诚然,以家庭营业店主、总经理和内部股东的姿态出现的企业家,一般地确实比他雇用的工人享受一种高得多的消费水平,可是这是因为没有一个人完全实行他自己的道德要求(并且他们为自己辩解,说是为了公司的信用,必须显得生意兴隆的样子)。企业家的道德要求他(在家庭营业中)把营业放在家庭之上,以及(在经理制的公司中)分配一部分利润,只需足以保持股东的兴致,使他们不致行使法律上的权利,结束业务,收回资本,或者把企业卖给另一个待他们比较好的企业家,同时足以维持股票在债务投资市场上的价格,以便在将来扩充业务时可以方便地筹到新的资金。尽可能多的利润应该投资于增加生产能力,并且为了谨慎起见,作为被成本吸收的一部分准租金的数目应该在合理的范围内尽可能定得高。

把利润用在公司本身的习惯,部分地是由于竞争的压力,因为任何企业,如果不时刻努力扩充,就容易萎缩和失败。可是主要是由于企业家们遵守一种严格的规律。诚然,有些人满足于管理一个小企业,绝对喜爱一种舒舒服服的和不受打扰的生活,可是他们被人认为有怪癖;的确,假如所有的人都像他们那样,资本主义制度就不会像现在这样发展和繁荣。

利润由销货造成,不是通过创造财富,而是像我们已经注意到的那样,必须使购买物和消费者需要的满足相应,作为稳固的核心。因此,那似乎荒谬的对利润的追求,结果发展形成了一种经济制度,它不仅能够生存,而且显著地能生产财富。[①]

[①] 参阅凯恩斯:《和约的经济后果》,第17页。

第五章 消费和投资

今天卖出的物品,其生产成本是在过去用掉的(面包是昨晚烤制的;种小麦的田地是上年秋季耕好的)。销货是从存货中来的,现时的生产在补充存货准备将来销售。因此,从很短时期的观点来说,一切生产都是投资,销售是投资回收。可是当正规的生产循环在进行,一切按照预期的情况实现的时候,现时的生产成本大部分是从现时的销售中供给,就这一部分来讲,当然可以简单化地说,一周一周的生产的销售价值好像跟一周一周的实际销售是同样一回事。通常,在任何一周中,生产的一部分不仅是补充上周的销售,而且用来增加未来的出产率。企业家在扩大活动的过程中所运用的资金,总是超过当前出产品的成本,并且他们投资于资本财货,包括在制品的增多。(当出产率下降时,企业家运用的资金就少于当前的销货收入,减少投资)

总投资和净投资

对于用在补充损旧设备方面的支出,我们应该怎样看呢?如果计作新的投资,或者不发生技术的改变,如果各种出产率已经长期稳定,并且计划在未来一段长时期中将保持这种出产率,那么,一切生产就会是一种同样的循环在不断地重复,结果我们无论什么时候观察那个经济组织,看上去都是完全一样。这种局面需要所有长寿命的物品的年龄构成是平衡的,以便经过相当长的时间而始终不变,在任何时刻新资本财货的制成和开始工作,跟每一种旧资本财货的废弃,步调完全一致。每个工人有助于生产那源源不绝的最后出产品,保持资本财货的总数量不减少,对整个系统来讲,没有必要把消费品的工资总额和资本财货的工资总额分开。

不必设想每一个公司都使用一套年龄构成平衡的设备。考虑一家自己设有一所工厂的公司,这所工厂是一个完备的整体,具有一定的服务寿命。在某一个日期,这套设备是崭新的,它的全部寿命在于未来。在它的一生或有用期内,公司从赚得的准租金中积累一笔折旧基金,在它的寿命终了时更换一套可以说和旧设备一模一样的新设备。整个系统是平衡的,所有积累起来的折旧基金的再投资的速度恰好等于现在的基金积累的速度。

实际上这样的一种平衡是决不会有的。新的投资通常在不断进行,同时产品构成和生产技术都在改变。一个废旧的工厂很少是用一个一模一样的新工厂来替代的,如果新设备的具体规格或者预期的未来寿命不同,或者新设备运用时所面对的市场条件不同,这时候就没有一种精确的毫不含糊的标准,可以用来判断新设备是否和它所替代的旧设备完全等同。因此,我们就不能在替代物和新投资之间划出一条清清楚楚的界线,虽然企业组织必须采用会计上的方法来区别折旧摊还和利润。

再则,折旧摊还额虽然反映生产成本中由于设备损耗以及由于时间推移而设备的能力损失的成分,并不像现时的费用那样地跟现时的生产流量有一定的关系。如果本周在销售的出产品不由正在制造中的产品来补充,或者如果工厂的设备不经常修理,生产不久就会停顿。可是,如果折旧额不足,并不会发生什么事故,除了公司所获得的利润少于预期的数目,或者在最坏的情况下,受到资本的损失(这种损失要到工厂废旧时才显出);如果折旧额过多,也不会发生什么事故,除了公司以意料不到的速度节约并获得资本(然而,公司实际采用的会计方法也许有重要关系,如果这种方法影响有关股利分配的政策,股利分配政策也许会影响食利者用在消费上的支出。这一点在价格变动时特别重要,因此如果存货——成品和在制品——按原来的成本估值,由于再生产费用和账面价值有了差别,就有一种虚构的利润或损失)。

因此净投资和利润都是捉摸不定的概念,为了达到许多目的,最好把折旧摊还额和保留的利润总括在一起,把长寿命设备的重置包括在总投资里面。如果对短寿命的成分(例如某种特殊的机器)要定期地做必要的重置,使整个工厂设备能继续工作,那就有一种重要的介乎两者之间的情况存在。对这些情况,可以做任何合理的区别。如果某项重置算作现时成本的一部分,准租金就相应地减少,如果算作总投资的一部分,准租金和保留利润就都相应地增多。

投资和节约储蓄

我们用任何合理的方法划出了界线以后,就可以辨别工资总支出中哪一部分属于现时生产,哪一部分属于总投资。首先,如果我们假设工人们每周把领得的工资全部用掉，则用在现时生产的商品（消费品）方面的工资总额恰恰等于对从事于生产这些商品的工人们的销售。投资事业中雇用的工人和食利者（包括企业家的家属）也在购买商品。这使商品的售出价值可能超过它们的工资成本。从另一个角度来看，如果商品的销售价值不大于它们的工资成本，那就除了生产这些商品的工人以外，根本没有人能消费任何东西。销售价值和工资成本的悬殊，使这些工人不能购买他们自己的全部出产品，而不得不和其他消费者分享这些产品。

商品的销售价值超过商品的工资成本的超额部分，等于总投资方面的工资总额加上从利润中提出来用在消费上的支出。各企业家之间准租金的分配，由于下列事实而趋于复杂：他们相互购买材料、动力和设备，一个公司的成本部分地是其他公司的准租金；可是就整个系统来讲，结果这都会合在一起，总的销货价值可以分为总的工资额和总的准租金。

为了某些目的，有必要把专门职业的人作为单独的一种人物，可是在这里我们可以使他们顺应我们的广泛的对所得的分类，把各种领取薪俸的雇员作为工人，独立工作的专家作为出售自己的服务的企业家。[①]

只要工人们用掉的钱少于他们的工资，他们的储蓄就部分地抵销投资事业方面的工资总额，销货价值和商品的工资成本之间的悬殊因而相应地减少。

随便拿一段时期——例如一年——来说，一年中资本财货的

---

① 参阅第一章中"专门职业的所得"一节。

第五章 消费和投资

增加,以实物形式归那些将要使用这些东西的企业所有。① 它们的价值在于人们预期它们将来会赚得的准租金,在公司的账上,或者记它们的买价(如果是向其他公司买来的),或者记一笔假想的价值,这笔价值包括它们的实际生产成本加上一笔假想的利润额。

对整体经济来说,财富已经有了增加,其增加量等于总投资方面的支出减去一年中用掉的资本财货的价值。所增加的财富一部分由外界的储蓄者(例如食利者)获得,一部分由公司企业获得,作为对它们自己的资本的增加。储蓄意味着公众从企业家方面取得的收入(如工资、利息、租金和股利)超过付给企业家的支出(为了购买商品)的部分,因此意味着企业家对公众的总负债的增量。总投资价值超过负债增量的超额部分,是企业的保留利润和折旧摊还额。从企业的资产负债表的观点来看,企业对贷款银行或者食利者的负债或者对股东的负债已有了增加,同时企业的资产也有了增加(增加额等于新资本财货的假想价值减去旧资本财货的价值的损耗)②。

---

① 一个生产各种设备卖给其他企业的公司,其生产过程中未制成的资本财货,算它的周转资金的一部分。

② 下列数字的表解,说明一年中所有企业的统一账目。这里假设工人们把工资全部用光,并且没有地租或房租。

	消费方面	投资方面	总共
产品的价值	80	20	100
工资	40	10	50
准租金	40	10	50
利息和股利	28	7	35
食利者的支出	24	6	30
食利者的储蓄	4	1	5
保留利润(包括折旧摊还额)	12	3	15

投资的种类

投资中有些成分不适合这种简单的分类，必须分开讨论。

金融企业 资金可以投放在纯粹的金融企业里——例如银行的准备金。这种投资不引起工资的支出和资本财富的增加。银行的房屋和设备以及账册、纸、笔是一种具体资本财货的投资，就某些用途来讲，必须和产业投资归在一起，可是把资金用于纯粹的金融业务，根据我们使用投资这个名词的意义，就不在投资的范围之内。

地基的费用 大规模的对新的资本设备（例如一所新工厂或者一条新铁路）的投资也许需要购买一些事先存在的生产手段，特别是地基。这种支出，从进行投资的企业家的观点来说，耗用资金，可是不产生所得。那卖出地基的人，只是变更他的投资对象（某一个人卖出地基，也许是为了用卖得的钱款来购买消费品，或者供给投资，可是，如果是为了供给投资，则所产生的收益必须归因于他的支出，而不能归因于向他买进地基的那个企业家的支出）。

消费品的销货价值（80）是由工人的支出（50）加上食利者的支出（30）所构成。从消费品方面获得的准租金（40）是由投资方面的工人的支出（10）加上食利者的支出（30）所构成。当年的总投资（20）等于食利者的储蓄加上未分的利润［包括折旧摊还额（15）］。企业家对食利者的债务增加了后者储蓄的数目（5）。总投资的价值包含一种假想的成分，因为其中一部分是企业生产出来自己使用的资本财货。怎样把总投资分为重置和净投资，是一个惯例问题或者看法问题。怎样把保留利润分为折旧摊还额和资产价值增量也是一个惯例问题。各项价值中假想的成分，集中在投资部门的准租金和保留利润里。一切其他的价值同食利者、企业家和工人（分别作为一个整体）之间的实际交易是一致的。

第五章 消费和投资

因此这种资金支出不涉及现时的准租金,不包括在我们所谓的投资之内,虽然在某些有关问题上,必须记住这种交易里所吸收的资金(例如,为了补偿飞机场地基的所有人而增加的公债)。

借款的费用 一项投资计划的费用,一部分在于有关筹措资金的开支,例如付给担保证券发行的承受人的手续费。从有关企业的观点来说,这是一种资本费用,需要资金的支出;从领受者的观点来说,这是现时的总收入的一部分,包含他的雇员的工资和他自己的职业报酬。从企业的资产负债表的观点来说,将用资金去取得的新资本财货的假想价值,必须包括这些费用以及具体资本财货的生产成本或购买价格。因此最好把这些费用作为投资方面的支出的一部分。这些费用的重要性在于(其他条件如果相等)一个用自己的准备金(比如通过卖出原来持有的证券或者提取银行往来余额)供给投资的企业,比一个借入款项或者发行股票来筹措资金的企业,能从一定的支出中取得更多的具体财货。

房屋 一个为自己的家庭购置房屋的人,他是部分地作为消费品购买者,部分地作为进行一种投资的食利者,部分地作为投资于一种资本财货的企业家而在活动着。当他买进一所现有的房屋时,食利者的面貌最显著,当他建造一所新屋时,企业家的面貌最显著。分期付款购买耐用的消费品,情况也类似;企业组织为职工提供娱乐设备,例如工人们的网球场或者董事们的弹子室,也是这样。这些都需要一种不打算产生准租金的投资,都不能完全适合我们的分类;因为那种分类是为了对付市场上的交易而做出的。货币的尺度只能通过赋予一系列的满足以货币价值这种人为的方法应用于消费。① 人们很容易说,住在那所房子里、用洗衣机代替洗衣盆,或者在华美的环境里开董事会议,所能得到的未来的主观的满足,至少必须相当于所花费的资金的利息。(网球场的情况稍有不同,因为工人的满足也许对公司可以产生一种货币收益)可是这并不真正有助于论证。在这种交易是常规而为了取得货币收益而进行的投资是例外的某种经济里,不同的分类就会合适,不同的思想习惯就会形成。与其把方的事实硬配上圆的分类,不如爽快地把它们当作例外来处理,如果它们实际上可能是很重要的话,就根据它们的实际情况予以分析。

通货膨胀的限度

较高的"投资工资"(investment-wages)对"消费工资"(consumption-wages)的比例,需要商品销售中有较高的准租金对工资的比率;准租金所占的份额较大,就会引起较高的从利润中支付的消费支出水平,而这一水平又需要较大的准租金份额。所以其他企业家进行中的投资愈多,各个企业家的境况就愈好。企业家和食利者(作为一个整体来说)用在投资和消费上的钱愈多,他们作为准租金取得的收入就愈多。②

可是准租金对工资的最大可能的比例有一个限度,这个限度是由我们可以称之为"通货膨胀的限度"的那种情况决定的。消费

---

① 参阅本书第 24 页。
② 参阅卡莱基:《经济波动论文集》,第 76 页;《经济动力论》,第 46 页。

第五章 消费和投资

品价格的上涨(和货币工资率相对地来说)必然会降低工人的实际工资。实际工资水平的降低是有限度的,到了这个限度就会产生一种压力迫使货币工资上升。可是货币工资的上升会增加货币支出,结果追赶物价的货币工资的恶性盘旋上升就开始了。于是企业家的投资愿望和整个系统不肯接受投资所需要的实际工资水平两者之间发生正面冲突;总有一方面必须退让。或者整个系统在过度的通货膨胀中崩溃,或者某种制止的因素发生作用来减少投资。

企业组织在分派利润上愈谨慎,同时公众(包括处于家庭成员地位的企业家)愈俭省,他们用在消费品上面的钱愈少,通货膨胀的限度就愈大,投资对整个系统所能维持的消费品生产的比例就愈高。

通货膨胀的限度对劳动充分就业的关系怎样呢? 如果工人在工会里组织得很坚强有力,并且对购买力十分敏感,即使整个系统中还有相当大的一部分失业,也会发生一种不可抗拒的争取提高工资的要求。人们通常根据生活指数订立工资合同(即货币工资根据双方议定的办法随着某些习惯上承认的物品的价格指数来提高)这一事实,说明一般认为实际工资不应该降低到一种过去已经确立的水平以下。[1] 如果这种见解是普遍的,如果工人的讨价还价的能力很强,足以实行这种见解,那么,不管最近的实际工资水平怎样,都可能形成一种通货膨胀的限度,并且随着时间的推移,

---

[1] 另一方面,在对劳动的需求很高的时候,大规模的全国性的工会可以发挥一种约束的力量,使货币工资不致上涨得像无组织的劳动市场上那样快。

这种限度会跟着当时的实际工资水平移动,结果使实际工资水平的任何变动都受到一种限制。

在另一极端,一个经济组织中,如果劳动没有组织起来,并且在没有土地的农民或者小商人的靠家庭生活的小儿子当中有着大批长期的准失业,当实际工资水平低得会损害工人的效率时,就达到了通货膨胀的限度,结果雇主们自己会提高工资来抵消物价的上涨。农民住在乡村里的时候能以比产业工人维持最低生理需要所需的还要低的消费水平维持生活。因此,早在所有可用的劳动全部就业以前就可能碰到通货膨胀的限度。

中间状态是现代工业经济中的正常状态,在这种状态下,实际工资水平或多或少地高于生理的最低需要,而工人的讨价还价的能力不够强,如果有大量的失业存在,就不能制止实际工资水平的下降;可是,如果差不多所有的工人已经就业,他们讨价还价的能力就很强。因此,通货膨胀的限度只有在充分就业的条件下才发生作用。

关于充分就业的概念和关于通货膨胀的限度的概念,像所有的经济范畴一样,都不是很明确的;两者都是程度的问题。可是,不管这种限度是逐渐达到的还是突如其来的,企业家能够树立的投资对总产值的比例,总有一个最高限度。

短期的对投资的限制

对投资率有许多限制因素,这种因素在一定条件下可以在通货膨胀限度内发生作用。

资金　一个企业不会着手进行一项投资计划,除非确实有足够的资金来完成它。手里的资金只能付六个月的工资,就不必去进行一年内不能产生任何销货的生产程序;只能设法支付成本的一半,就不必开始造一条船。一个企业家在任何时候所能支配的资金的多少,受限制于他的企业组织的准备金(现款或债务投资)、能够作为抵押品的财产(例如地基)以及他的借入款项的能力。借款能力部分地决定于他的声誉,部分地决定于他已有的利息负担对企业的未来获利能力的比率。[1] 而且,任何一个人所能借到的数目,决定于同一时间其他的人要筹措多少资金,因为第一个出来借款的人可找到最愿意的贷款者,以后(在短时期内)请求银行贷款,或者以后在债务投资市场上求售新证券,就必须承担较高的利息率,否则就完全借不到手。

　　可以利用的资金多少,限制人们能够组织的投资计划的价值,而并不限制投资率。比方说,它限制未来的投资总额,而不限制投资计划组织起来以后能够执行的速度。然而,即使在没有阻碍生产活动的因素时(这种因素下文即将讨论),也有种种技术的限制,影响着一项特定投资计划能够贯彻的程度。不管我们学校里对算术问题一般是怎样的说法,所谓如果一百个人在十天中能掘成一条沟,一千个人一天就能掘成,或者八千个人一小时就能掘成,在实际生活中是不确实的。无论什么时候,投资率可以受投资计划的规模的限制,因此,稍微远一点来看,就是受最近所能组织到的资金的多少的限制。

---

[1] 参阅卡莱基:《经济动力学》,第92页。

这个限制能约束投资率上涨得超过以往上涨的程度，可是并不限定能在长时期内维持的投资水平。假设过去所做的投资大体上是成功的，预期的利润已经实现，并且在任何一段时期中，外界的储蓄对公司自有资本的利得的比率，不大于整个食利者债权对企业家的财产的比率，因而利润和公司对外界的债务的比率没有降低，企业家的借债能力，在一笔资金用掉并且变成了挣钱的资产以后，不小于这笔资金未筹措以前。这样，高的投资率创造了条件（就资金来说），使投资继续提高，而投资率的逐渐增长逐渐地使资金限制扩大。资金限制所防止的，是投资率增长得太多和太快，而不是高的投资率。

生产能力　在一个高度发达的工业经济中，资本设备的实物出产率受着某些专门化的资本财货工业的生产能力的限制。（不发达的国家里没有这样的情况，在它们那里，投资是通过雇用大批工人来实行的，例如筑路或修建堤坝，只使用简单的工具）有些生产资本设备的工业，例如造船厂，供应的范围很狭，只生产少数几种类型的产品，可是另一些工业，例如钢铁、工程建筑部门，供应的范围很广，生产许多工业所需要的设备。在任何时候，它们的生产能力，部分地受工厂数目的限制，部分地受具有专门技能的劳动（例如砖匠）的供给的限制。生产能力对资本财货出产率的限制，可以通过延长交货日期来起作用，使投资计划不得不按先后排队、等候完成，或者通过提高新设备的价格来起作用，这种做法（除非同时未来的准租金的前景也相当高）往往使某些投资计划被取消或延搁起来。

然而，在这样的局面下，投资工业本身往往可以享受到高的准租金，并扩大它们的生产能力，建立新厂和训练较大的劳动队伍。因此，这种限制因素，和资金的限制一样，可以限制投资率的可能上升超过以往的上升程度，可是只有在有关工业中存在着永久性的障碍的条件下（例如，只有有限的几个出海口可以提供造船的便利），才能长久地限制投资率。

货币　高的交易水平（特别是高的工资总额），和低的交易水平比起来，对流动余额的需求较大，同时（如果其他条件相等）对不流动的债务投资的需求则相应地小。因此这时候债务投资的收益比较高，这就意味着新的资金只有按相应地高的利率才能取得。所以，当实际在进行的投资的比率高的时候，由于资金的成本增高，进一步投资的计划会受到抑制。

如果那个经济组织已经进入通货膨胀的初期阶段，货币工资和物价都在上升，对流动余额的需要在继续增加，利率就会上涨；这也许是一种抑制的因素，足以使整个经济不致趋近通货膨胀的最后限度。

交换媒介的供给最后自会与需要相适应。如果一种货币形式（比方说英兰银行的钞票）的供给受了限制，其他形式（比方说银行存款）会得到发展。流动性方面的阻碍，和生产能力方面的阻碍一样，可以限制投资率在一个短时期中所能上升的程度，可是不能限制投资率在长时期中所能维持的水平。

就一个闭关自守的制度来说，实际工资能被压低到的水平所规定的通货膨胀的限度，是投资对为消费的生产的比率的唯一的永恒的上限。

支付的平衡　对某一个国家来说，其中还有另一项因素。一个国家的输入的价值不能长期超过它的输出的价值加上从国外流入的资金净额(由于新借款以及把旧的债务投资卖给外国人),因为贸易逆差超过借入款项的差额,是用国际间可以接受的交换媒介(例如黄金)来支付结算的,不断的外流迟早会耗尽那个国家的准备金(同样地,一个个人如果他的来自各项所得和售出债务投资两方面的收入,在任何一个时期中,少于他购买商品和债务投资两方面的支出,就会减少他的现金余额)。

国内投资对国内消费品生产的比率如果高,就会造成消费品的高的输入水平,并且投资计划所需用的资本财货可能也需要输入。所以有些国家的处境往往是这样:它们的国际收支情况妨碍了国内投资(实际上,除了那些特别引起国外贷款者的兴趣的国家,或者它们的工业在世界市场上处于非常有利的竞争地位的国家,国内投资对国内生产的比率方面的有效限制,通常是支付的平衡)。

节俭和企业

食利者的道德教导人们节俭和择取稳当的债务投资,这种道德一半支持和一半破坏企业家的道德,企业家的道德教导人们积累一种日益增加的生产能力。

在任何特定的情况下,食利者在消费方面的支出水平愈低,通货膨胀的限度愈大,同时可能达到的积累率愈高。当企业家(作为一个整体来说)的目的在于高的积累率,而通货膨胀的限度是唯一的障碍时,人们愈节俭就愈适合企业家的需要。

第五章 消费和投资

另一方面,如果整个系统在任何情况下都能在通货膨胀的限度以内运行得很好,那么,食利者的支出水平愈高,企业家就愈高兴,因为它增加企业家按一定的物价对工资成本的比率能够售出的商品的数量,使利润比较容易取得。

节俭的程度突然提高,结果人们用在消费品上的支出减少,这对于企业家是非常烦恼的事;有些人的生产设备是根据预期的销售量建立起来的,现在却销售不出去,如果因此他们解雇工人或者削减投资计划,其他的人就也受到市场萎缩的痛苦。

节俭的程度逐渐提高,结果用在消费方面的支出和用在投资方面的支出的比率逐渐降低;这不会有什么害处,只要用在投资方面的支出逐渐增加到相应的程度。可是我们没有理由预期这种情况会发生,因为影响投资的企业家的决定和影响消费支出的食利者的决定之间并不协调一致(除了下文即将讨论的一项例外)。

那例外的情况只与经济组织的一部分有关,所有关于这一部分的两套决定可以结合在一起。这是那些对同一企业同时具有企业家和食利者双重资格的人,例如家庭商店的店主或者积极控制股份公司的内部股东。对他们来说,来自投资的利润的前景好,就可以诱使他们相对地减少消费方面的支出;他们可以减少他们交给家庭的那一份利润,以便把较多的资金投入企业。可是企业和节俭之间的这种关系,似乎不会在相反的方面发生作用。当利润的前景不佳,人们对投资不感兴趣时,企业家道德并不赞成过多的花费。这种企业家的家庭反而会不得不经济一些,因为生意不好。(这样一来,弄得生意更加不好)

还有一种更微妙的情况,即食利者的节俭对企业家的处境发生影响。无论什么时候,外界食利者的全部财产所占的比例愈大,筹措资金就可能愈难,因为一方面食利者占有财产的比例高,可能意味着利润所负担的固定利息义务的比例高,另一方面因为食利者一般喜欢稳当的债务投资,不愿意对冒险的投资计划供给资金。无论什么时候,食利者在过去愈节俭,企业家们(作为一个整体来说)负债对资产的比例愈大,筹措新资金就会愈难或者费用愈大。随着时间的进展,如果食利者储蓄对投资支出的比率超过食利者财产对资本总值的比率,资金就会愈来愈难筹措。

总之,节俭使积累率有可能提高,然而又妨碍它的提高。资本主义经营方式的这种矛盾的作用,是我们希望能用经济分析来说明的主要问题之一。

资本的积累

在通货膨胀的限度和国际金融所构成的限制范围以内,企业家(作为一个整体)怎样实行投资计划,决定着整个系统将达到怎样的资本积累率。生产能力、资金和货币制度所决定的内部限制,在过去已经确立的投资率的左右具体化,因而在通货膨胀的限度面前构成种种缓冲,使投资率不致迅速地提高得超过原来的水平。可是,至于什么因素支配那投资率得以确立的水平,我们知道的很少。我们知道在不同时期和不同的国家这种水平有很大的不同,可是如果认为不同的原因就是企业家间激烈竞争的那种传统(有别于有饭大家吃的那种马马虎虎的精神),就是很快的技术进步的速度或者很大的保留利润的倾向(积聚准备金供给投资需要的资

第五章 消费和投资

金,不向外面借款),那就会混淆现象和原因。另一方面,如果必须依据一种来自新教或者不知什么东西的"资本主义精神"来解释,那也是不很令人满意的。经济分析需要一种还处在科学研究的幼稚阶段的从历史上来研究的比较人类学来补助它本身的不足。同时经济分析根本还没有完成它自己的任务,还没有弄清楚积累率方面的差异以及变动的后果和近因。

第六章 平衡的意义

平衡这个名词，在通常语言里，说明空间中各物体之间的一种关系。当天平静止的时候，两边的称盘处于平衡状态。如果我们在右边称盘里丢进一把铜钱，天平就摇摆一段很短的时间，然后又在一种新的平衡位置上静止下来，天平比以前更向右边倾斜一些。如果我们不断地随意把铜钱丢进或者右边或者左边的称盘里，天平就不断地摇摆，不会达到平衡；可是，无论什么时候，只要我们开始不去碰它，很快就会达到一定的平衡状态。

平衡这个比喻应用在经济事件上必须非常慎重。在某些情况下，可以说一个组织是处于平衡状态，像天平在静止不动时是平衡的那样。例如，我们可以说债务投资市场是处于平衡状态，如果当时财产所有人按目前价格都满意于他们所持有的证券，所有发生的交易只是一些由于个人原因的买进卖出，而不是由价格差异所引起。然而，这样的平衡状态多半是暂时的，本身就含有变动的原因，随着时间的进展这些原因就会起作用（好像砝码没有改变天平就变得不安定起来，并开始移动）。例如，债券的价格可以按一种高于最近一个时期以来的平均价格的水平暂时处于平衡。价格的上涨，由于市场上预期高价不会持久，最近受到抑制而停止下来。许多债务投资者保留着现金或期限很短而收益低的债券，希望能

第六章 平衡的意义

在不久的将来以较低的价格买进长期债券。可是,如果这种状态维持一个相当长的时期,市场上的预期就会开始改变,看跌的人不耐烦起来,开始买进债券而不再等待。因此收益已经低了一个时期这一事实本身就会使债券跌价。

再则,当价格稳定而销货率始终不变时,商品市场可以说是处于平衡状态。可是这种销货率对企业家产生着一定的利润,他们大概会计划着去增加他们的产量(如果利润是令人满意的),或者减缩他们的生产能力(如果他们在亏本),结果不必有外来事件的影响(像铜钱丢进称盘),市场上的局面也会开始改变。

市场对环境变动的反应,不能比拟天平对砝码上仅此一次的变动的反应。不管那天平怎样摇摆,它自会以完全同样的状态静止下来;可是在大多数经济的反应中,市场所趋向的途径,一方面是在适应一种变动,一方面却对市场所达到的局面有一种长期存留的影响。这样,如果需求突然增加,使得某种商品的利润很大,就会有许多企业家(不管别人如何行动)扩充自己的工厂(或者创办新的企业),不久这种商品的供给的增加超过需求的增加,在销售市场处于不利地位。然而,工厂一经建立,不容易改变生产,生产其他商品,结果在一个长时期内(如果需求停留在新水平上不变动)此商品继续供给过剩;价格低,或者销售额不足,不能充分利用现有的全部生产能力。诚然,如果此商品继续供大于求,生产能力将逐渐缩减;可是首先这过剩的程度将决定缩减多少,因此它的后果具有长期的影响(好像天平如果有一次摇摆得太猛的话,就可能绊在一根钉上)。

我们也不能应用天平的比喻,天平总在找寻或者倾向于一种平衡的状态,虽然由于不断的干扰而不能实际达到这种状态。在经济事件中,人们知道干扰很容易发生,这一事实使得对未来的预期不能确定,且对以未来结果为目标的任何行为发生重大影响。例如,债务投资者(以及他们的专业顾问)总是注意买进价格会涨的东西。人们相信某种股票会涨价,就有人愿意买进,从而提高它的价格。同样,人们相信整个债务投资对象将要涨价,就会使它们上涨(并且收益降低)。"思想造成事实"这一因素产生一种局面,在这种局面下一个机灵的推测者,只要能推测到其他推测者将要推测的东西,就能发财。① 因此,这里没有实在的砝码使我们可以用天平上的一对称盘来比拟。同样地,相信市场将有利可图,往往使企业家进行投资,从而增加就业和所得,暂时引起他们所预见的繁荣。

平衡的比喻表面似乎很好而实际是靠不住的,可是有些经济确实比其他的经济受到较少的干扰(马歇尔的《政治经济学原理》中反映的时代所受的干扰就比我们这个时代少得多),我们似乎有一种说法来说明干扰的不存在。如果一个经济组织顺利地调和地发展,没有内部的矛盾或者外来的打击,因而人们对于以过去经验为根据的种种预期很有信心,并且事实上常常应验,因此随着时间的推移,反复地重新出现;这样的一个经济组织,我们可以说它处于平静状态。在一种完全平静的状态中,各种市场上今天的标准价格是人们过去做出有关决定时预期会出现的那些价格;现在出售的物品的数量、成本、利润以及整个局面的一切有连带关系的主

---

① 参阅凯恩斯:《通论》,第 156 页。

第六章 平衡的意义

要情况，都在按照人们的预期实现；人们今天所有的关于将来的预期，往往就是他们过去预期今天会有的看法。平静状态相当于天平经过一阵摇摆以后久已获得的且其砝码一时不会变动的那种状态。

很难想象这样一种有把握的预期状态，如果关于未来的信念完全是复杂的；但也不一定需要一种静止的局面。我们可以想象一个经济组织在平静状态中扩展，一切有关的数量（出产量、资本额、消费率）彼此协调地齐步增长。

如果在一种局面下，人人完全明了一切市场上的情况，并且了解各种商品的技术特性，既了解它们在生产中的用途，又了解它们在消费中给人的满足，我们可以说这种局面是清明状态。在这样的局面下，推销术一定没有用武之地，只有适合消费者的需要才可能获得利润。

最后，如果在一种局面下，人人充分了解和接受当时的经营方式和规章惯例，没有人想要变更他在本经济组织的收益中所得的份额，并且大家合力来增加收益的总数，我们可以说这种局面是和谐状态。

一个处于平静、清明、和谐状态的经济，一定会以合理的方式致力于财富的生产与消费。

只须说明这些情况，就可以看出这些情况距离实际经济组织所处的状态多么遥远。特别是，在这些情况下资本主义决不会产生，因为工作和财产的分离，必然会引起冲突；一切经营方式和规章惯例的发展形成，恰恰是为了使资本积累和技术进步可能在变化无常和知识不完备的情况下实现。然而太多的纷扰、欺诈和冲突会使一个经济组织瓦解。资本主义到今天仍然存在,足以证明这一制度的混乱中含有某些统一凝聚的原则。

第二篇

长时期的积累

第七章 一种简单的模式

今天在我们周围进行着的导致财富的生产和分配的种种过程是错杂的,经济组织中各项因素之间的关系非常复杂地交织在一起。不可能把经济理论归结为一套简单的能够分别加以试验的假设,像关于病症的原因或者关于饮食成分对发育的影响的假设那样。再则,人类不像知更鸟那样生活于永恒的现在,而是在计划自己的行动时要顾到未来的后果,因此经济生活中大多数因果的要素部分地在于行动者的信念和预期(往往是模糊的和情感性的),很难以任何科学的观察加以肯定,如果不是原则上不可能肯定的话。基于这些原因,我们有理由认为经济学不是并且永远不会是一种真正科学的学科,它应该属于像神学或者美学批评那一类的科目,这种科目用文字玩弄情感而不是研究事实。

然而,针对这种看法,我们可以说经济学发展到现在这样,确实能帮助说明一些特殊问题,例如物价变动的原因、租税对财富分配的影响、国家为了维持就业或者为了维持本国在国际交易中的偿付能力而采取的种种政策的影响。书本中提出的概括性的经济理论,其目的在于提供一种轮廓,在这范围以内,那些特殊问题可以得到有益的讨论。

经济理论中发展形成的分析方法是提出一种非常简化的经济

组织的模式,准备把实际上预计会发生的主要变动归纳成一个有条不紊的思想体系,同时排除掉无数琐碎的复杂因素。我们就这种简化的模式的行为进行思索,希望能弄清楚经济的动态,以至真正了解那实际的错综复杂的经济组织的行为(然而,应该记住,必须补充一些复杂的情况,然后从一种模式中得出的结论才可能和实际状态相对证)。

一些假设

1. 为了使我们的问题容易处理,第一种简化的类型是使一种假设的经济组织成为看得见的东西,这种经济组织中指数的问题不会引起任何困难。我们已经知道,经济分析据以进行的任何一种范畴——一个阶级,一项生产要素,一种成本水平、物价水平或所得水平,一批资本财货或债务投资——都是非常复杂的,其中构成因素都随着总体的变化而彼此相对地变化。对这样多方面的数量上的变动做一种简单得可以适用的正确的说明,必然是约略的,只能以限度或范围来表示。任何呆板的简单的说法必然是不准确的。我们为了避免这种困难,所以不谈相对的变动,使我们能用一些简单的数量来进行论证。

我们的论证的主要部分将根据一种假设的经济组织来进行,这种经济组织中的情况满足下列各项假设的条件:

(1)所有的工人都是一样的,因此我们可以简单地用表示标准劳动时间的工时来计算工作。每工时的货币工资对所有的工人总是一样的。

第七章 一种简单的模式

(2)为了消费而购买的商品始终不变更(一个面包总是一个面包,或者一件衬衫总是一件衬衫),并且它们是按固定的比例被消费掉,结果,消费品的出产量包含若干单位的一种严格不变的混合商品。(这一假设在第七篇中放宽)

(3)某一种生产技术需要特定数量和特殊设计的设备(工厂建筑、机器等),以及生产周期方面一种特殊的时间范型,就是,特殊的一批物品的每一程序需要一定的时间,不同的程序以一定的方式同时地或者分别先后地实施,因此,无论什么时候,生产一定数量的产品所需要的资本财货,包括设备、原料和在制品,以及技术上必需的各项材料等,严格地决定于当时运用的技术。既然各项商品是按严格不变的比例生产的,各种设备的存量就必须保持适当的比例。同样的原则适用于生产各种设备所需要的设备,所以一定的消费量加上现有资本财货的增量,需要一定数量的资本财货的装备。在特殊情况下,如果不发生任何正的或负的积累,所有的最终出产全部被消费掉,各项设备随着损耗不断地补充,现有资本财货量始终不变。

(4)短期的局面是拥有特定数量的设备的那种局面。出产率和劳动的就业量在短期内可以随着现有的一定的设备而变化,可是我们假设各个商品售出的相互比例仍然不变。

2.事实上,在资本主义经济中,技术的变化总是不断地发生;的确我们可以说,资本主义经营方式存在的理由,是它有利于技术的进步。因此,不把技术的进步包括在我们的模式之内,是不合理的。可是实际的技术变化主要地在于改变消费品的性质(通过以一种东西代替另一种——例如以棉代替麻或者以人造丝代替棉,或者通过采用新品种的商品,例如汽车或电视机)。这样,任何对技术变化的从实际出发的论述都被指数的含糊意义所打乱,而和上面这些假设不一致。

我们可以在模式中引进一种抽象的对技术进步的概念来避开这种困难,认为所谓技术进步在于生产方法的改进,而丝毫不改变那代表消费品出产量的混合商品。因此,如果某种消费品的生产中出现了技术进步,混合商品的成本就相应地降低,可是它的构成不受影响。

3. 为了把长期影响和短期影响分别开来,一种有效的方法是想象一个在平静状态中发展的经济,并且假设在任何时候人们怀抱着的对未来的一些预期,事实上都在实现。这样做的结果等于假定正确的预见,而不引起任何有关自由意志和宿命论的那种形而上的问题。可是这一方法,只有在假定经济组织的发展实际上将遵循一种没有变化的路线时,才可能有效。要对任何错综复杂的发展提出正确的预见,必然有许多困难。人们普遍地预期某种情况会发生,就可能使得这种情况真正发生(即使那种预期没有客观的根据)。例如,预期未来的物价会涨,往往使现在需求增加而供给减少,以致事实上物价果真上涨。另一方面,预期可以使人们采取行动,避免某种情况的发生。例如,预期某种商品产量的增加将使价格下跌,可能引起有关方面设立一个垄断组织,限制产量的增加。这样,正确的预见往往包含一些重视预期本身对事态发展的影响的老于世故的预期。

还有另一种困难。预期未来的准租金有下降的趋势,对于一套资本财货中不同项目发生不同的影响,对那些寿命最长的东西

第七章　一种简单的模式

影响最大,因为它们将继续存在到准租金最低的时期。因此,对不同类型的投资就不能再有一致的预期利润率。在这种情况下,正确的计划就需要企业家具有高度的数理修养;怎样正确地说明资本财货的价值,对经济学家来说,就会是一个非常艰巨的指数问题。

正确的预见这一假定,决不能简化分析,而且会使分析完全没法处理(除非在利润率不变的平静状态下)。这种假定不能说具有符合实际情况的优点,因为在错综复杂的发展一定会出现的一种局面中,未来总是变化无常、不能确定的。因此,除了在另做说明的场合,我们将根据以下几点假设进行我们的分析:(1)无论什么时候企业家总预期投资可能获得的未来的利润率无限期地继续保持当时的水平;(2)他们预期技术进步的速度(这可能是零)是稳定的;(3)他们相应地给长寿命的设备安排折旧摊还额。在发生会引起某种变动的情况时,我们假设他们的种种预期都能立即得到调整,并且不预期再有变动。

4. 一个经济组织享有的天然资源显然是极其重要的,可是在我们论证的第一阶段,我们将不谈这个因素,以便丢开由于土地作为一种生产设备形式以及作为某一个阶级的所得来源的两种特点而引起的复杂性。为了消除这些错综复杂的情况,我们假设一切设备都是生产出来的,并且可以再生产。这意味着我们不但丢开稀有的天然生产要素(例如矿藏),而且也丢开土地。我们不可能想象在一个相当复杂的经济中没有土地财产,可是我们假设一种经济(像知更鸟的经济),它能在地面上自由扩展(土地的经济品质完全相同),结果所经营的面积决定于所使用的劳动的多寡,并且土地不能卖得价格。我们做出这种很不自然的假设，完全是为了把论证中的一个方面单独分开来，和土地有关系的一些问题留到第六篇中再开始研究。

5.人口统计上的变化应该怎样处理呢？实际上劳动的供给和资本的积累不是互不相关的，可是两者之间的相互关系不能归结为任何简单的公式。在许多情况下，人口的大大增加，以及连带地劳动力的大大增加，是由于死亡率的降低而引起的（过去死亡率很高，足以抵消高的出生率）。这可能是积累所造成的日益增长的财富的结果，可是部分地决定于一些同财富增长的关系不是很密切的因素（例如医药卫生知识的发展和普及），甚至在能够明确地把它归因于财富的增长时，也可能导致一种和促使它增长的生产力的发展完全不相称的人口变动。死亡率降低以后往往接着就出现出生率的降低，结果延缓或者抵消人口的增长。这种出生率的降低，显然和生活水平的提高以及工业化带来的心理状态的变化有关；可是，除此以外，它还有它自己的规律，这些规律，人们决不能完全了解，并且不能归结为不断变化中的生产力的一个简单的函数。

资本积累和人口增长之间最密切的关系，在人口稀少而工业的发展很吸引移民的地方可以看到。可是劳动的补充可能超过或者赶不上积累的速度，并且，无论如何，决定于世界上其他地方的情况，那里的人口一直在和就业机会成比例地增长。因此，最好似乎是把资本积累和劳动队伍的增长作为两种独立的因素来处理，两者可能协调，也可能不协调。

6.我们已经说过，现代经济的阶级构成非常复杂。我们将从

第七章　一种简单的模式

根本上简化这方面的情况。在第一阶段（这包括第二篇至第四篇），我们运用一种两个阶级的模式，其中只有工人和企业家作为它的组成部分。工人（我们假设这些工人都是一样的）除了有一些消费资料（身上穿的衣服）以外，不占有任何财产。企业家是一些抽象的虚拟的人物，他们做出有关业务经营的决定。他们以自己的企业资本的形式占有财产，并且可以相互借入资金，可是我们完全不谈他们的消费。他们在办公时间以外没有生活。

到了（在第五卷里）我们讨论食利者（就是金融财产的所有人）的时候，那些执行企业家职务的个人，可以被认为也是食利者，他们的家属是消费者，可是那时候一个兼有两种身份的个人就被作为两种不同的人物。他有两种生活，一种生活在办公室里，在那里他所关心的是他的企业的成败；另一种生活在家里，在那里他所关心的是他的家属的消费和储蓄。

中间阶级，像工匠和职业专家，不包括在这个模式之内。

7. 在我们假想的那个经济里，资本主义经营方式已经确立，并且已长期被运用。由于分工的经济，各种类型的生产企业的最小规模也是相当地大。独立的工匠不可能同资本主义企业竞争。个别企业组织的大小（在最低限度以上）不是严格规定的。各个企业家，爱他自己的企业组织，不断地努力扩大他的业务，并且时时有新的组织成立。竞争的情况使得他们的奋斗彼此互相钳制，结果许多独立的卖家供给各种商品的市场。如果某种特殊市场上的竞争最后留下少数几个或者仅仅一个有力量的企业组织，这里就有寡头或者垄断。由以前的竞争者彼此协议，也可以造成垄断状态。

8. 盛行着严格的放任主义。政府不参与经济事务。

9.为了撇开在论证的第一阶段不能处理的一些重要的复杂情况,我们假设:

(1)那个经济是一个孤立地存在着的闭关自守的社会。最好把它想象为一个没有对外贸易的单独的大国。(这一假设已在第八篇中取消)

(2)没有由于某些商品或者整个经济组织的总生产规模的经济合算,以致(在土地不需代价的状态下)在长时期中,生产成本和出产率没有关系(但在拥有特定设备的短时期中不是这样)。(将在第三十三章以及第七篇中讨论到取消这一假设的某些后果)

正式的论证将根据这些非常抽象的假设来进行,可是在某些论点上,我们将考虑从论证中得到的定理应该怎样解释,以便应用于实际情况。

一些长期的问题

我们将运用这个模式,来考察关于长时期中积累的一些问题,至于这些问题怎样通过短期变动表现出来,留待以后讨论。我们所关心的主要是工资和利润的关系,我们将根据以下三方面进行论证:(1)现有资本对现有劳动力的关系,(2)竞争的影响,(3)生产的技术。

因为我们把资本积累和劳动队伍的增长看作各自独立的因素,所以论证中重要的一部分是关于这两者之间的关系。在分析的每一层我们既要考虑两者协调的一些局面,也要考虑相对于资本而言劳动有过剩或稀少倾向的一些局面。

竞争在论证中起重要的作用,因为垄断的发展可能会降低实际工资(由于相对于货币工资而言提高了物价)而不增加利润(因为降低实际工资会减少需求)。

技术上的变动分两类来考虑,一类是起因于新发明和新发现的那些变动,一类是起因于在一定的技术知识的条件下相对于利润而言的工资上的变动的那些变动。这样的划分有些不自然,因为事实上两种变动是密不可分地混合在一起的,但为了分析起见,加以区别是有益的。我们将看到第一类的变动(技术的进步)比第二类容易讨论,因为我们可能在利润率不变的基础上讨论第一类,这可使对现有资本的计量简单些;而第二类必然要牵涉到利润率的变动,从而使我们去讨论现有资本量的意义的问题(在第十一章里讨论),这一问题是没有任何简单化的假设能使它容易解决的。

在全部论证中必须区别清楚差异和变动。例如,以往有过以及现在继续有着较高的积累率或者较高程度的垄断,和积累率的提高或者垄断程度的增长,并不是同一回事。因此,我们的分析一方面是根据对具有永远不同的特征的各种经济的比较,另一方面是按照曾在一个时期里发生了一种变动的一个单独的经济来进行的。

作为一种分析的方法,区别清楚为具有劳动充分就业(不缺少也不过剩)的和谐发展所必需的各种条件,是有益的;这样做我们就能讨论那些使一个经济不能达到和谐或者失去和谐的种种影响。

当我们讨论到短期问题的时候(在第三篇里),我们看出这种影响每一项都容易被发挥过度，后来又由于它所引起的短期的反作用而被转入相反的方向。

第一部分
只有一种生产技术时的积累

第八章 技术不变状态下的积累

在我们用作模式的那种经济里,除了工人和企业家以外没有居民。工人领得工资通常当时就用掉(并且只用工钱,没有其他的钱可用),企业家的消费是微不足道的,他们唯一的职能和目的是组织生产和积累资本。这些假设去掉了一切错综复杂的情况,使我们能研究资本主义经营方式的纯粹本质。

只有一种生产技术时的工资和利润

为了适合本章的目的,我们假设当时只有一种生产技术。每一种产品的特定的出产率,需要特殊的一套资本财货的装备、一种特殊的生产时间范型以及特殊数量的每年所费的工时。我们的故事开始的时候,一个资本主义经济久已建立,拥有一套适合于现有技术的生产设备,所有的生产线路上都充满了在制品。就业额受现有设备的支配。我们首先将假设企业家总是能雇到他们所要雇用的劳动。(我们可以想象那个资本主义经济同一个自给自足的小农经济并存,它跟小农经济不做买卖,可是能从那里补充它所需要的劳动。)①

在黑暗的落后的遥远时代,资本主义从一种早先存在的经济中出现,在那种经济里劳动是由农奴或者由工匠和自由农民执行的。资本家为了使工作完成而必须付给的工资(以消费品计算)的水平,决定于当时工人的生活标准(或者,最坏的时候决定于使他们能工作和养活家属的最低限度的生理需要)。从此以后,历史演化的过程使工资标准和就业水平发展到今天的情况。这样规定下来的工资总额和一年的总产品两者的差额(总产品的多少决定于所用的生产技术),是一年中积累起来的资本增量(原有的资本财货保持得完好无损);既然我们假设没有从利润中支付的消费,这就等于一年的经营的总利润。②

企业家们专门从事于某种商品或者某种资本设备的生产,可是他们可以自由地从一个行业转移到另一个行业,结果在整个系统内造成一致的利润率。③

设备上的投资和在制品上增多的投资或零售商存货上的投资之间,没有原则性的不同,可是,如果我们考虑那些与消费品种类不同的资本财货,却最容易想象实际的情况,因此我们可以说,无论什么时候,若干工人从事于生产消费品,若干工人从事于生产资本财货,这些资本财货被增加到资本存量中去或者替换那些使用

---

① 参阅刘易斯:《劳动无限供给下的经济发展》一文,见《曼彻斯特学派》杂志,1954年5月号。
② 参阅卡尔多:《资本学说方面最近的论争》一文,见《计量经济学》杂志1937年7月号;以及纽曼:《一般经济平衡的模式》一文,见《经济研究评论》第XIII卷(1)第33期(1945—1946)。
③ 参阅本书第十章中"利润率和投资的成本"一节。

第八章 技术不变状态下的积累

寿命已满的东西。我们将用资本财货来指机器或工厂设备；可是必须记住，每一件被使用的机器（如果充分利用）需要一定的原料上的投资和它配合在一起，并且需要在商业输送线上有一定数额的存货。

对消费品的需求（从而消费品的出产率）决定于这三方面之间的关系：(1)从事于生产资本财货的工人的人数，(2)每人每年的实际工资，(3)在现有的技术条件下，每人每年的消费品产量对实际工资率的比例。企业家们实际上（当然，尽管他们不是根据任何有意识的协定的计划在行动）雇用一定数目的工人来生产资本财货，此外还需要一些工人来为所雇用的全部工人准备工资货物。用货币来计算，在特定的货币工资率下，每年商品的销售价值等于消费品出产量的工资成本加上资本财货的工资成本，同时从消费品销售中获得的准租金等于资本财货的工资成本。

假设 W_1 是投资部门的工资成本，W_2 是消费部门的工资成本，Q 是从消费品销售中获得的准租金，那么，消费品的销售价值等于 $W_2 + W_1$ 或者 $W_2 + Q$。投资部门中的就业对消费部门中的就业的比率等于 Q/W_2，即消费部门中每一工人产生的准租金对工资的比率，不管投资部门中的准租金怎样。①

从专业生产者手里购买一台机器所付出的价款，超过它的工

---

① 所有的生产既然分成两个部门——投资和消费，消费部门中每人的出产量就大约两倍于每人的实际工资；因此，就业总额就两倍于投资部门中的就业。或者，如果消费部门中工资率是出产量的三分之二，就业总额就是投资部门中的就业的三倍。这样：投资部门中的工资支出：100；消费部门中工资支出：200。消费品的销售价值：300。消费部门中的准租金：100。

资成本,这就供给了投资部门中的准租金。企业家生产出来供自己使用的资本财货,估价时总在工资成本上加一笔假想的利润。因此,一年的总利润超过消费部门中准租金(扣除折旧摊还额以后的净数)的数目,等于这一年中资本的增值超过消费部门中的利润的数目。一年的资本财货出产量超过一年的消耗量的数目,等于准租金总额超过折旧摊还额的数目,也就是,等于那一年的利润。

利润和积累

利润和积累的关系是两面的。要能够获得利润,必须每个工人的出产量超过维持劳动队伍存在所必需的每个工人家庭的消费量。可是仅仅一种技术上可能的余额,还不足以使利润实现。还需要企业家们进行投资。所谓利润率等于积累对现有资本额的比率(当利润完全不被消费掉的时候)这种说法,是两面适用的。如果没有利润,企业家就不能积累;同时如果他们不积累,他们就没有利润。

假设,以现有的技术,消费部门里雇用的工人所生产的商品的出产量超过最低生活工资的数目,仅够提供生活工资来养活那些为了维持现有设备而必需的工人(这里是靠对损耗的补充来维持现有设备)。那么,在通货膨胀的限度以内就没有净投资的余地,也不能发生积累。

现在我们考虑一种情况,这里实际工资高出生活必需的水平很多,因此有一种技术上的余额可以作积累之用,同时这里的工人不是那样强有力地组织起来,也不是对物价十分敏感,不足以形成一种阻止通货膨胀的障壁,防止实际工资的降低。积累是可能的。但可能各个企业家个人都满足于他已经积累起来的资本量。集体地说来,他们所雇用的劳动仅仅足以维持现有资本量不减。结果准租金只等于折旧摊还额,没有利润。

从我们的这些严格的假设出发,这两种情况看来也许都是不自然的,可是它们说明了极其重要的一点,即使加上现实中的各种复杂情况,这一点仍然是确实的。资本主义经济会遭遇两种性质相反的停滞——由于技术贫乏的停滞和由于过剩的停滞。[①]

垄断和实际工资

根据我们的假设,实际工资的水平是同一个单位时间内的积累率对现有资本量的比例极好地相互联系着的,可是,如果说前者决定后者或后者决定前者,也会使人误解,因为两者之间的关系牵涉到过去一个长时期的历史。

问题可以很容易地看明白,如果我们假想我们能够比较甲、乙两个经济组织,它们在各方面都是一样的,除了在乙经济里实际工资率是(并且总是)低于甲经济。生产的技术两个经济里相同,货币工资率也相同,而我们用来进行比较的一个时期正是双方的就业量相同的那个时期。在乙经济里,每单位产品的利润比甲经济高,不论其原因是乙经济里工会的力量较弱,或其企业家更垄断,

---

[①] 还有第三种停滞,即由于财政和金融机构的缺点而造成的停滞,和第四种停滞,即由于利润被消费而造成的停滞,本书第二十四章和第二十六章中将分别加以讨论。

或只是由于那里的人们对于什么是正确的和应有的利润水平抱有一种不同的概念。因此乙经济里的物价比甲经济里高,实际工资率则较低。既然两处的就业总额相同,消费品的需求和消费品的出产率在甲经济里就较高,而消费部门中(在适当的设备下)的就业量较大;投资部门因而比较小,积累率和利润率都比较低。(这需要甲经济的劳动补充速度相应地低于乙经济。)

现在我们来假设甲经济里的企业家们开始结成集团,抬高价格。我们愿意认为这种过程是逐渐发生的,所以整个经济不会受到剧烈的震荡。当物价上涨而货币工资不变时,消费品的销售额就逐渐降低(或者不如说是不能按以前的速度增长)。工人渐渐失业,消费部门中的资本设备就不能充分利用(为了避免使情况复杂化,我们假设那些多余的工人会退到邻近的自足自给的经济里去)。起初的时候投资部门中的就业不受影响,因此消费部门中的准租金初时没有变动;每一工人所产生的准租金已随着每一单位资本的就业量的降低而按比例地增长。可是由于消费部门中有着多余的设备,补充的需求减少了,投资部门中发生了失业,利润率降低了。我们可以假设,经过一个时期的反投资以后,积累恢复到以前的水平(虽然恢复没有必然的理由)。如果现在实际工资和开始时乙经济里的实际工资一样,那么,现在甲经济里积累对现有资本量的比率就同以前乙经济里的比率一样;可是这个比率由于资本量(以及劳动队伍)的减少而逐渐固定,结果它现在具有对低的(甲的)积累水平说来是低的(乙的)比率。

相反地,如果乙经济里发生竞争,把那里的实际工资逐渐提高到原来的甲的水平,突然增加的额外积累(以及劳动的流入),就会使资本量确定在对高的(乙的)积累率说来是高的(甲的)比率上。

这说明资本主义的一种本质上的矛盾。各个企业家个别地可以从低的实际工资(按他自己的产品计算)中获得利益,可是低的实际工资必然会限制商品的市场,这又使所有的企业家都受损失。

劳动的过剩

以上我们假设劳动的供给会使自己适应企业家对工人的需求;现在我们取消这一项假设。资本主义经济是独立自足的,靠它自己的人口供给劳动。

到现在为止我们已经看到,如果利润对工资成本的比率不变(竞争的强度或者工会组织的力量都没有变化),那么,只要积累对现有资本量的比率不变(每年的总投资和现有资本量以同样的速度逐渐增加),利润对资本的比率就不变(这里两种比率是相等的,因为我们假设没有从利润中支出的消费);实际工资率也不变。

如果人口增加的速度和资本积累的速度大致相同,积累就能按一种稳定的比率永远继续下去。那就有(我们可以假设)失业劳动的余地,整个系统就在通货膨胀的限度以内前进。失业工人人数对就业工人人数的比率(这也许很小)始终是差不多不变的。失业工人和他们的家属的生活是由一些在挣钱的朋友和亲戚维持的。

假如人口增加的速度超过资本积累的速度,同时劳动又不可能迁移出境,那会发生什么情况呢?

日益扩大的失业劳动后备军的存在,迟早会引起货币工资率的下降。工人们抵抗降低工资的能力已被削弱,各个雇主集团都想从降低工资成本中取得利益。

局面怎样发展,决定于企业家们对工资的降低怎样反应。如果他们保持以实物计算的积累率不变,因而投资部门的就业不受影响,那么,投资部门的工资支出,以及消费部门的准租金,将以与货币工资率同样的比例降低。在竞争的情况下,物价以同样的比例降低,结果就是,虽然工人的地位软弱,实际工资仍旧不变。既然积累的速度没有能够随着已经提高了的人口增长的速度相应地提高,失业工人的人数就会继续增加,失业对就业的比率就会继续上升。

如果不完全的竞争使得物价不易变动,不能跟着货币工资按比例地降低,情况就更坏,因为如果投资部门的实际工资降低而就业量仍旧和原来一样,则对消费品的需求会下降,消费部门中的就业量也会减少。当消费部门中现在多余的设备正在消化的时候,积累的速度减低了,结果就业量暂时会进一步减少。这就重演了甲经济的情况,在甲经济里,实际工资是由于成立了垄断集团而降低的。

这一切是根据下列假设推论出来的,这假设是:如果货币工资下降,投资部门的就业量将不变。现在换一种说法,我们可以假设企业家不以实物的数量计算资本,而以资本的价值来计算资本,同时积累率倾向于按货币支出计算保持不变,或者无论如何其降低的比例比成本降低的比例小些。①

---

① 关于资本财货的价格同资本财货的工资成本的关系,将在第十一章的"资本的数量"这一节中的第(3)点里加以讨论。

第八章　技术不变状态下的积累

在这种情况下,当货币工资率下降而投资部门工资总额降低的比例小于货币工资率降低的比例时,投资部门的就业量会增加。那时,商品的价格低于工资削减以前,其降低的比例小于工资降低的比例,因而实际工资较低。消费部门中的就业,始终随着机器拥有量的增加而上升;既然机器的积累现在进行得比以前快,对劳动的需求至少已部分地适应于有效供给的增长。

如果这新的比较快的资本财货积累的速度还是低于人口增长的速度,一个时期以后同样的过程也许会重演,并且会这样继续下去,直到工资降低到最低生活水平为止。这时候,积累(以实物计算)将按着技术上可能的最大限度的速率进行,而人口的增加将由于马尔萨斯所说的不幸情况而限制于原来的速率。

劳动的稀少

在相反的场合下,即在资本积累的速度超过劳动供给增长的速度的场合下,会发生什么情况呢?当机器拥有量逐渐增多时,原有的一些失业工人逐渐就业,企业家们开始感到不容易增添人手来给新设备配置人员。他们开始相互竞争,抢雇工人,愿出较高的货币工资。局势怎样发展,仍旧是决定于投资方面的反应。如果投资部门的企业家不肯放走工人,并且提高他们的工资跟消费部门中的企业家竞争,物价就涨得同货币工资一样快或者更快,实际工资率不能上升,整个经济便会陷于困境。[1]

---

[1] 参阅本书第二十四章中"货币政策"这一节。

可是，如果用在投资上面的货币支出增加得不够，不能保持资本财货的实物出产率，消费部门就会在抢夺劳动的竞争中获胜。投资部门的就业量就会减少，从而腾出若干劳动来给消费部门新添的设备配置人员。这时候投资部门工资支出总额增加的比例小于货币工资率增加的比例，同时消费部门物价上涨的比例也较小。实际工资率增加了，当消费部门中新的生产设备生产出产品时，消费量也会增多。

积累的速度现在已经降低。如果积累还是比新劳动增加得快，劳动的稀少又会出现，全部过程就会重演，直到两者协调为止。

调整积累速度使它适应于劳动供给增加的速度的这种机械作用，在需要降低积累速度时比在需要增加积累速度时，更为可靠。当投资不能增加、经济陷于停滞时，劳动过剩（相对于现有资本量而言）非常容易出现；另一方面，企业家们不会积累和保持多余的资本，因此当积累的速度太高（相对于劳动供给而言）时，总得设法降低。

在特殊情况下，如果总的劳动供给量不变，并且只有单独一种技术，积累显然不可能无限地继续下去。在这种时候，我们可以想象那机械作用会产生必然的结果。如果积累继续进行，迟早会出现劳动缺乏的局面。实际工资率上涨和积累降低，会减少投资部门中的劳动。积累的速度降低，可是劳动的稀少仍然肯定迟早会出现；工资进一步上涨会进一步降低积累的速度，这样下去，直到补充替换吸收了全部总投资，资本拥有量停止增加为止。[①] 这时

[①] 资本拥有量的年龄合成将逐渐地从适宜于日益增长的资本拥有量的情况变为适宜于不变的资本拥有量的情况，投资部门中多余的工厂将被抛弃。

第八章　技术不变状态下的积累

所有的劳动都用于生产消费品和维持资本，工资吸收产业的全部净产品，利润率是零。[①]

[①] 为了提出一个简单的数字的例证，我们假设机器都是完全耐久的，我们不管流动资本，也不管投资部门中那些一定会成为多余的且会被丢弃的设备。劳动人手共有工人 100 组（每组人数相等）。

第一种情况

	消费部门	投资部门
劳　　动	80 组	20 组
机　　器	50 套	…
每年产品	100 单位（商品）	5 套（机器）

实际工资（每组每年）：1

一年后的情况

	消费部门	投资部门
劳　　动	88 组	12 组
机　　器	55 套	…
每年产品	110 单位（商品）	3 套（机器）

实际工资（每组每年）：1.1

这种转变可以通过几种路线发生，这些不同的路线达到同样的结果（以实物计算），虽然引起不同的货币工资和价格的变动。

(1) 如果投资部门中货币工资支出没有改变，货币工资率就上升了 66% 左右，价格上升了 50%。

(2) 金融管理当局（他们的措施第四篇中将加以讨论）为了阻止物价的可能上涨，也许已经设法使投资适当地减少，以使投资部门中的就业量减少到必要的程度。这时商品的价格不变，而货币工资率已增高 10%。

(3) 消费部门首先发动，增加工资，吸收了 8 组工人去配备新机器；投资部门听任他们这样做，让自己部门里工人减少，并且提高其余工人的工资，使它和消费部门中的工资一致。在这种情况下，货币工资和物价都是不确定的；货币工资比物价多增长 10%。

第一种路线（根据我们假设机器都耐久这一点）包含着一种不合理的推论，就是，当机器的出产是零的时候，货币工资一定上涨到无限大。第二种路线需要金融管理当把这种情况说作一种停滞状态，实际上不恰当，不如把它说作经济满足的状态，①因为现在消费是在最大限度的水平上，这种水平在特定的技术条件下可以永远保持。②

概　　述

以上的推论可以简单扼要地陈述如下：在一个只有一种生产技术并且没有从利润中支付的消费的经济组织里，如果劳动的供给能使自己适应需求，则从任何一种特定的（过去历史所产生的）局面开始，未来的积累速度受以下几种因素的限制：

（1）在工人的生活工资以外所能有的技术的剩余。

局具有不可能达到的高超的巧妙手腕和预见。因此第三种路线是最容易想象的。无论走哪一种路线，最后的局面是：

	消费部门	投资部门
劳　　动	100组	无
机　　器	62.5套	
出　产　量	125单位（商品）	

实际工资（每组每年）：1.25

假设从最初感到劳动缺乏的时刻起就保持充分就业，全部过程所需时间的多少和转变规模的大小没有关系。这决定于投资部门中一组工人需要多少时间来生产足够的机器使他们能在消费部门中获得就业。第一种情况中的投资部门越大，转变的规模就越大，进行的速度也越快。

① 参阅凯恩斯：《货币论》，第2卷，163页。其中提到的拉姆赛（Frank Ramsay）在《经济月刊》发表的一篇论文，所标的期数有错误。应该是1928年12月的那一期。

② 即使在这种时候也不容易给独一无二的满足状态下一个定义，因为由一定人数的劳动队伍完成的工作量在技术上没有规定。在同样的技术条件下，如果消费对闲暇的比率不同，可能有不同的满足。

第八章 技术不变状态下的积累

（2）在这个范围以内,受那超过工人们愿意接受的以及能够（通过造成一种制止实际工资下降的通货膨胀限度）使其实现的实际工资水平的剩余额的限制。

（3）在这个范围以内,积累受企业家们实现积累的精力的限制。

（4）当劳动队伍的大小和企业家对工人的需求无关的时候,劳动队伍增长的速度决定积累速度的可能的最高限度。当积累不能达到这个最高速度时,就发生长期失业。

当我们所假设的只有一种技术和没有食利者的消费这两项条件放宽时,我们的许多结论将必须加以广泛的修改,可是我们会看到所有的论证在各个主要方面都是适用的,说明了在资本主义的经营方式下资本积累的基本特征。

第九章 技术进步

现在我们必须开始谈技术进步。目前我们继续假设,对每一类型的商品和设备说来,符合每一种技术知识情况的,只有一种可能的生产方法(在下一章中将讨论一种在一定的知识状态下,需要不同的劳动对资本的比率的技术可能性的光谱)。[①]

新发明的传播

随着时间的进展,企业家们不断地采用生产方法上的种种改良。[②] 某些人比其他的人较为积极,并且在各个行业中都有一些进步的首先做出新发明的企业单位,而其余的只是迫于竞争的压力才来效法(那些顽固的保守分子,或者那些无法筹措资金来增加新方法所需要的投资的人,最后从行业中被淘汰,他们在经济中的地位由别人替补)。

新方法在整个经济中普遍传播的速度,部分地决定于资本财货的物质寿命。当破旧的设备得到重置时,那些新装置的资本财

---

① 在现阶段我们假设,一种新方法比所有的旧方法都优越,不管工资水平怎样。
② 产品方面的改变不在讨论范围之内(参阅第七章"一些假设"一节)。

货体现了企业家所能弄到的最新的技术方法。能够加速生产过程因而节省流动资本的那种新发明很快地就被普遍采用（除非最初的发明人保守秘密或者取得了专利权的保障），因为具体化于在制品里的资本财货，随着生产的进行，不断地被补充；如果是牢固耐久的设备，那就好像在进行一种不断的跳背游戏。假定在某种工业中，十年是工厂设备可以获利的寿命；那么，厂龄九年的设备的产品成本最高而利润最低；次年更换新的设备，这些设备具有过去十年中人们改进的一切优点。九年后它又将成为一种高成本的设备，由于每年有新的设备出来跳在前面，它已经逐渐落后。

在工厂设备具有潜在的长寿命（物质上牢固耐久）的场合，它由改良的设备来替代的速度，大部分决定于企业家之间竞争的程度。一个进步的企业家在装置了可减低某种商品的生产成本的新设备以后，也许决定继续按以前的价格出售这种商品，因为他满足于市场上大致不变的一份营业额，并且这样获得较高的利润。在这样的情况下，对不进步的企业家就没有迫使他们非进步不可的任何压力，旧的设备和以前同样可以获利，可以保留到它的自然寿命届满为止，而在它无论如何必须更换的时候才代以改良的设备（如果有新的方法可以采用）。

如果那进步的企业家要利用较低的成本来扩大他在市场上的份额（或者担心自己如果不扩大，别人会扩大），他就稍微降低一点价格，并且提高工资争取较多的劳动。和他竞争的那些有旧设备的企业家们，为自卫起见，不得不跟着采取同样的步骤，这样继续发展下去，直到（以那种产品计算的）工资率已经上升到旧设备不能再产生准租金的地步为止。于是旧的设备只好丢弃，有关的企业家们或者把自己在市场上的地位让给那进步的企业家,或者装置新的设备,保持自己的地位。于是跳背游戏加速进行,工厂设备的经济寿命短于本身潜在的物质寿命。

当新发明传播的速度很快时,进步的企业家从进步中得不到什么利益,因为由于成本较低而可能得到的额外利润,很快地就被效法者的竞争弄得不可能得到。一个企业家如果有一种新的打算,而这种打算需要在设备上大量投资,他就进退两难。他不愿意装置这种新设备,除非有把握能从中收回足够的准租金来偿还这笔投资,并且至少产生当时的利润率。如果其他的企业家不久将装置更好的设备,这种设备能产生高收益的时期就短,它全部使用期内的准租金总数就不够多。可是,如果他不装置这种设备,而他的竞争者做出某种相等的改进,他就会受到价格下跌的损失,而不能先得到成本降低的利益。他认为最好没有人做这种改进,可是,如果有人来改进的话,最好这是他自己。这就引起我们可以叫作"专利权的矛盾"的那种情况。专利权是一种巧妙的手段,可以防止新方法在最初的投资者取得足以诱致必要的投资的利润以前就传播开去。专利制度的理由是,这种制度使技术上的改进较慢地被普遍采用,从而保证会有更多的改进可以被普遍采用。专利制度引起了资本主义经营方式中某些极重大的复杂情况,并且产生了许多反常的状态。既然它的根源是一种矛盾,就不可能有一个所谓理想的有益的专利制度;在某些特殊情况下,它必然产生消极的结果,不必要地妨碍进步,即使总的说来它的一般影响是有利的。在许多生产行业中,法定的专利权是不重要的,而这种本质的矛盾反而表现于进步的企业单位为了保护自己的权利而对专门知识严守秘密。

稳定的条件

每一工人的单位产量在各种生产行业中以相等的平衡的速度增加,从潜在的出产量的观点来看,其意义和劳动队伍以相应的速度增加相同。为了使说明简单化,我们将假设人口不变,以便把我们的分析只限于由于日益增长的生产力而发生的潜在出产量的增加。那么,当生产能力和每一工人单位产量以同样速度增加的时候,特定的劳动队伍就有长期的稳定的就业。于是投资部门和消费部门之间劳动力量(以及资本财货的生产能力)的分配,经长时期而不变。投资部门中一定人数的工人生产着生产能力日益增高的工厂设备(供给投资和消费两个部门),消费部门中一定人数的工人使用这些设备来生产日益增多的产品。实际工资随着单位产量的增高而增高,利润率仍旧不变。

随着工人的生活水准的提高,工作的时间也许会减少,或一定的人口所供给的劳动量也许会减少,因为开始做工的年龄提高了、退休的年龄降低了或者雇用的女工减少了。这并不妨害整个经济的顺利发展,只要是它对两个部门的影响是相等的。这仅仅意味着总产量的增长速度不及每工时产量的增长速度,[1]意味着工人们从生产力提高中得到的那部分利益是闲逸而不是商品。

---

[1] 然而,必须指出,就一班工作制来说,缩短工作日就会降低一定设备的生产能力,而提高资本对劳动的比率(在一定的生产技术下)。这一点在第十七章的"种种不同的偏向"一节中将加以讨论。

生产力改变时,货币、劳动、商品和资本财货的价值之间的关系就改变。当实际工资随着每人产量增长时(每人产量的增长平均地分配于整个经济)[1],按商品计算的资本财货的成本不变。因此货币价格的水平决定于货币工资的水平。例如,如果货币工资不变,商品的货币价格随着每人产量的增高而降低,机器的成本也是这样。如果货币工资随着每人产量一起提高,货币价格就不变。到我们把食利者包括在模式里的时候,商品的货币价格的变动将有重大关系。现在我们暂时不必去管它。对我们的分析的这一阶段极关重要的价格是按商品计算的劳动成本——就是每工时的实际工资——以及按商品计算的机器成本,这种机器成本受投资部门中实际工资率和劳动生产率的支配。

一个进步的经济要能够顺利地发展,第一项根本条件是机器拥有量(按生产能力计算)[2]应按照适合于当时每人产量的增长的速度增长,一方面竞争能保证物价相对于货币工资率而变动,使生产设备按正常的能力运转,就是,使实际工资水平随着每人产量的增长而增长,结果经常有足够的需求来吸收日益增多的设备所生产的日益增多的产品。

第二,要保持一种稳定的就业水平,现有劳动和设备之间任何偶然的悬殊必须很快地加以消除。这可以实现,只要当发生剩余劳动时,实际工资率上升得不及每人产量那样快,可是同时用在投

---

[1] 生产过程的时间范型没有改变。

[2] 暂时我们假设,日益增长的生产力,不需要在生产程序的时间范型上有任何改变,就可以实现。我们必须在讨论了如何量度资本的问题以后,才能对技术进步做比较一般性的研究。

资部门方面的支出保持着适当的程度,使得以生产能力计算的积累加快,像前一章中所讨论的那样。当劳动稀少时,货币工资和物价成比例地上升,实际工资比每人产量增长得多,积累的速度就减缓。当这种机械作用产生效果时,资本财货的供给不断地调整适应于劳动的供给,劳动方面任何过剩或稀少的倾向会迅速地得到纠正。

只须说明达到稳定所需要的条件,就可以看出在资本主义的经营方式下,保持稳定是多么靠不住,以下我们将讨论使这些条件不能维持的种种情况,由于:(1)技术进步的速度出乎意料地改变了;(2)竞争的作用发生障碍;(3)积累倾向于和生产力增长的速度按比例地变化;(4)技术进步不能在整个系统内均一地传布或推广。

技术进步的速度

由于技术进步引起的每一工人的单位产量上涨得越快,实际工资的上涨就越快(在特定的就业量之下),可是经济组织所预期的技术进步的速度越快,无论什么时候实际工资的水平就越低。这一定理可以再用甲乙两个经济之间的比较来说明。两个经济里的劳动队伍大小相同,在进行比较的时候,双方处于技术发展的同一阶段。甲经济里达到这个阶段是经历了较长和较慢的过程的,它那里企业家们预期未来的发展速度较慢于乙经济里企业家们预期的速度,因此他们预期每一代的设备享有较长的可以获利的寿命。

既然乙经济里工厂设备的服务寿命较短,就有较大一部分的劳动队伍(连同相当的设备)从事于生产补充资料,较小的一部分从事于生产消费品。实际工资在乙经济里较低。以货币来计算,如果货币工资率双方相同,价格水平在乙经济里较高,那里的企业家们在较短的一段时期内就能从准租金中收回设备的最初成本。

如果保持充分就业,乙经济里的实际工资率将增长得越来越快,迟早会超过甲经济里的水平。

我们不能因此就下结论说:如果一个经济里新发明被采用的速度改变到另一个经济里的速度,两者之间的差异就会很快地消灭,因为两者各自的情况是由过去的长期历史形成的。

让我们假设乙经济里新发明被采用的速度降低到甲经济里的水平(不管是因为发明能力用尽或者因为竞争的压力放松以及新发明传播的速度减慢)。直接的结果是,拥有旧式设备的企业家们将喜出望外地发现这些设备在原来预期不得不废弃的日期以后仍然可以挣钱。可是,如果因此而新设备的订货单减少,投资部门中就会有失业。结果消费部门中也会有失业,于是就普遍发生萧条的情况。整个经济也许需要长时间才能从这场打击中恢复,也许会陷入长时期的停滞。

相反地,如果甲经济里新发明的速度加快,赶上了乙经济里原来的速度,某些资本财货等不及它们的最初成本全部收回就不得不废弃。已经装置了新的成本低的设备的企业家们发现还有正在扩张的潜在市场,价格水平恰好低于那些高成本生产者所能接受的最低价格,于是他们就着手扩充自己的生产能力来从这种局面中取得好处。于是争相投资,这就把消费部门里的劳动吸取过来,并使实际工资下降。如果甲经济里的工人是有强有力的组织的，他们也许会规定一种通货膨胀的限度，不让它超过他们已经习惯的实际工资水平，结果企业家增加投资的企图便不能实现。企业家于是对工人演讲，指出他们的短见的愚笨行为——只要他们肯让实际工资暂时降低，将来实际工资会涨得更高。可是演讲也许不足以制止通货膨胀。

在每种情况下，整个经济总有一个门径可以走上新的顺利发展的大道。假设在乙经济里那些发现自己拥有多余的折旧摊还基金的企业家立即把这些资金用来添置更多的现在已经在使用的那种类型的设备。一种劳动稀少的情况于是发展起来（假定最初差不多是充分就业），实际工资率上升，积累的速度像我们已经分析过的那样慢下来。当工资和积累速度达到甲经济里的水平时（资本财货拥有量已经相应地调整），乙经济就能循着甲经济的路线前进，不再有什么剧烈的变动。

在甲经济里，当技术进步的速度加快时，如果消费部门里的劳动被拉走的速度恰恰与每人产量提高的速度相等（现在比较快），则实际工资水平会保持不变直到投资部门的劳动（配有适当的设备）的比例提高到乙经济里原来的比率为止。从这时候起，甲经济就能循着乙经济的路线发展，从乙经济在工资恰好赶上甲经济的工资水平时达到的那一点开始。

在每种情况下，像这样逐渐过渡到一种改变了的进步速度，在技术上是可能的；可是资本主义的经营方式不一定靠得住能发生作用，把整个经济引上适当的路线。有时乙经济里出现长时期的萧条，有时甲经济里出现突然的繁荣，这种时候比平静而顺利地适应于技术进步速度的改变的时候多得多；无论是萧条或繁荣，总会留下长期的不安定的后果。

消费不足

使实际产量的扩大和由于技术进步而来的潜在产量的增长步伐大致相符的，是竞争的作用；竞争使价格和成本一致，因而使实际工资率和生产力一同提高。这种作用随着经济进展而趋向于越来越弱，因为企业家之间竞争越剧烈，强者并吞弱者就越快，结果各种市场上单独的卖家越来越少。①

让我们来考虑一种竞争作用极端虚弱的情况。货币工资率不变，价格已经不随成本一起降低；只要竞争仍旧在进行，它总采取广告和推销术的形式。（为简单起见，我们假设广告所雇用的劳动数量微不足道，因此广告商实际上是在生产企业家的利润中分取一份）销售方面的竞争一经发生，那些自己的生产成本在降低的企业家（由于每人产量增长，而工资不变）发现他们需要增加成本和卖价的差额，来补偿日益增加的销售费用，所以（即使没有明确的垄断性的协定）削减价格似乎是绝对做不到的。

现在，如果实际工资率不变，则商品的总产额也不变。首先，如果投资部门方面的货币支出保持原状，生产能力就会以越来越高的速度增长，因为随着投资部门中每人产量的增高，具有一定生

---

① 同时在市场的专业化的空隙以及巨头之间的空隙中，给"小人物"造成新的机会，可是这不能使竞争活跃起来，因为小人物们觉得在巨头们的价格政策的庇荫下经营业务要比跟他们竞争、惹起麻烦更为有利。

产能力的机器的成本在降低。可是由于商品的产量不变,增多的机器没有用处(由于竞争萎弱,设备的不充分利用并未使价格下跌)。再则,随着每人产量的增高,投资和消费两个部门的就业都在减少,结果商品的销售额和投资的出路不但不能扩大,而且实际在缩小。全部过程进行得很慢,因为在这些情况下新发明的传播是迟缓的(例如,每人产量的提高也许不到每年百分之一),实力最强的企业家也许仍能赚到利润,他们用这利润来买进那些实力较弱的同行的企业,结果没有人注意到总产量在缩减,企业家们也不把这种局势作为危机看待,直到那逐渐增长的失业量给他们造成一种政治问题。

一百年前的社会主义作家们[①]说这种极端的消费不足(由于实际工资率不变)是资本主义经营方式的必然结果,他们显然是在故甚其辞;可是说得缓和些,这对一个技术上进步的经济的繁荣来说,确实是一种永远存在着的威胁(今天更是这样,因为今天人们已找到了一种新的补救方法——积累军备而不积累生产资本)。

如果消费不足以只以一种比较轻微的形式出现,使实际工资稍稍上涨,虽然还不够使经济保持平衡,那么,减少工作时间那种补救方法也许会被采用。当每工时的工资上涨可是工作越来越难找到时,工人们也许能争取到减少工作时间而不减少每个家庭的实际收入,这样就把失业变成了闲暇,提高了他们的生活水准而不增加物质的消费。这使失业的发展不致过度,在停滞的经济中保留着协调的面貌。

---

① 例如,西斯蒙第:《政治经济学新原理》。

防止停滞倾向的主要因素是工会争取提高货币工资率的压力。他们争取成功时,物价的黏着性就对他们有利,因为企业家们也许宁愿(在范围以内)稍稍减少利润,而不愿改变他们的价格政策。只要这种情况发生,实际工资率就会提高。如果用这一手段能使实际工资增长得和每人产量一样快,问题的根源就会消除,整个经济就能按适合于当时技术改进的速度积累资本并增加总产物,好像竞争仍然活跃那样。

然后也许会发生这种情况,最进步的企业家成为工会的盟友,因为,尽管工资增长,他们的成本还是比他们的竞争者的成本低,并且工资的提高加快了那些高成本生产者被淘汰的速度。利己主义、人道主义以及政治手腕共同产生了"高工资经济"的哲学,而工会渐渐地也许会变成进步的垄断者的盟友。于是一种"自己生活也让别人生活"的制度建立起来,只要实际工资有一些增长(在长时期内),就没有人会去研究实际工资是否会由于积累的速度较快而增长得快些。

资本积累和技术进步

积累落后 当积累的速度不能使生产能力扩张的速度和每工时产量同样快的时候,以工时计算的就业量在降低。协调也许仍然可以保存,如果工作时间同时在减少(由于减少每周的工作日或者缩短工人的工作年限)。在这种方法不能生效(或者效果太差)的场合,不断增加每人产量会减少就业的人数(人口不变)。这种情况通常称为**技术失业**,因为表面上这似乎是当时生产力增长的

第九章 技术进步

直接后果,可是本质上和那种由于积累跟人口增加的速度不一致而发生的失业属于同一性质。

剩余劳动的出现制止实际工资的增长,(只要用在投资部门的支出倾向于维持原状)纠正的作用就会发动,使积累的速度加快,和生产力的增长速度趋于一致。可是同时技术进步本身会慢下来。在失业日增的情况下,工人们对不断增长的生产力产生一种抗拒的心理;企业家因为随时有人手可供雇用,没有动机促使他考虑采用改进了的技术。总之,当积累的速度低于技术进步使它可能达到的速度时,不断增多的失业会使积累的速度赶上来,可是同时积累本身的迟缓也会使技术进步的速度较慢。

积累领先 积累跑在技术进步前面的时候,同样的作用在相反的方向发生效力。

在一定数量的劳动队伍和一定的技术条件下,无论什么时候积累可能达到的最高速度总是受通货膨胀限度的限制。当技术进步在继续发展,竞争的机构在发挥作用时,实际工资率会逐渐上升。这时候通货膨胀限度在向外移动,像旅行家的眼界那样,因为使这种限度发生作用的,是实际工资降落到低于过去习惯的水平,而不是低于现在的实际水平。因此积累的速度(以生产能力的增长计算)可能累进地上涨(由于积累速度增加而引起的实际工资降低的倾向,压迫着由于技术进步而引起的上升的倾向,但不胜过后者)。这样,积累的速度可能加快到某一点(只须企业家积极活动使其加快)而不致碰到通货膨胀的限度。

可是(在一定数量的劳动队伍的人力条件下)积累不能永远以快于技术进步的速度继续下去。积累的速度比较快了一个时期以后，由于需用人力的新资本财货逐月地增加，劳动稀少的情况就开始出现，正如在技术不变的条件下积累的速度超过人口增长的速度时会发生劳动稀少一样。（如果当每人一生的工作时间减少时，每一家庭的劳动供给在降低，那就更加是这样。）实际工资倾向于比每人产量增长得快，利润率倾向于下降，增加了的消费品的需求倾向于把劳动从投资部门里吸引过来，结果积累的速度倾向于转慢到和技术进步的速度一致。

可是同时技术进步在加快，要跟积累看齐。技术进步的速度不是一种自然现象，会像细雨那样地从天而降。在有一种经济动机促使人们要提高每人产量时，企业家就会寻求新发明和改进。比加速发明还更重要的是加速新发明的传播。当企业家发现潜在的市场在扩张而劳动难得的时候，他们会竭力想方设法提高劳动生产率；工资率随着产量一同提高的经验会克服工人们不愿意合作的情绪，使他们也帮助企业家来提高劳动生产率。

总而言之，资本主义经营方式产生最丰硕的结果的时候是：劳动的供给倾向于缩减[①]（人口即使增加也很有限，工作的时间在减少），而资本的供给倾向于增长，以致实际工资的上升（由于劳动稀少）经常使利润率有降低的可能，而这一点正是技术进步经常要避免的。在这种情况下，整个经济的生产力最高（尽管在其他方面不一定最好）。

[①] 根据我们这种模式的基本假设，劳动队伍的人数无论如何总够保证经常的收益，就是说，任何大规模总生产的节约都不会单纯地由于总产量在增加而引起每人产量的增加。这个问题在第三十三章中有比较详细的讨论。

第九章 技术进步

有偏向的技术进步

到现在为止我们始终假设技术进步在整个经济里平衡地分布。当一个部门所受的影响比另一个部门更多时,整个系统怎样发展呢?让我们首先考察所有的新发明已经充分消化在现有资本里面时的情况。在甲经济和乙经济里劳动队伍相同;商品出产率、实际工资率以及资本的利润率都是一样的。两个经济唯一不同的地方是,由于过去技术进步上的偏向,甲经济里每一工人的商品出产率在消费部门里较高,而在投资部门里较低(投资部门里的产量以具有一定生产能力的机器计算)。甲经济里投资部门雇用的劳动比乙经济里投资部门雇用的多,(具有一定生产能力的)机器的成本(以商品计算)较高。从消费部门里一个工人的观点来看这种局面,他的产量在甲经济里较高,可是他必须拿出较大一部分他的产品去换取自己需要的设备。从企业家的观点来看,消费部门里每一工人产生的准租金较高(因为每人产量较高而实际工资相同),可是每一工人占用的资本财货设备的成本相应地较高,而利润率是一样。[①] 可以说甲经济里的生产技术有一种耗费资本的偏

---

① 例如,假设在这两个经济里都是固定不变的情况,没有利润。每个经济里雇用100组工人,每年生产100单位的商品和5套机器(具有特定的生产能力)。现在使用中的机器共有消费部门里的40套和投资部门里的10套。每年补充更换机器10%。在乙经济里,消费部门雇用工人80组,投资部门雇用20组。在甲经济里,消费部门雇用75组,投资部门雇用25组。在乙经济里,投资部门卖给消费部门4套机器,代价是20单位的商品(这是投资部门工资支出)。因此一套新机器的价值是5单位商品,并且(不管利息问题)全部设备50套机器按平均年龄计算的总价值是$\frac{1}{2}(50\times5)=125$。在

向(和乙经济里的技术比较起来),或者乙经济里的技术有一种节省资本的偏向(和甲经济里的技术比较起来)。

现在让我们假设一个经济里的技术进步呈现一种耗费资本的偏向——就是说,有了一些新发明,这些东西提高每工时的产量,在消费部门中比以前提高得快,而在投资部门中比以前提高得慢。为了简单起见,我们将假设投资部门中暂时完全没有改进,以致生产一套具有特定生产能力的机器,所需要的劳动量不变,另一方面消费部门中出现一批新发明。这些新发明现在采用以后的直接影响是消费部门中就业低减,因为起初新的生产能力像以前一样快地在出现,一方面消费部门里采用的每一套新机器比它所替代的旧机器需要的管理人手较少。失业会阻止实际工资的上涨,同时,通过上面讲的那种作用,积累的速度(以生产能力计算)会加快得使从消费部门里排除出来的那部分劳动在投资部门里获得就业。实际工资即使增长也不及消费部门中每人产量增长得多,利润率暂时比以前高。企业家认为这种局面是投资的兴旺,尽管它起源于大量发生的失业。经过一个时期以后,现有设备已经调整得适合于新的技术情况,于是(如果不再发生变动)积累速度和利润率都回到以前的水平。

甲经济里,4套机器卖得商品25单位,全部设备机器的价值是$\frac{1}{2}\left(50 \times 6\frac{1}{4}\right) = 156\frac{1}{4}$。消费部门中每套机器产生的准租金(以商品计算)是乙经济里$\frac{1}{2}$单位,甲经济里$\frac{5}{8}$单位。投资部门中,10套机器的准租金是1套,它在乙经济里值5单位商品,在甲经济里值$6\frac{1}{4}$单位商品。

反过来说，如果出现了许多的新发明，提高投资部门里的每人产量，而消费部门里的产量没有改变，生产能力增加的速度暂时就会加快；劳动的稀少在消费部门里发展起来，实际工资就会增长（虽然该部门中每人产量不变），而利润率会低降，直到很多的劳动从投资部门被吸引到消费部门中来以恢复平衡为止。

黄金时代

当技术进步没有偏向而稳步地前进，生产的时间范型没有任何改变，人口以稳定的速度增长（如果是增长的话），并且积累的速度快得足以为所有的劳动提供生产能力的时候，利润率就倾向于不变，实际工资的水平倾向于随每人产量而上升。这时候整个系统中就没有内在的矛盾。只要政治局势不引起干扰，只要企业家对未来有信心，愿意按照和过去一样的匀称的速度来积累，就不会有什么障碍使他们不能继续这样做。只要他们这样做，整个系统就能顺利地发展而没有剧烈变动。总的年产量和资本拥有量（以商品计算价值）就按着一种不变的适当的速度一同增长，这种速度由劳动队伍增加的速度和每人产量增加的速度共同构成。这些情况我们可以称之为一种"黄金时代"（用以说明它是一种在任何实际经济组织中不会发生的神话般的情况）。

如果我们想象技术进步的速度和人口增长的速度是由自然赐予的，我们就可以说，适合于那些特定条件的黄金时代是一种经济满足的状态，因为这时候消费是按着技术上可能做到的最高速度在增长，而这种速度是和同时保持那种增长速度并不矛盾的。① 可是这不是一种非常开明的看问题的方法，因为技术进步不是一种自然现象，并且人类的聪明才智是没有限度的。不管在黄金时代中保持着怎样的进步速度，总可能进步得再快一些。假如积累的速度加快了（或者人口增长的速度降低，或者可以利用的劳动供给由于缩短工作时间而减少，同时积累进行得和原来一样的快），那么，迫使工资率上升的劳动稀少的压力就会引起更多的新发明，并加快已有的种种改进的普遍采用，结果实际工资的水平会上升得更快。就长期来说，财富增长的速度的极限，不是决定于技术的限界，而是决定于在竞争和工资上涨这两种刺激减弱的时候会发生的那种无感觉的昏睡状态。

---

① 用哈罗德先生的《动态经济学》一书的语言来说，就是国民收入增长的自然的、合理的和实际的速度都相等。

第二部分

技术的边界

第十章 技术光谱

假如在技术发展的一个特定阶段中对每种出产量只有一种生产方法,一个企业家在决定了投资计划以后(不管是创造新的生产能力或者更换已经不能获利的设备),对于装置哪种资本财货,就不会疑惑不定。现在我们必须考虑到这一事实,即在任何知识状态下,总有许多不同的方法都是技术上可能的,它们用不同类型的设备提供不同的每人出产量,企业家对它们的选择决定于在当时的成本和物价水平下它们的相对的获利可能性。这使以前的分析大大地复杂化,但并不改变它的大概的含义。[①]

技术的选择

企业家在计划一种投资的时候,首先要求有把握不损失任何资本(他必须确信在设备的能挣钱的期限内能从准租金中收回最初置办设备的支出);第二,他要从投资中取得最大限度的可能的利润。在竞争的情况下,他的产品的价格、货币工资率和各种资本

[①] 读者必须注意本章以及以下几章的论证很困难,其困难程度和重要性是不成比例的。在兜了一个大圈子以后我们将回到一些实质上和前章相同的结论。参阅本书第 465 页图 4,它说明这一节的论点。

财货的价格已经知道,(假设相当程度的平静)他就能计算从一些和各种不同技术相应的投资中所能预期的利润率。每种可用的技术需要特殊的一套机器和工序的线路,需要特殊数量的劳动来操作,并且产生特殊的每人产量。在一定的价格和工资条件下,每人产量越大,每一工人产生的准租金就越多。较大的单位产量是由资本财货方面较大的投资提供的,就是说,机械化的程度越高,每一工人产生的准租金就越多,每一工人所需的投资成本也就越大。如果若干数目的一笔钱投资于适合一种特殊技术的设备(就说是 B),它会提供若干比率的收益。如果同一数目的钱投资于一种机械化程度较高的技术(就说是 A),就会雇用较少的劳动,总产量就会较少(情况必然是这样,因为,若是 B 用较大的工资支出而提供的产量小于 A,那 B 就不会被企业家当作一种可用的技术来考虑),并且工资支出会较少。① 如果产量减少的数目超过工资上节省的数目,那就宁可采用 B。同样地,如果用一种机械化程度较低的技术(就说是 C),在一定数目的投资下就业量就较大,产量也较大。若是工资支出的超过额大于产量的超过额,那就宁可采用 B。再从另一面来看这个问题:在 B 技术下雇用一定数目的工人,需要投放若干资本,产生某种每单位资本的收益率。在 C 技术下雇用同样数目的工人,需要较少的投资,产生较少的收益。若是收益所减少的数额超过投资上节省的数额,那就宁可采用 B。使用 A 技术而雇用同样数目的工人,需要较大的投资,产生较大的收

---

① 如果 A 技术所需要的资本财货的成本高是由于它们的使用寿命较长,那么,在这个范围内,A 技术的较大的生产力表现于需要较少的劳动来维持一定数量的设备,以及相应地较少的每年折旧拨款来补充一定价值的资本财货。

益。若是收益的超过额不及投资超过额的比例,那就宁可采用 B。

如果每一工人产生的利润上的差额,和每一工人需要的投资上的差额恰好相称,两种技术产生一样的利润率,企业家对这两种技术就无可无不可,不妨任意采用一种。

利润率和投资的成本

这样来比较各种不同的技术的获利能力,必须知道每种技术所需要的一套生产设备的成本。这绝不是一个简单问题,因为设备和工料的成本对一个企业家来说不仅决定于要使工作完成所必须付出的工资的数目,而且决定于完成生产工作所需要的时间的长短;设备的价值决定于它的未来收益在整个时间中怎样分布。

任何一个拥有购买力的人可以在一个已经在经营中的企业里购得股份,因而可以立即开始从他的钱上得到利润。投资于新的生产设备,必须在支出资本和取得收益之间有一段耽搁;在等待时期中所有潜在利润的损失,从企业家个人的观点来说,是取得生产设备的成本的一部分。不同的投资计划不免有不同的耽搁时期,以及关于未来支出和收入的不同的时间模型;而在比较各种计划的利弊时,对这一项成本因素必须加以考虑。因此,投资本身的收益率要算在任何一套生产设备的成本之内。

因为这个道理,对生产设备的成本做一种毫不合糊的计算,需要一个明确的和普遍适用的预期的利润率。这只有在两种情况下可能存在。第一,完全平静的状态,这时候人们相信未来的成本和准租金是已经知道的;第二,竞争的程度以及经营各种生产事业的难易程度到处都一样,并且在整个系统中确立了一致的利润率。

当然,这样的情况在现实中决不存在,可是我们在提出现在这一阶段的分析时可以假设这样的情况是存在的。那么,我们就假定在整个经济中有一个一致的利润率,它在过去已经实行了一个时期,并且人们相信将来还会继续实行。因此我们在计算生产设备的成本时使用了等于这个利润率的一种假想的利息率。

利息在两个方面与生产设备的成本有关系,一方面是孕育时期,这时候设备在建造,在制品的生产所需要的原料等已购置;另一方面是设备的能获利的使用时期。

首先,考虑孕育时期。一个正在打算一项投资计划的企业家通常准备从其他企业组织买进一些要素(原料或者现成的设备)。为了这些东西,他付出实际的代价,其中包括一笔按当时利润率计算的准备归于卖方企业家的利润。另一部分成本是直接在他自己的工厂里用掉的。在这两种支出以外,他必须加上一笔假想的利息费用,算出投资的成本,然后再把这笔利息作为全部成本的一部分。这样,投资的成本超过各项实际支出的总和,其超过额等于各种支出从付款时起到开始赚得准租金时止的复利总额。

现在我们来考虑关于生产设备能赚得准租金的时期的计算。每项投资,一经做出,就被认为是永久的(因为即使某一个企业家并不希望自己无限期地经营下去,他也需要在将来结束营业时能收回一笔至少等于他最初的投资的资本)。在制品所代表的投资不断地被保持着(只要生产继续进行),由于用现时销货的收入来补充生产干线上的需要;结果投资一经建立,始终保持在同样的水平上。另一方面,需要定期更新的那种设备,代表一种随时变动的投资。企业家打算从设备所能挣得的准租金中提出一笔折旧基金,在设备需要重置的时候用来再投资(不管是再置办一套和原有设备完全相同的东西,或者改用一套体现着最新的改进的设备)。因此,用在投资上面的资金的数目,在设备的有效使用期中是会改变的。在设备崭新、刚开始挣钱的时候,全部原始成本都用在这里面。当资本已经分期全部偿还时,全部资金将变为随时可以动用的现金形式;设备实行更新时,这笔资金又用在里面;并且在一个不固定的未来时间中这样周而复始地继续下去。如果预期一套设备在使用寿命期内将以平均比率挣得准租金,在一批资本达到使用寿命的一半时就已经分期收回了一半,这时候用在里面的资金(不计算利息)将是原始成本的一半。在不定的未来期中,平均的资金使用额(不计算利息)是生产设备的原始成本的一半。

　　利息怎样计算呢? 在实践中,企业公司往往使折旧基金保持一种容易变为现金的形式,或者用来购存一些靠得住的证券,其利息率低于当时的利润率很多。可是这是因为现实世界是很不平静的,容易变为现金的基金准备代表一种防止可能损失的保险。在我们假设的理想情况下,一切资金都能挣得当时的利润率。因此折旧基金(为了我们计算投资的成本)必须给以等于当时利润率的利息。在每批具体投资的使用期中,早期年份占用的资金比后期年份多,而折旧基金在后期年份中比早期年份中多。因此,按复利计算,占用的资金上面假想的利息超过折旧基金上面所得的收益。由于这个道理,构成投资成本的平均占用额,略多于用在完全新的生产设备上面的原始支出的一半(利息率越高,差额越大)。这超过一半的超过额随着设备的寿命增长。在受着特定条件的限制、预期设备具有无限长的获利寿命的时候,投资的成本等于设备的最初成本。[①]

若是预期在每批具体投资的使用期中每年的准租金会降低,因为设备日渐陈旧,需要较多的临时修理,或更大的单位产品成本,或者因为遇到来自改良设备的竞争,产品的价格预期会跌(或是销货的困难增加);那么,折旧基金的较大一部分必须从设备的有效使用期的早期阶段取得,设备所代表的投资成本对设备的最初成本的比率就相应地较低。

关于具有不同的有效使用期的各种类型的生产设备方面的投资的相对成本,一种理想的正确的算法涉及数学问题,这种数学当然太复杂,对企业家没用,他们无论如何总得在变化无常的一团迷雾中做出决定;可是他们所采用的会计方法使他们能尽量牵强附会地有几分接近于那正确的计算。

各种技术的等级

在任何一个特定的发展阶段,打算投资(不管是为了增加生产能力还是为了更换旧设备)的企业家往往觉得自己好像处于一种机械化的边界。当 A、B、C 等所有的生产技术按每人出产率列成等级时,具有较高的出产率的技术需要较大的每人投资(按上面的方法计算),而边境则在那种能按当时工资率提供最高的利润率的

---

① 参阅钱珀瑞恩和康恩:《投资资本的价值》一文(本书第 474 页)。

第十章 技术光谱

技术上,或者是在按当时工资率获利相等的两种技术之间。①

---

① 在下面的例证里,为了清楚起见,我们假设几种技术有很大的差别。为了避免与作为生产设备成本中的一项成分的利润有关系的各种复杂问题起见,我们不管流动资本,并假定设备在很短时期内就可以造好,而且具有无限长的获利寿命。

雇用工人的人数:50

工 资 率	1			1.1		
技 术	C	B	A	C	B	A
设 备 成 本	25	50	100	27.5	55	110
产 品	55	60	65	55	60	65
工 资 支 出	50	50	50	55	55	55
利 润	5	10	15	0	5	10
利 润 率	20%	20%	15%	0	9%	9%

投资:100

工 资 率	1			1.1		
技 术	C	B	A	C	B	A
雇 工	200	100	50	182	91	45.5
工 资 支 出	200	100	50	200	100	50
产 品	220	120	65	200	109	59
利 润	20	20	15	0	9	9

当工资率是1的时候,增加投资25,雇用同量的劳动使用 B(而不用 C)技术,增加利润5(投资的边际收益等于利润率,20%)。由于使用 C 技术,添雇工人100名,在同样数目的投资下,产品和工资支出都增加100(受雇的劳动的边际收益等于实际工资)。因此 B 和 C 两种技术同样可以获利。同样地,在工资率1.1的时候,B 和 A 两种技术没有差别。B 和 C 在工资率1的时候(或者 A 和 B 在工资率1.1的时候),雇用较少的劳动,在同样数目的投资下,使得产量和工资支出相对地减少;较大的投资,用同样数量的劳动,所增加的产量对资本增多的比率和利润率相同(投资或者雇用劳动对企业家的边际收益同投资和劳动对整个经济的边际产品之间的关系,以后将会有讨论,参阅本书第二十一章)。

技术边界的位置决定于当时实际工资的水平。对各个企业家来讲，生产技术的选择决定于以他自己的产品计算的工资率和生产设备的成本。实际工资的增长（在特定的每人产量下），对消费部门的企业家来讲，必然意味着以他们自己的产品计算的工资支出的增长，[①]而且（在竞争的情况下）投资部门中的价格有助于产生和消费部门中一样的利润率。因此，以整个经济来说，在技术知识的一个特定的阶段中，所有正在实行的投资计划的机械化程度是受实际工资水平支配的。

工资和技术

在一个特定的发展阶段，如果一个经济组织所有的技术知识包含着一系列依次略有差别的不同技术，每一工人的所需投资额方面一点小差别会造成每人产量方面很大的差别，以产品计算的工资水平上一点小差别就会使一种新技术进入可以获利的边界。在距离很大的场合（一般说来，这种情况大概比较多，如果我们不管那些次要的适应），总有某种工资幅度，在这个幅度以内每一种技术都是极能获利的。[②]

让我们把 B 和 C 两种技术同等地可以获利的那种工资率叫作 CB 工资率。那么，就有某种较高工资率的幅度——B 幅度，在

---

① 这是根据我们的模式中的假设而产生的结果。在那种有一些商品（奢侈品）只卖给食利者的场合，因为这些商品的价格的变动和工人购买的商品不同，对生产这些商品的企业家来说，以他们自己的产品计算的工资率不完全跟着实际工资率变动。

② 参阅魏克赛尔：《演讲集》，第 1 卷，第 177 页。

这个幅度以内 B 技术的利润最大。在这个幅度的范围内工资愈高利润愈低,可是 B 仍然是用起来最合算的一种技术。当工资较高时(和一种较低的工资比较来说),用 B 技术时所能取得的利润率会比用 A 技术时所能取得的利润率减少得更多,因为工资上一定数目的增长减少每人成本和每人货价收入的差额时,对较大的每人货价收入所减少的比例较小。[①] 因此,如果我们循着一系列愈来愈高的工资率向上推算,就会达到一点(BA 工资),在这里 A 技术可能获得的利润不少于 B。同样地,有一种 C 技术的工资率幅度,低于 CB 工资率,也有一种 A 技术的工资率幅度,高于 BA 工资率。

在某一临界工资率上,并不只有一种可能的技术状态。比方说,在 BA 工资率上,所有的劳动可以用 B 技术来雇用,可以用 A 技术来雇用,或者用这两种技术的混合生产方法来雇用。从一种只能用 B 技术的状态开始,有一系列的 BA 混合状态,其每人资本额越来越大,每人出产率越来越高,资本财货拥有量中 A 技术设备对 B 技术设备的比例越来越大,直到最后只使用 A 技术一种。在所有这些不同状态中,工资水平以及利润率都相等。同样地,在 CB 工资率上,也有一系列可能的技术状态。

一种稀奇的情况

按照一般的通例,由一种较高的工资率引入边界的技术,它的

[①] 参阅本书第 171 页(注②)例证中的数字。

机械化程度比那种和较低工资率相适应的技术要高；可是，在某种幅度以内可能有一种反常的关系。[①] 这种反常的关系会发生，是因为假想的利息成本这一因素加入了资本财货的价格。如果我们比较 C 和 B 两种技术所需用的设备，两者雇用同样数目的工人，那么，按 CB 工资率计算，C 设备（配合着适当的在制品）的成本低于 B 设备的成本，C 设备的产量也低于 B 设备的产量，两方面相差的比率相同（正是这种关系造成那使两种技术可以获利相等的 CB 工资）。如果我们比较按一种较高工资率计算的成本，成本提高的比例小于工资提高的比例，因为利润率（以及那列入设备成本的假想的利息率）现在较低。各种类型的设备各有一种时间模型，它的成本对假想利息率的变动的感应也各不相同。如果 C 设备的建造时期或者使用寿命比 B 设备长，它对利息上的差别的反应就较强，并且这种影响可能很大，以致在某种工资率的时候，C 设备的成本比 B 设备的成本低得多，而 C 设备的产量却并不比 B 设备的产量低得很多。在这种情况下，当我们循着一系列愈来愈高的工资率计算时，C 设备变得比 B 设备更能获利，工资的增长把边界从 B 推移到 C，而不是从 B 推移到 A。[②]

大体上，这种情况似乎不会很普遍，因为机械化程度较高的技术一般地需要数量较多的和寿命较长的设备，结果设备成本对利

[①] 这一点是柯亨女士向我指出的。以下所讲的是一段相当错综复杂但不很重要的分析。

[②] 这时候就有三种 CB 工资率。当工资从低水平上升时，边界"正常地"从 C 移到 B。然后"反常地"从 B 移到 C。然后又"正常地"从 C 移到 B。参阅本书第 466 页图解。

息率差别的感应,机械化程度较高的比较大,机械化程度较低的比较小;凡是有这种情况的场合,工资和机械化程度之间那种反常的关系就不能发生。因此我们可以认为一般的通例是:较高的机械化程度是和较高的(而不是较低的)工资水平(以产品计算)联结在一起的。

特殊的情况

某些特殊的企业家也许受特殊情况的限制,使他们不能采用(在当时的工资率下)能产生最高利润率的那种技术。

资金 如果最能获利的一种技术的设备所需要的最低限度的投资很大,一些没有足够的资金来采用这种技术的企业家可能就使用机械化程度较低的技术,宁愿取得较低的利润,而不愿失去他们独立自主的地位。

经营管理 个别的企业家也许能力不够或者不愿意管理一个超过某种规模的事业。这并不一定会影响他所选用的技术,可是由于和上面同样的原因,这大概是和比较低的机械化程度联结在一起的。

独占 当一个企业家在某一个别市场上享有独占权利时,他可以取得投于有关商品生产上的资本的较高的利润率(高于一般企业经营所能取得的利润率),可是使他觉得值得去生产的那种商品的数量是有限的,因为,超过了某种限度,他要增加销售的数量,就只有靠削减价格(或承担销货费用),把价格削减到会减少他从市场上获得的总利润的程度才能办到。因此,技术的选择决定于他所可能有的其他机会是什么。如果他除了自己享有独占权利的那种特殊商品以外,对其他东西的生产完全不感兴趣,那么,他就值得投资于提高生产的机械化程度,直到工资上的节省恰恰能抵补附加资本的成本,就是,他在机械化程度较高的设备和较低的设备的两种不同成本的差额上所必须付出的额外利息(或者他由于不借钱给其他企业家而自己放弃掉的额外利息)。如果他的地位有利于借入资金,他需要付出的利息率也许比当时的一般利润率低得多[1](并且若是他有多余的资本,他也许宁愿投资于他自己的企业,而不愿拿从外面可以得到的利息),那就值得他采用一种机械化程度比当时一般高的技术。[2] 可是如果(像比较常见的那样)他有可能(当他的独占市场里已经不可能再有所活动的时候)在其他生产事业上投资,在那里他遇到竞争可是和其他的人享有同样的获利的机会;那他就没有动机想要把机械化的程度提高到超过他的专业方面的投资的边际收益和一般利润率相等的这一点。

劳动的限制 某一个企业家也许能够很容易地雇到数目有限的若干工人,而不可能(或者费用比较大)雇到更多的人数。这时

---

[1] 参阅本书第二十三章中"债券市场"这一节。
[2] 在我们的数字的说明里,当工资比率是1时:

技 术	每一工人产量	每一工人需用资本	100单位的产品大约需要	
			劳动	资本
A	1.3	2	77	155
B	1.2	1	83	83
C	1.1	0.5	90	45

利率只要在20%以下,B 比 C 可取;只要在12%以下,A 比 C 可取;只要在8%以下 A 比 B 可取。

候如果他能支配资金并且有益于增加他的产量，他就能从提高机械化程度着手，做到这一点。只要从特定数目的工人身上得到的附加产品能抵补附加投资方面的利息（付出的或者放弃的），他投资到这个程度是合算的。①

即使在这种特殊情况下，较高的实际工资水平趋向于较高的机械化程度这一通则，还是适用的。实际工资水平的上涨，往往淘汰掉那些不能机械化的企业，而留下那些能够机械化的企业继续经营。实际工资下跌时企业往往比较容易维持下去，虽然实际工资率降低时也许会使某些小企业家有可能爬上较高的机械化水平，以致出现一股冲击主流的逆流。

独占者在外面可以得到的利润较低时，往往会在他的特殊领域里提高机械化的程度；而独买者则有较大的动机促使他提高他的有限的劳动队伍的产量（除非他能强有力地控制和他有关那一部分劳动市场，使其不受工资普遍上涨的影响）。因此，这种特殊情况的存在（以及无数的个别企业家的特殊情况的存在），并不破坏那一般通则——即机械化程度受实际工资水平的支配——的有效性。

风险和机械化

除了处在完全平静的情况以外，一般总是宁愿采取比较容易

---

① 在我们的例证中，把50个工人从 C 技术提高到 B 技术，需要增加投资25（当工资率是1的时候），同时增加产品5（边际收益为20%，等于当时的利润率）。把这50个工人从 B 技术提高到 A 技术，需要增加投资50，同时增加产品5（10%）。从 C 提高到 A，需要增加投资75，可以增加产品10（13.3%）。

改变的投资计划,而不采取比较呆板的计划。这说明那种需要短寿命的设备和可以分割的生产设备能力的技术较为可取,以便在必要时可以放弃一部分,而不致整个设备成为废物。一般说来(可是不一定全是这样),机械化程度较高的技术需要较多的耐久的设备,部分和整体间的关系比较密切的生产设备能力,所以在没有把握的情况下,人们倾向于宁可采用机械化程度较低的技术。

这种现象在一个不平静的世界中是很重要的,并且说明何以许多使用简单技术的小企业能够和高度机械化的巨头竞争。

第十一章　资本的估值

在黄金时代的完全平静的状态下,利润率不变,对未来的预期确定而有把握,因此人们认为资本财货的挣钱能力是已知的,它们的价值具有明确的意义。

因此,乍看起来,比较处在机械化边界的各种不同地位的资本对劳动的比率,似乎是一件很简单的事,只要在各个地位上都具备黄金时代的种种条件;可是事实上我们将发现这种比较往往会引起许多麻烦。我们往往以为自己知道"产量"、"利润"和"每人资本"这些名词的意义,可是到我们开始要陈述一个简单而明白的定义的时候,才发现自己并不真正知道。

黄金时代中的产量、资本和劳动

讨论这个问题,可以根据各个经济之间的比较来进行;这些经济彼此隔绝,各自享受着一种和自己的环境相适应的黄金时代。在每个经济里,都有一种不同的工资率,或者如果两个经济里的工资处于同一临界水平(BA 或 CB),所使用的两种技术的混合体的构成却不同。一种不同的工资率包含一种不同的积累率,[①]黄金时代的条件要求人口增长的速度和积累的速度协调,或者有速度恰好适当的没有偏向的技术进步在不断发展。这时,每个经济都有某种和一种具体的产量增长率结合在一起的出产率,并且它的生产的一部分是用来增加资本拥有量的,即用于净投资的。既然净投资对商品产量的比率在各个经济里是不同的,这些产量就不能作为单纯的以实物计算的数量来进行比较。

一系列的困难来自各不同经济中的产量构成的这种差异。另一系列的困难来自我们已经碰到的这一事实,[②]就是,以产品计算的不同工资率必然产生商品、资本财货和劳动时间的不同的相对价值,因而没有一种简单的价值单位可以用来计算。

因此我们不先讨论列入比较表中的一些概念的意义,就不能比较我们黄金时代的各个经济。

每单位劳动的产量

实际上每人产量是一个很难解释得精确的概念,因为在实际的比较中,任何两种状态下的产品构成和工人特性都决不是一样的。我们的模式中所采取的那些基本的简单化的假设,排除了一

[①] 这是由于我们假设没有从利润中支出的消费。假如我们假设这部分利润被消费掉,我们就能比较具有不同的工资率和相同的积累率的一些经济,只要各资本家的节俭在补偿方法上是不同的。参阅本书第二十六章中"黄金时代中食利者的消费"这一节。

[②] 参阅本书第九章中"稳定的条件"这一节。

第十一章 资本的估值

部分困难。我们假设在所有我们的经济里,工人都是一样的,每种具体商品,无论在什么时候和什么地方出现,都是一样的,并且构成源源不绝的消费品产量的各种商品的比例,也总是到处一样的。

即使这些彻底的简单化也不能解决问题,因为产量中还包含对资本财货拥有量的净增量,这种增量,如果所使用的技术不同,其物质特性也是不同的。

在黄金时代的条件下,精确地区别各个经济内部的净投资,是可能的。在没有不断的技术进步的场合,可以用实物计算来做到这一点。把年初所有的各种物品(包括在制品在内)逐项地从年终所有的数量中减掉,所余的差额就是所增的实物资本。①

在技术进步不断发展的场合,实物的净投资没有精确的意义,因为现有资本财货中各项物品,当它用坏的时候,往往由一项实质上不同的设备来替换。可是,既然(在黄金时代)利润率不变,并且人们相信未来的准租金是已知的,那么,以商品计算的资本的价值就具有明确的意义;损坏的资本财货总是由价值相同的新品种替换的,一个时期终了时所有的资本财货(就是,企业家所有的全部资本财货物品,包括未销售的存货在内)的价值超过这个时期开始时所有的东西的价值的超过额,就是这个时期的净投资。

一批特定的劳动队伍的一年产量的价值,是商品销售的价值加净投资的价值。为了某种目的,把全部劳动力量按照产量价值

---

① 除了在黄金时代的条件下,这种计算不能精确地做到。因为,即使年初和年终所有的物品属于同样的具体规格,当积累对资本拥有量的比率在不断变化的时候,构成现有设备的各项物品的年龄构成是不同的。

分为商品和净投资的这种比例,加以划分是有用的。① 这样,我们就能比较两个使用不同机械化程度的经济中商品的每人产量。②

关于以资本财货计算的每人产量,我们不能进行任何一般的说明,因为不同经济中不同数量的劳动生产着物质上不同的产量。当两个经济中实际工资率相等(因此利润率也相等)时,我们可以比较净投资的每人产量的价值,可是它的实物构成是不同的。当两个经济中技术相同时,资本财货的每人实物产量是相同的;可是一台特定的机器的以商品计算的价值是不同的。当技术和实际工资率都不同时,就没有一种共同的单位可以用来计算资本财货生产中的每人产量。

因此,只有在一些没有净投资的经济之间才可能真正地进行比较。那时候,在各个经济中,两个部门的全部劳动力量都从事于生产和维持源源不绝的商品的出产,每人产量是一种明确而可以计量的概念(在我们的简单化的假设之下)。在任何其他情况下,每人实物产量的比较,容易发生物价指数方面含糊不清的情况,这种情况类似在关于某一由不同比例的几种商品构成的商品数量的概念方面含糊不清的情况。③

---

① 这是一个和整个经济中两个部门之间的划分完全不同的概念,因为投资部门在生产补充设备,从事于这种工作的劳动是对商品产量的价值有贡献,而不是对净投资有贡献。

② 在 A 经济和 B 经济中,雇用着同样数量的劳动,商品的产量相等。在 A 里面净投资是产量价值的 20%,在 B 里面是 10%。这时候在 A 里面 80 个工人所生产的商品,和在 B 里面 90 个工人所生产的商品,产量相同。B 经济中商品的每人产量是 A 经济中每人产量的 $\frac{8}{9}$。

③ 参阅本书第三章中"货币和购买力"这一节。

资本的数量

现有资本财货的估值是我们已经着手进行的全部分析中最麻烦的问题。的确,实际上从原则来讲这是不能解决的,因为产量构成、所雇工人的特性、使用的技术,在任何两种状态中都完全不同,并且在任何一种状态中所有的资本财货也不和这种状态中当前的情况相称,而是由许多代表着整个经济所经历的各个发展阶段的陈旧事物构成的。现有设备的历史上的成本同它的根据预期的未来利得而算出的价值脱节;这种价值又因未来的变化无常,而不能完全确定。在实际情况中,只能做一种最粗略的估量。

靠着我们的那些简单化的基本假设,在想象的黄金时代的条件下,计量任何一个经济里的现有资本是没有困难的。在各个黄金时代的经济里,每一工人所用的实物资本量受生产技术和积累速度的支配。技术决定着产量中每一成分所需要的资本财货的规格品种;积累速度决定着现有设备在一个经济的两个部门中怎样分配,以及现有各种资本财货的年龄构成(积累速度越快,任何一种机器的年轻各代的数量和年老的对比起来就越多,因此设备的平均年龄就越低)。那么,资本拥有量的价值决定于特定的黄金时代的条件下一般的利润率。

可是,即使在这种时候,利润率不同或者生产技术不同或者两者都不同的几个黄金时代经济中的资本拥有量,应该怎样比较,还是完全不明白。

有四种方法可以用来计量资本:(1)以资本财货的实物数量计

算；(2)以实物生产能力计算；(3)以按商品计算的资本财货的价值来计算(或者以对商品具有一定的购买力的货币来计算)；(4)以生产这些资本财货所需要的劳动时间来计算。每一种计量方法都有它自己的如何解释的问题。

(1)**实物资本** 以资本财货的实物数量计算的方法，应用的范围很有限。当使用的技术不同的时候，各个经济中资本财货的构成项目也许只有少数几个或完全没有共同的项目，即使那些也许会共有的项目(比方说铁路系统或者某一种机器)，在不同的背景中也具有不同的经济意义。

对于某些目的，一种很粗略的指示机械化程度的指标，例如每一工人占用的马力，也许有用。可是那显然是极不精确的，并且容易使人误解，因为一种使用很少马力的技术也许在"在制品"方面需要大量资本，只因它的生产过程(包括运输)很慢。

即使两个经济，由于它们各自的工资率处于同一幅度(比方说 B 技术的工资率幅度)以内，从而它们彼此的投资部门或消费部门中所用的资本财货属于同一类型，所以使用着同样技术，但两个经济中积累的速度既然不同，两个部门的相互比率就不同，而每个经济中的设备总量就会由适合于每个部门的不同比例的各种类型构成。因此，关于两种设备的数量的概念，有一种含混不清的情况，它反映着产品数量上那种指数的含混不清情况。

再则，两个经济中的每种类型的机器的年龄构成是不同的(在积累进行得较快的经济里平均年龄较轻)。只有在两个经济中设备的项目完全相同，而仅仅各个经济中整套项目的套数不同的时候，才可能精确地比较资本的实物拥有量。

第十一章 资本的估值

(2)生产能力 根据生产能力来进行比较,也有一些同样的困难。一批年龄构成相当平均的资本财货(包括那种用来保持现有数量不减的制造机器的机器在内)具有一定的以商品计算的生产能力,就是说,具有一个可以用相当的就业量永久保持下去的一定的出产率。在这种基础上我们便能比较 A、B、C 三种技术的生产力,求得生产能力相等的各种类型的资本的平均拥有量。这时一种机械化程度较高的技术的优越性表现在它能以较少的劳动维持一定的出产率。

这种比较,只对于一些净投资等于零的经济具有精确的意义。当使用不同技术的各个经济中积累以不同速度在进行的时候(一般都是这样),各个经济中的产量构成(包括资本财货的增量)都是不同的,这种比较也会发生我们在上面所遇到的那种指数含混不清的情况。

(3)以商品计算的资本的价值 资本的价值可以从三种观点来看:作为一个经营中的生产单位的售出价格;作为预期可以从资本上得到的未来利润,按相当的假想的利率折合为现值;或者作为建立这笔资本所需的成本,按相当的假想利率积累到现在为止,扣除它已经产生的利润(这些都代表从企业家的观点来看的价值。作为给整个经济的居民生产财富或福利的手段的一批资本的价值,是另一回事,且会引起比我们现在所要讨论的更为重大的科学研究上的困难)。

在具有在整个经济中一致的利润率的黄金时代的条件下(这种利润率过去已经长期存在,并且预期在未来仍然会长期存在),这三种对资本的价值的看法都产生同样的结果。这样,在各个经济中,资本的价值都有明确的意义。

我们可以直截了当地比较两个黄金时代经济中每一工人占用的资本的价值。这种比较具有实际的意义。它说明各个经济中到目前为止已经积累了多少(相对于可用的劳动而言)。对某些目的来讲,作为一个经济组织的财富的一种尺度,这是有意义的和重要的。可是它不能说明这两个经济在生产能力方面比较起来是怎样,因为,在不同的工资率下,以商品计算的价值相等的两批资本,具有不同的设备内容。这一点可以看得非常清楚,如果我们比较具有不同的工资率和同样的生产技术的两个经济的话(比如,工资率在 B 技术范围以内的两个经济)。因为两个经济中所用的技术是相同的,设备中任何一项东西在各个经济中都有,可是同一规格和同一年龄的机器的成本不同并且会产生不同数量的未来的准租金,如果原来生产这些机器以及将来使用这些机器的劳动的工资率不同。

我们也不能说两个经济之间的差异绝对和工资率成比例,因为机器所在的各经济中的利润率是不同的,从而这些机器的成本中所包含的假想的利息也是不同的。也许刚巧一个经济里较低的利率由(某种特殊类型的机器方面)较高的工资率恰好予以抵补,结果两个机器的价值相等;可是,如果说它们的成本相同,或者说它们代表同一数量的投资,就会使人误解,因为劳动时间和假想利息不是内容相同的东西,我们不能把它们加在一起作为一个成本的数量,正如我们不能把苹果和杨梅加在一起作为一种水果的数量一样。

(4)以劳动时间计算的资本　我们可以把任何一个经济中现

第十一章 资本的估值

有资本的以商品计算的价值,除以用商品计算的每一工时的工资,从而得出以劳动时间计算的资本的数量。在某些方面这是最有意义的计量资本的方法,因为生产过程的根本要素是劳动时间的支出,并且在一个日期支出的劳动时间可以转移到以后的一个日期,由于用这种劳动时间来生产具体的东西(或者储积知识),这就使得未来的劳动具有更大的生产力,因此今天存在的资本财货可以看作是准备在将来使用的过去劳动时间的化身。可是,即使我们这样地来看资本财货,也不能逃避那基本问题。生产今天的资本财货的那过去的劳动时间,它本身当时就在先已存在的资本财货或自然资源上起作用(亚当掘土的时候,他已经有了一把铲;夏娃摘果的时候,世界上已经有一棵成熟的树在结果)。任何时刻,在人们做工作的时候,今天的劳动正被加到过去劳动的产品上,而这过去的劳动当日也是加在更早的劳动的产品身上。在资本主义经营方式下,这表现在今天的资本财货的成本的利息因素上,可是成为其基础的现实情况并不决定于任何一种人为的规则。它的根源在于生产的技术性质。

问题可以再一次看得很清楚,如果我们从两个使用同样技术而具有不同实际工资率的经济中,抽出两台完全相同的机器加以比较。我们勾销工资率上的差别,把每台机器作为若干工时的劳动量。既然这两个经济中生产技术相同,生产每台机器所用的工时是按同样的时间模型分布的。工资率较高的那个经济里的利润率较低(并且长期以来一直是较低)。在积累(到现在为止的)过去劳动成本中所用的假想利率因此也较低。机器的以劳动时间计算的成本较低,虽然当初在制造每一台机器中所花费的工时数目相同。

机器之间的这种差异是很有意义的。这不是一种单纯的由于计算方法而产生的算术上的幻觉。在利润率较低的那个经济里,相对于劳动而言,资本比较不是那么稀少(因为两个经济的过去历史上有些不同),在那种环境中生产的机器代表一种在实际意义上较小的投资价值,因为当初在生产中所用的那些资本财货在实际意义上价值(以劳动时间计算)较低。

(5)资本的数量 怎样估量资本价值的问题是一个有关字眼的问题。资本总是那样的资本,不管我们叫它什么。我们所以费这么多的事来讨论怎样加以说明,是要使我们不致被我们自己的名词所蒙蔽,认为不同的东西是相同的,因为它们的名称相同。既然没有一种估量资本的方法能提供一个简单的数量,反映出两批不同的资本财货之间一切有关的差异,我们就不得不同时使用几种尺度。

所谓实物资本,我们的意思是指各方面的规格完全明确的一批物品。所谓生产能力,我们的意思是指一套可以用适当数量的劳动使它生产出其物质特性和未来的时间模型都有明确的规格的一批批产品来的资本货物。所谓提供的就业,我们的意思是指为一套资本财货配备人力使其在某一时刻发挥正常的设备能力,取得一定的产出率所需要的劳动量。

以商品计算的一批存货的价值,我们将称之为素朴资本,因为这从一个企业家的观点来说最切合于资本的意义。

以劳动时间计算的资本对按标准能力开工时通常雇用的劳动量的比率,我们称为实际资本比率,因为这最接近于资本作为一个技术的生产要素的概念。必须指出,虽然这个比率中的两项因素都表现为劳动时间的数量,它们却不是等同的东西;一个包含过去的劳动时间,加上利息,具体化在一批资本财货里面,另一个是每单位现在劳动时间的流量。

在一个具有黄金时代的条件的经济中,生产能力随着时间的进展而增长,和就业增加的速度以及每人产量增加的速度成比例(劳动队伍随着人口的增长而增长,但扣除每个家庭工作时间的减少)。每一单位产品占用的资本(以按商品计算的价值为尺度)始终不变;每一单位劳动占用的资本(以同样的尺度计值)随着实际工资率的增长而增长,实际资本比率(以劳动时间计算的资本对现时雇用的劳动的比率)不变。这些情况在每个黄金时代经济内都能发生,并且可以作为根据,对一些具有不同工资率或者处于不同的机械化边界的经济,进行比较。

第十二章　黄金时代中的技术边界

我们具备了这些概念以后,现在可以探讨机械化边界的特性。既然所有的论证与在特定的知识状态下的技术的选择有关系,我们将假设没有技术进步在发展中。让我们假定我们能够依次列出一系列的经济组织,各自享有一种和自己的环境相适应的黄金时代,各个经济的技术边界处于不同的位置,或者有一种不同的工资率,可是大家有共同的一套技术知识。技术边界的位置不同,意味着利润率不同以及积累速度不同,可是我们暂时对问题的这一方面不感兴趣,只是简单地假设在各个经济里人口增长的速度恰好能够配合当时资本积累的速度。

为了使说明可以简单化,我们将假设在进行比较的时候各个经济里的劳动队伍在各方面都完全一样,商品的价格水平也一样。因此,实际工资率的不同就反映在货币工资率的不同上面。

各种比较

那一系列的经济分成几个和工资率的幅度相应的组别。有一组经济,它们里面实行 CB 工资率(各个经济中所有 B 和 C 两种资本财货的混合比例不同);有一组,它们那里的工资在 B 的幅度以内；另一组，在 BA 工资率的幅度以内，如此等等。从那一系列中我们选择一些典型的范例。A 经济是一个工资率在 A 技术幅度内的经济。AB 和 BA 是两个受 BA 工资率支配的经济，前者所有的设备中 A 技术占大部分，后者中 B 技术的设备占大部分。"B 上"和"B 下"是两个工资在 B 技术幅度内的经济，前者的工资率比后者高；C 经济是一个工资在 C 技术幅度内的经济。

工资率相等，技术不同 我们首先比较 AB 和 BA 两个经济，它们都实行 BA 工资率。

这两个经济中每年的商品产量相同，因为工资率相同，并且我们为了方便起见，已经假设在我们所比较的经济中总的劳动力量相同。既然资本拥有量的实物构成不同，我们不一定能把两个经济分为消费部门和投资部门，而可以彼此比较（只有当在制品对设备的比率不变时这种划分才有用），[①]可是我们可以很清楚地比较它们的净投资率。AB 经济里较高的机械化程度意味着生产一定产量的商品只需要较少的工人（同时维持资本财货的拥有量），因此净投资上面所用的工人就较多。在 AB 经济里净投资的价值较高，因此总产值较高。

既然两个经济里的利润率和实际工资率彼此一样，比较它们的现有资本的价值就没有困难。每一工人占用的资本的价值（以具有特定的购买力的货币计算），在 AB 经济里较高，其较高的程

[①] 参阅本书第八章第一节。

度和每一工人所产生的利润较高的程度相同。[①] 以劳动时间计算的资本和以价值计算的资本是成比例的，在 AB 经济里实际资本比率较高，其较高的程度和每一工人占用的资本较高的程度相同。

净投资对原来资本拥有量的价值的比率（根据我们的假设，这和利润率是同一回事），在两个经济里是相同的，并且生产能力在各个经济里以同样比例的速度在增加（因此，根据我们的假设，人口增加的速度在各个经济里一定也相同）。AB 经济中每年净投资的价值较大，反映出在机械化程度较高的技术下每一单位产品的资本费用较大。

这两个经济过去在历史上一定有什么不同的地方，可以说明今天它们的机械化程度所以不同的原因。我们进行比较时，两个经济都处于一种和它们各自的情况相适应的黄金时代。它们之间现在主要的不同是，总产值（商品加净投资）在 AB 经济里较高，同时产量上的全部差额归于利润。工人的情况在两个经济里是一样的。AB 经济里的企业家享有优越条件，他们拥有较大的资本财货的价值，并且取得较大的每年资本财货的增量的价值。较高的机械化水平的全部利益已经归于企业家。或者，用另一种方法来看这同一事实：为全部劳动队伍供给实际工资，所需要的工人人数，在 AB 经济里比在 BA 里少，因此企业家能够为他们自己雇用较多的劳动——就是，在积累资本财货方面。

技术相同，工资不同　我们现在比较"B 上"和"B 下"两种经

[①]　情况就像我们以前在数字例证中用工资率 1.1 所说明的那样（参阅本书第 127 页注）。

第十二章 黄金时代中的技术边界

济,它们那里使用 B 技术一种生产方法,实行两种不同水平的工资(我们在假设人们只知道一种技术的前提下,已经考察了这种比较的某些方面)。[①] 既然各个经济里使用着同样的技术,我们就能把它们分为投资和消费两个部门而加以比较。各个部门单独分开来说,每人产量在两个经济里是一样的,可是两个部门的比率不同,因为在"B 下"经济里以实物资本计算的积累速度较高(那里的工资率较低而利润率较高)。为了满足黄金时代的条件(没有技术进步),在"B 下"经济里就业必须以相应的较快的速度增加。消费部门中每一工人产生的利润在"B 下"经济里较大,因而较多的工人能在投资部门中就业。

两个经济里所有的两批资本财货由同样的品种构成,可是在"B 下"里较大一部分是投资部门的设备,并且设备的平均年龄较轻。[②] 简单地说,在"B 下"里必须用较大比例的劳动和资本来供应较快的人口增加的需要,结果只有相应地较小一部分可以用来供应目前的消费。

对各个部门中所有资本财货的以劳动时间计算的价值,可以进行比较。[③] 既然"B 上"经济里的利润率较低,一种特定规格的设备的以劳动时间计算的成本就较少,因此各个部门里单独地来说,实际资本比率就较低。

[①] 参阅本书第八章中"垄断和实际工资"一节。
[②] 在技术不断进步的情况下,这就意味着设备中较大一部分是最新式的。
[③] 我们不能做出任何关于全部资本财货的概括,因为每一工人所用的资本(以实物计算)在各个经济的两个部门中是不同的,并且两个部门相互间的比率在两个经济里也不同。

由此推论,我们就不能一般地说"B 上"经济里资本的价值较大,因为较低的利息成本可能抵消或胜过较高的劳动时间成本(以商品计算)。①

因此,尽管"B 上"和"B 下"两个经济里所有的资本拥有量由物质上相同的资本物构成,另一方面 BA 和 AB 两个经济里所有的资本财货不同,但是把资本作为价值量来比较,在后者之间比在前者之间较为简单和直截了当。工资率上的差异,比在一定的工资水平下技术的混合内容上的差异,意义深远得多。

技术和工资都不同 现在让我们来比较 C 和 A 两个经济,它们那里的工资率和技术边界的位置都不相同。我们选择一对相互间关系正常的经济,就是 C 经济里工资率较低,它那里使用 C 技术。

C 和 A 两个经济之间的不同,可以认为是由两种因素构成的,一种起因于不同的机械化程度,像 BA 和 AB 之间那样;另一种起因于工资率的不同,像"B 下"和"B 上"之间那样。

在 A 经济里商品的产量较大,并且工资率较高,可是关于投资对消费的比率我们不能做任何结论,因为这两种影响会相互抵消。较高的工资率倾向于使 A 经济里消费对投资的比率较大(如"B 上"比"B 下"大);可是由于较高的机器化程度而起的较高的每人产量,倾向于使这种比率较小(如 AB 经济比,BA 经济大)。

以生产能力计算的净投资对资本现有量的比率在 C 经济里较高,它那里的利润率较高,可是关于每年净投资的价值,我们不

---

① 参阅本书第十一章中"资本的数量"一节。

第十二章　黄金时代中的技术边界　　*151*

能做一般的结论。A 经济里较高的机械化程度意味着每一单位生产能力需要较大的劳动时间的投资，以及每一单位劳动时间的以商品计算的成本较多，结果 A 经济里生产能力增加的相应的比例虽然较小，每年投资的价值却可能较大。

关于工资和利润在产值中所得的份额，我们也不能做任何一般的结论。实际资本比率倾向于在 A 经济里较高（如 AB 经济比 BA 经济高），因为 A 技术的机械化程度较高；可是，针对着这种倾向（如"B 上"经济与"B 下"经济相比）我们不能不提到较低的假想利息的影响，这种影响会减少一笔特定的投资的以所费的劳动时间计算的成本。

如果两方面相抵的结果是实际资本比率在 A 经济里较高，那就更不必说，资本的价值会较高（因为以商品计算的劳动时间的成本较高）。如果 A 经济里实际资本比率比较起来很低，资本的价值可能较低。然而，这可以认为是一种近于幻想的情况，因为，一般地说，我们不能期望资本财货的成本上一种较低的假想利率会有那么大的影响，能够胜过较高的机械化程度和较高的工资率两种因素的影响。①

因此，让我们假设，在我们选择的那个例证中，A 经济里资本的价值比 C 经济里大得多。我们还不能说哪一个经济里劳动在产值中分得的份额较大（和利润的份额相对地说），因为 C 经济里资本的价值虽然较低，资本上的利润却较高，以致资本在产值中分

---

① 参阅本书第十一章中"资本的数量"一节。

得的份额可能或者比 A 经济里大或者比 A 经济里小。[①]

这些比较用另一种方法表现出资本的二重性,这一点我们在试图解释资本的数量时曾经碰到。从一种观点来看,经济组织里的资本拥有量由具体的资本财货构成,它们的效用决定于它们提供的生产能力;从另一种观点来看,资本拥有量是由资本家所掌握的购买力构成的,它的获利能力主要决定于它将支配的劳动的数量。论证的错综复杂,一半是由于字眼的关系;由于人们把许多个别的可是互有关系的意义塞进了"资本"这一个名词,以致要把这些意义清理出来,就必然有些麻烦和费劲。

工资和机械化

较高的机械化程度和较高的工资水平是关联着的。可是,说较高的工资是较高的生产力的结果,就不一定符合实际。如果我们想象 C 技术是当时最先进的技术(B 和 A 两种技术都不存在),C 经济已经陷入净投资等于零的状态,那里全部产量都被工人消费掉,(在这种情况下)那里的工资率也许比 A 经济里现行的工资率高。如果是这样,我们不能说能使生产力高的 A 技术是高工资的一种原因。

另一方面,我们确实可以说 A 经济里较高的现行的工资率是较高的生产力的近因,因为正是较高的工资使得机械化程度较高

---

① 这种情况有时候用这样一种说法来表达,即,"劳动和资本之间代用的弹性"可能大于或小于一。

第十二章 黄金时代中的技术边界

的技术，从企业家的观点来看，比机械化程度较低的技术来得可取。没有较高的生产力，也许可能有较高的工资（只要有较低的积累速度），可是（在竞争的情况下）没有较高的工资就不可能有较高的生产力。

我们以上所做的这些比较并不揭示不同经济中存在着的局面的根本区别。这些比较说明工资水平和机械化程度的关系，可是并不说明不同经济中工资所以不同的原因。工资水平的不同，其根源一定在于各个经济的基本特征上或者过去历史上的某些不同。

比较低的工资率和机械化程度伴随一种比较高的净投资对资本价值的比率。低工资（从而低机械化程度）可能由高的积累速度所引起，意思是说企业家们特别活跃和急于获利。在黄金时代中，一切情况必须要能容许高速度的积累继续下去，可是企业家活动本身也许就在造成这种情况，由于它使得整个经济有可能维持一种高速度的人口增长[①]（或者如果我们承认技术进步，那就由于企业家们各人要扩张自己的企业，在相互竞争的压力下，保持着一种很快的新发明的速度）。

另一方面，人口也许是由于本身的原因而在增长（或者技术的进步也许是由于和其他方面没有关系的科学发现）。那么，因果关系就从另一个方向发生作用：剩余劳动的情况有发展的倾向，但不

[①] 我们原来假设一个经济是完全孤立的并且已经完全受资本主义的支配；如果放宽这种假设，我们也可以承认这一事实，就是，高速度的积累会通过吸引移民和从邻近的非资本主义的农民人口中吸引工人的办法，使就业量迅速增加。同时高速度的积累能在企业家提供就业机会时提供新兵。

致真正产生就业,因为它保持着低工资,因此使企业家能迅速地积累。

最后,比较低的工资也许是由于垄断的价格政策下特别高的利润。[①] (要维持黄金时代的情况,必须垄断经济中的企业家能利用高利润为他们造成的加速积累的机会;如果他们不利用,时代就完全不是黄金时代,而整个经济会陷于停滞[②])

无论什么时候,在工资较低的场合,机械化程度倾向于较低(在一定范围的技术可能性之下)。机械化的程度低,是实际工资低的根本原因的一种征候,它本身不是工资低的原因。

---

① 参阅本书第八章中"垄断和实际工资"一节。
② 参阅本书第九章中"消费不足"一节。

第十三章 生产力和实际资本比率

我们现在必须考虑,当我们的一些经济处于不同的技术发展阶段和不同的机械化边界时,怎样进行比较。

这种分析有些复杂。在任何一个经济内,在黄金时代,实际资本比率和利润率始终不变,可是在一个经济和另一个经济之间,实际资本比率的不同可能由于机械化边界的位置不同,或者由于技术知识上的偏向不同——有的偏向于多耗费劳动而节约资本,有的偏向于节约劳动而多耗费资本。

"没有偏向"的意义

不同的技术知识状态表现在不同的技术光谱里。一种知识状态在特定的实际资本比率下比另一种知识状态优越,如果在这特定的实际资本比率下每人产量较大(一种技术可能在高比率下比另一种技术有利,而在低比率下不及另一种技术有利,那么,如果各个经济按照适合于本身情况的方向发展了技术——劳动比较缺乏的经济,发展了多耗费资本的生产方法,而资本比较缺乏的经济则发展了少耗费资本的生产方法——我们就不能概括地说哪一种比哪一种有利[①])。

没有一种直接的方法可以比较那些代表不同知识状态的各种技术的机械化程度,可是我们可以根据具体情况中所有的工资水平和利润率来鉴别一种较为可取的技术。在每种技术的范围以内,较低的利润率总是跟较高的机械化程度连在一起的(除了在不正常的时候)。[②] 有一种 $B+$ 技术(在某种发展状态下)被采用,这时候它的利润率和在一种发展较差的状态下因采用 B 技术而产生的利润率相同;还有相当于 C 技术和 A 技术的 $C+$ 技术和 $A+$ 技术。[③] 产生高级技术的种种改进和发明,部分地在于使人们可能以较少的劳动来运用具有一定生产能力的资本财货,部分地在于用较少的劳动就能生产和维持一定数量的生产能力(当一方面的改进是由于另一方面付出代价而取得的时候,例如节省了每单位产量所用的劳动但同时在每一工人需用的生产设备方面却用去了成本较大的投资,最好是把这种情况作为老的技术范围以内的一种改进,而不必作为采用了一种高级的技术)。

两级之间的一种没有偏向的关系,意思是说在优越的技术下,每单位产量所用的劳动和每单位产量所用的以劳动时间计算的资本,在有关技术的整个幅度内,以同一比例减少,结果 $B+$ 技术下的实际资本比率和 B 技术下的实际资本比率一样,$A+$ 技术下的

---

① 对那些所谓不发达的或者落后的经济,这是一个很重要的问题。在它们那里,发展有效的使用人力的方法,比模仿缺乏劳动的"先进"经济中所发展的耗费资本的技术,更为有利。

② 参阅第十章中"特殊的情况"一节。

③ 如果不同技术之间的距离很大,并且两种技术光谱内各级间的距离不同,那就需要用一种比较复杂的记号来表示,要用一些中间的字眼表示分级较细的技术光谱。

实际资本比率和 A 技术下的实际资本比率一样，C＋技术下的实际资本比率和 C 技术下的实际资本比率一样。

当优越性偏向于节省资本方面时（生产和维持一套具有一定生产能力的资本财货所需要的劳动，比运用这套设备所需要的劳动减少得多），B＋技术所代表的实际资本比率小于 B 技术所代表的实际资本比率，等等。相反地，如果偏向于使用资本方面，B＋技术就代表一种较高的实际资本比率。

生产力和相对份额

我们现在有三种因素必须同时顾到——在有关的实际资本比率下，一个级里的技术比另一个级里的技术优越的程度；各级之间的关系上的偏向；以及各个经济在运行中所根据的自己的一级技术上的一点。

利润率相等的没有偏向的优越性　最简单的情况（相当于一个黄金时代之内的两个发展阶段）是这样，在两个经济中实际资本比率和利润率两者都相等。一个经济在使用 B 技术，另一个在使用 B＋技术，两个经济之间的关系是没有偏向的，所以 B 技术和 B＋技术需要同一实际工资比率。

这时候，优越的经济里的实际工资比那较差的经济里的实际工资高，其相差的比率和两个经济里每人产量的相差的比率相同。在每一工人占用的资本（以产品计算）方面，前者也以同样的比例多于后者，而工资和利润在产值中所分得的份额在两个经济中是相等的。

优越性没有偏向，利润率不同 不同的技术之间的关系可能是没有偏向的，而各个经济在它自己的那一级技术上处于不同的地位。当优越的经济里利润率较低时，它在使用 $A+$ 技术，另一方面那落后的经济在使用 B 技术。这时候优越的经济里的工资较高，其高出的程度大于在 B 技术的机械化程度下每人产量提高的程度。实际工资比率和比较落后的经济中使用 A 技术时所需要的实际工资比率一样。我们知道，这不一定是一种比 B 技术所需要的实际资本比率更高的实际资本比率，因为在资本财货的成本上较低的利润率发生了影响（列入它们的以劳动时间计算的成本中的假想的利息率也较低）。我们也不能一般地说哪一个经济产生较大的相对的工资份额，因为在优越的经济里每一工人的工资较高，可是每单位产品所费的劳动时间较少。

当优越的经济中利润率较高时，它在使用一种 $C+$ 技术，而它的实际资本比率等于落后的经济中使用 C 技术时所需要的实际资本比率。也不可能对实际工资比率（比较 B 技术和 $C+$ 技术）或工资和利润的相对份额，做出一般化的结论。

优越性有偏向，利润率相等 两个经济里利润率可能相同，以致优越的经济在使用 $B+$ 技术，落后的经济在使用 B 技术，而实际资本比率不同，因为这两级技术之间的关系是有偏向的。如果偏向是节省资本，则 $B+$ 技术需要较低的实际资本比率。这时，在优越的经济里工资就较高，其比率大于每人产量，并且工资在产值中分得的份额也较大。工人的境况比较好，因为他们是在一个比较先进的经济里，又因为所用的技术需要较少的资本（单位产品占用的资本）。相反地，当 $B+$ 技术需要较高的实际资本比率时，劳动在产值中分得的份额就较少。

这些不同条件下和不同对象间的比较,可以包括不同经济之间一切可能的技术关系;可是只有在利润率相同的两个经济之间,我们才可能一般地说它们的比较生产力怎样影响劳动和资本在产值中所分得的相对份额。

解　　说

尽管我们的种种假设非常抽象,我们的分析却对于怎样比较实际经济中的生产力,提供了一些线索或指南,只要这些经济之间的差异十分显著,不因实际情况中产量、劳动、工资和利润的计量受了含糊的物价指数的影响,而弄得辨别不清。

当我们看到生产力和实际工资的水平大不相同的两个经济时,生产力高的那个经济也许相当于(在我们的分析计划里)使用着 A 技术的 A 经济,而生产力低的那个经济相当于使用着 C 技术的 C 经济;或者生产力高的那个经济也许相当于使用 $C+$ 技术的 C 经济。那就是说,差别可能或者是由于较高的机械化程度,或者是由于技术的优越。情况不容易判断。根据我们的分析,C 经济的显著特征是它具有较高的利润率,可是和技术的选择有关的利润率是投资的预期收益,而在所有的材料中这是最难找到的一种。[①] 我们也许能粗略地比较两个经济里的实际工资比率,比如采用曾经用以商品计算的劳动成本加以压缩过的资本财货的账

[①] 参阅本书第十九章中"利润率"一节。

面价值,①可是这种方法是很不精确的,而且即使相当令人满意,也还有缺点,就是,高的实际资本比率部分地是高利润率的一种反映,而不是低利润率的结果,因为资本财货的成本中含有利息成分。②

然而,实际资本比率上的显著的差别应该是可以看出来的,而较高的实际资本比率大概意味着较高的机械化程度。③ 因此,我们可以大胆地认为实际资本比率较高的经济是 A 经济,而这种比率较低的经济是 C 经济。

便宜的劳动和低的工资 当 A 经济是高生产力的国家时,C 经济里的工资水平就较低。从企业家的观点来看,C 经济显然是一个"劳动便宜的国家"。较低的工资水平也许是由于有较多的垄断企业家(或者力量较弱的工会),由于过去遗留下来的资本较少(这又可能是由于低工资所造成的停滞),由于技术上有一种耗费资本的偏向,由于人口增长很快,一直在吞噬积累,不让每一工人占用的资本有所增加;或者也许是 C 经济的发展开始得迟,正在进行着高速度的积累,这种积累不久将使它超过 A 经济现在的地位。

不管是什么原因使得劳动便宜,低水平的实际工资总是和低水平的生产力联结在一起的。我们不能希望能非常精确地应用我们的分析,来说 C 经济里使用的技术是否可以适当地叫作 C 技术

---

① 这不同于工人们不消费所有商品中的一个平均样品时的那种实际工资率。
② 参阅本书第 142 页的(4)以劳动时间计算的资本。
③ 我们的分析中没有谈到自然资源方面的差别。当然,这方面的差别在现实生活中可能是非常重要的。

第十三章 生产力和实际资本比率

（就是，A 经济里一定也会采用的那种技术，假如 A 经济里的利润率是和 C 经济里的利润率一样的话），还是叫作 C-技术（一种属于一个较低的发展阶段的技术），可是我们可以给予这种区别以一种实际运用上的意义如下：如果 A 经济（高生产力的经济）的代表访问 C 经济，向当地居民提供关于怎样改善生活的意见，他们就应当问这两个经济之间的差别有多少是由于 C 经济里资本缺乏，只有通过长时期的积累才能得到补救（在积累期间实行低的实际工资）[①]；以及有多少是由于知识缺乏，而知识是可以通过培养少数 C 经济的技术人员来灌输的。

便宜的劳动，高的工资 现在让我们假设 C 经济是高生产力的国家。它那里的实际资本比率比 A 经济里低得多，可是技术知识水平较高，或者不如说是技术知识应用得比较好（大致说来，使用着 $C+$ 技术，虽然我们不能希望精确地加以鉴定），结果每人产量和工资水平都比 A 经济里高得多。因为以商品计算的劳动成本高，每一工人占用的资本价值在 C 经济里就会比 A 经济里高；每一工人占用的生产能力在 C 经济里较高（对实物资本，例如每一工人占用的马力的粗略估计，将显出 C 经济里每一工人占用的实物资本较多）。然而，C 经济还是"劳动便宜的国家"，因为那里的工资，和每人产量相对地来说，还是低得使较低的机械化程度可以获利。从企业家的观点来说，每一单位产品的以商品计算的工资成本在 C 经济里较小，虽然每小时劳动的成本较大；我们可以

---

① 或者输入资本（参阅本书第三十五章中"殖民地投资"一节）。

推断那里的投资利润率较高,虽然我们不能希望直接加以测量。①

C 经济里工资率较高这种情况的存在,和劳动缺乏是高工资的主要原因那种见解,并不是不相容的。两个经济之间基本的不同是,相对于人口增长而言的积累速度在 C 经济里比 A 经济里快,以致企业家们不断地倾向于制造劳动缺乏的条件,可是同时他们在不断地防避这种劳动缺乏,做出种种提高每人产量的新发明。技术进步迅速这一事实,由于缩短设备的获利寿命,就会使资本缺乏;②并且新发明中也许还有一种耗费资本的偏向,以致每单位就业量所吸收的积累额,在 C 经济里比 A 经济里大。可是这些是次要的问题。主要的一点是,人们使高速度的积累不能造成劳动的缺乏,因为一定数目的工人所提供的有效劳动量,由于技术上的改进,不断地增加,可以跟得上生产能力上的增加。在 A 经济里,企业家从容地前进,保持他们的地位;在 C 经济里,企业家赶紧地奔跑,保持他们的地位。

对我们的分析做这样的解说,必须适当地照顾到我们的种种假设的抽象性质,可是这种解说至少提示一些似乎值得我们研究的问题。

---

① 参阅巴洛:《美元危机再临》一文,见(1954 年 9 月)《牛津经济论文》第 284 页。
② 参阅本书第九章中"技术进步的速度"一节。

第十四章 积累而没有新发明

到现在为止我们一直在比较种种不同的机械化边界的状态,在每一种状态下那有关的经济都享有黄金时代的条件。在各个经济中利润率始终不变,关于未来利润的预期不断地获得实现,因此随着时间的进展,人们反复地做同样的预期。在一个经济中的机械化边界的改变完全是另一回事。那是一种在时机成熟时发生的事件。它一定会引起利润率的改变,且使人们修改他们的预期。这使得论证中增加了许多复杂情况,为了单独分开那主要的论点,我们暂时提出一些更为简单化的假设。

一些特别的假设

(1) 劳动队伍的人数不变。

(2) 没有技术进步,现有技术的内容充分被人了解,并有一定的设计。

(3) 企业家们预料将来物价和工资继续像今天一样,即使最近曾有变动。

(4) 个别资本财货的寿命很短,因此个别的企业家可以容易地把他所有的生产设备从一种形式转变为另一种形式而不损失价值，他所采取的办法是不补充那些已经不能获利的项目，而把积存的折旧基金投资在他预期可以获利的项目上面。

(5)劳动在各种职业之间完全可以流动。

(6)不同技术之间有很大的距离，以致要把劳动队伍提高一步（从 C 技术到 B 技术或者从 B 技术到 A 技术），需要用掉多年的积累。

(7)一个经济的两个部门之间有明显的区别，这种区别不随所用的技术而变化（有各种特殊的制造资本财货的工业，为各种不同技术供给所需要的设备，包括它们本身需要的设备在内）。开始运用一套设备，需要对在制品的投资。而就商品来说，这种投资必须由消费部门里的工人建立起来，可是总的实物投资受设备的产量的支配，因为运用每种类型的设备，需要特定数量的在制品。

这些假设，目的在于使我们可能分析从一种技术到另一种技术的转变，好像这种转变的发生对平静状态没有任何干扰似的。因此，论证是有些空想的，可是用这样的方法来陈说，使我们能够看出这方面的作用怎样运行；这种作用的运行，我们在其实际发展的那个短时期的不平衡状态中，是难以仓促地看清楚的。

转变的过程

提高实际资本比率　让我们假设，我们所研究的这个时期开始的时候，实际工资已经有一段时期不变地停留在比 CB 水平少许高一点的地方，结果 C 技术和 B 技术的获利能力差不多完全相等，B 技术稍占优势。从一种技术过渡到另一种技术的转变正在

第十四章 积累而没有新发明

进行,现有的生产设备由两种类型的资本财货构成。目前的新资本财货的出产中也包含两种类型,因为投资部门没有足够的设备能力和人力,不能在一转瞬间生产出这种过渡所需要的全部 B 技术设备,同时现有资本量的维持,还须部分地通过对 C 技术的设备进行补充,这种设备的生产所需要的劳动较少,并且这种生产所需要的专门设备已经存在(企业家虽认为 B 设备比较可取,但交货比较迟缓,好处已被抵消,结果每种设备的需求可以和所有的供给相适应)。比照我们以前的论点来说,这种发展阶段可以叫作 CB 时期。

当生产设备按正常能力运用时,正在进行的积累速度恰好足以提供经常不变的就业额,带有很小的失业余地(假如不是这样,就会发生劳动过剩或缺乏,使工资率变得低于或高于 CB 水平)。由于就业不变和工资不变,对商品的需求也不变。每逢用一套 B 技术设备替代一套损坏了的 C 技术设备时,消费部门的每人产量就提高。可是商品的市场是不变的,结果每人产量的增加必然引起消费部门里吐出一批劳动。[①] 消费部门里吐出的劳动被投资部门吸收,总投资中 B 型生产设备对 C 型生产设备的比例便提高(B 型设备的交货迟延期减短,由于有了较多的劳动从事于生产这种设备)。消费部门里吐出劳动的速度因此增加,于是整个过程

---

① 当机械化程度的提高在于设备的寿命的延长方面时(参阅本书第 122 页注),劳动的节省在于设备更新方面,并且要到新设备装置了相当时期以后才会感觉到。在这期间,如果一定的产量由机械化程度较高的技术生产出来时,并没有劳动腾出来;甚至对劳动力的需求也许暂时会增加,因为一套新的 A 型设备也许比具有同样能力的一套原来的 B 型设备需要更多的劳动来运行它。

在进行中逐渐地快起来。

在运用中的 B 型生产设备每月增多,准租金的总额也每月增加。投资部门里的就业额增大,总投资的价值增大,生产出来的 B 型设备也增多。因此,投资部门中就业的增量、准租金的增量以及 B 型生产设备的出产的增量,都是一个月比一个月多。

现有资本财货总量的价值、每年补充损耗的资本财货的费用和每年净利润的总额,彼此齐步增加,而资本的利润率始终不变。

这种局面,只要它继续存在,很像黄金时代,我们可以叫它准黄金时代。可是它本身含有一种矛盾,会使它终于结束。过了一个时期以后,全部消费品的产量将用 B 技术来生产,不再有劳动会由于使用 C 型设备而腾出来。如果在达到这个阶段以后,生产设备再进一步增加(现在的生产设备都是 B 型的),就会没有人手来配备,并且没有市场来销售它们的产品。

实际工资的上涨 我们所研究的过程现在开始一个新的阶段。当最后一套 C 型设备已被换去时,生产设备(全部都是 B 型的)的出产率已经达到一种高的水平。可是现在旧的 B 型设备不断地被新的所代替,而这种新的设备需要配备的劳动并不比旧的少。设备数目上的任何增长,会造成一种劳动缺乏的情况。为了配备最后生产的一批生产设备所需要的人手,企业家们在搜罗残余的一点失业劳动(我们假定这种后备军人数很少),并且提高货币工资标准,企图招致较多的人手。同时,没有订购 B 型设备的新订单;进一步增加投资部门的出产率的希望已经消失,为了生产 B 型生产设备而扩充设备能力的投资现已终止(这种投资当 B 型设备出产率增长时始终在进行)。CB 时期的最后阶段中 B 型设备的高的出产率已达到极限,从现在起产量将缩减。

现在投资部门中已经有劳动吐出。结果,投资部门的工资总支出增长的比例低于货币工资因企业家争雇劳动而增长的比例,因此消费部门中货币准租金总额增长的比例也低于工资增长的比例。物价增长的比例一定不及工资成本,实际工资已经增长,有了对消费品的额外需求。消费品工业中准备装置的最后一批生产设备,于是就得到了投资部门中吐出的人力的配备,并且由于消费随着工资增加而有了市场。

这是我们在假设只可能有一种技术的条件下已经讨论过的局面,[①]可是现在我们可以更详细地加以考察。

随着投资部门中就业的减少和消费品产量的增加,实际工资率在逐渐上升(我们可以假设当劳动的稀少最初出现时货币工资率会一跃而上,此后当消费部门中的生产能力增加时商品的价格会逐渐下跌)。

让我们把实际工资上升时期的早期阶段叫作"B 技术低级时期",晚期阶段叫作"B 技术高级时期"。

我们可以从各方面比较 B 技术低级时期和高级时期中的情况。

工资和资本的价值 在高级时期中,消费部门里每一工人的准租金降低之数等于每人工资提高之数。根据这样两个假设,即人们总预期可以保持现在的利润率,同时现有资本中个别项目的寿命很短,我们假定在整个系统中已确立了一致的利润率(企业家

[①] 参阅本书第八章"劳动的稀少"一节。

已经很快地把生产能力从投资部门转移到消费部门,足以阻止相对的利润率发生分歧的任何倾向)。因此生产设备的价格(假想的或实际的)[1]被调整得适合它们的成本(包括对生产这些设备所需要的资本酌量假定的一笔等于新利润率的利息)。[2] 在原则上,具有一定规格和一定年龄构成的一套生产设备的成本,在 B 技术高级时期可以比在低级时期大或是小(以商品计算),这要看实际工资提高的影响是不足以抵消还是足以抵消假定利息降低的影响而定(像我们在比较"B 下"和"B 上"经济时所看到的那样)。[3] 可是,既然生产设备中个别项目的寿命不长,利息变动的影响就不能很大,我们可以认为一套特殊的生产设备的成本(以商品计算)比低级时期中同样一套的成本大的程度,差不多是和从低级发展到高级这一段时期中实际工资率的增长成比例的。从资本的价值的观点来看这个问题:可以比较的一套生产设备上面的一年利润已经降低,其降低的数目等于准租金减少的数目(工资支出增加的数目)加折旧费的增长(这差不多相当于工资的增长);要求得资本的价值,必须按一种等于利润率的利息率对这笔利润加以贴现。利润率已经降低到超过和每年利润成比例的程度,其超过程度的大小决定于生产设备的成本的增长多少。因此资本的价值已经增长,其增长的数目和成本相同。[4]

---

[1] 参阅本书第十章"利润率和投资的成本"一节。
[2] 参阅本书第十一章"资本的数量"一节。
[3] 参阅本书第十二章中"各种比较"一节中"技术相同,工资不同"一段。
[4] 成本的利息的影响很小这一假定,对论证完全不重要。当利息率的影响大得使可以比较的生产设备的成本不变时,利润率降低的比例和每年利润相同。当利息率的影响大于这个程度时,生产设备的成本会减少,利润率降低的比例小于每年利润。

虽然我们已经假设生产设备中个别项目的寿命不长，这一点却不可忽视。设备中一个个别的项目存了一个时期，在这个时期中工资稍有上升。将来更换时的工资水平将高于原来生产它时的工资水平。一个保持着一定数量的实物资本的企业家体验到它的价值（以商品计算）的增长，可是这并不能使他的财富增多，因为它的再生产成本已经远远超过它过去的成本；或者，从另一方面看这个问题：它的资本的价值以商品计算已经增长，可是商品对生产设备的购买力已经比例地降低。以过去成本为根据的折旧定额总是太小，不足以更换损耗的设备；要保持生产设备的实物数量不变，需要资金的净投资。

积累的减少 投资部门中雇用的劳动，在 B 技术的高级阶段比在 B 技术的低级阶段少，且产量构成已经改变。投资部门的产品中现在包含着较少的用来生产各种生产设备的生产设备，和较多的用来生产商品的生产设备。转变过程的发展节奏，决定于配备一套生产设备所需要的劳动量对生产这套设备所需要的设备在生产时所需要的劳动量的关系。消费品工业中每增添的一批生产设备能力，就要从投资部门中吸去若干劳动。投资部门中必须缩减多少生产设备能力，决定于流出了多少劳动。生产设备能力的缩减意味着一定数量的劳动已不必再用来制造投资部门中补充损旧设备的新设备，因而被吐放出来。如果这样吐放出来的劳动在一个月里超过了消费部门所需要的数量，那超过的部分就会被用来增加消费部门的生产设备的产量，下一个月流到消费部门去的劳动数量就会更大；如果吐放出来的劳动少于所需要的劳动，情况就相反。这样，投资部门的缩减以及消费部门的增加生产设备能力，都有一定的时间模型，可以确保劳动队伍不断地充分就业。实际工资上涨的速度决定于消费部门里生产设备能力增长的速度。

工资率迟早总有一天会涨到使用 A 技术比使用 B 技术有利的程度，这时候 BA 时期便开始了。

技术边界的转移 当工资达到 BA 水平时，企业家便订购 A 型设备，投资部门便把生产转移到生产 A 型设备所需要的生产设备方面去。劳动流往消费部门的情况渐渐减少而终于终止。净投资率降到最低限度。等到消费部门已经装置了一些 A 型设备以后，立刻又开始一种流回的情况，投资率又开始增加，于是出现一种准黄金时代，实际工资稳定在 BA 水平。

可以说，这个经济在走向经济满足状态的途程中已经前进了一步。[①] 工资率比 CB 时期中高（利润率较低），并且在 BA 时期结束时将再度上涨。

积累量 把全部劳动力量从 C 技术提高到 A 技术（从 CB 时期的开始到 BA 时期的结束），所需要的积累的总数，等于在 C 技术和 CB 工资率下每一工人所需的资本的价值以及在 A 技术和 BA 工资率下每一工人所需的资本的价值两者的差额。这可以认为包含两种成分，就是整个时期开始时和结束时实际资本比率的差额，以及工资率的差额。

实际资本比率上的差额又是用 B 技术下所雇的每一工人的工时计算的资本超过用 B 技术下所雇的每一工人的工时计算的资本的超过额，加 A 技术超过 B 技术的超过额，减（在利息的影响

---

① 参阅本书第八章，第 99 页。

第十四章 积累而没有新发明

不可忽视时)由于 B 技术时期中发生的利润率的降低而造成的以工时计算的每一工人所需的资本的成本的减少额(由于假想的利率降低而造成的 B 型生产设备成本的减少额)。

概括地说,B 技术时期中的实际工资率(处在 CB 工资率和 AB 工资率之间的工资率)增长得越多,则使机械化程度得到一定的增长所需要的积累额就越大。提高工资方面所吸去的积累越多,由于一定数额的积累而增高的机械化程度就越少,[①]或者提高机械化程度所吸去的积累越多,在一定数额的积累下工资率的上涨就越少。[②]

反常的情况[③] 如果在技术光谱里有一种反常的关系,以致当工资上涨时,C 技术(而不是 A 技术)变得比 B 技术有利,那么,当工资达到 BC 水平时,机械化程度就会开始被降低。当投资部门从生产 B 型设备转移到生产 C 型设备时(生产 C 型设备时,所需要的劳动较少),劳动就从投资部门里被吐放出来,被消费部门所吸收,在那里 C 技术需要较多的劳动(每一单位产品需要的劳动较多)。当投资部门只生产 C 型设备时,那里就会发生劳动

---

① 参阅魏克赛尔:《价值、资本和地租》,第 137 页。
② 本书第 127 页上我们的数字例证所根据的特别假设,和我们现在的这些假设不同,可是那些数字还适用。从 C 技术完全过渡到 A 技术,每一工人所需的资本的价值增长 4.4 倍;实际资本比率增长 4 倍。工资增长 10%,年利润增长 100%。工资在产品中所得的部分从 0.9 左右降低到 0.84 左右。实际资本比率在 CB 时期中增加一倍,在 BA 时期中又增加一倍。每一工人所需的资本的价值在 B 技术时期中增长 10%。我们用那些数字,是为了可以清楚地说明问题,数字本身没有意义。它们恰巧显示实际资本比率增长很大,而每一工人单位产量增加的百分比很小,因此利润率有急剧的降低(从 20% 降到 9%),同时工资的增长是 10%。
③ 本节只供那些对于费思索的复杂分析有癖好的读者参考。

缺乏的情况,企业家设法阻止劳动流往消费部门,结果驱使货币工资上涨。这只会使商品的生产更能获利,同时消费部门会不肯让劳动流出。除非整个系统在过度膨胀中崩溃,消费部门一定会在争取劳动的竞争中胜利,结果净投资会缩减,实际工资会上涨。这种实际工资的上涨逐渐地继续下去,直到使用 B 技术又变得有利时为止(假设在工资高于 BC 水平时,使用 D 技术不比 B 技术有利)。一定有一种"正常的"CB 工资率,高于那"反常的"BC 工资率,因为,在一种高工资下 C 技术所以比 B 技术更为可取,其原因是 C 型设备的成本对假想的利率的变动特别敏感;[1]随着利润率的降低,和它相应的假想利率对成本的影响就减轻,结果到了某一点它一定就得让工资率的影响率独起作用。因此在含有反常状态的一种技术光谱上,有一个低的"正常的"CB 工资率、一个高的"反常的"BC 工资率和一个更高的"正常的"CB 工资率。反常的情况,如果发生的话,只能是脱离主要发展路线的一种变态。

那些特别假设的意义

(1)当人口增加时,会产生劳动稀少的情况,从而机械化边界的积累速度也相应地提高。当人口增长的速度很快时,相反的情况,一种劳动过剩的趋势,比较容易形成。

(2)技术进步对分析的关系将在下面加以讨论。

---

[1] 这暗指长寿命的工厂设备。因此,为了符合我们的特别假设,积累速度必须极低,以致和改变资本拥有量的构成内容所需要的时间相对地来说,生产设备的寿命是短的。

第十四章　积累而没有新发明　　173

（3）当利润率方面发生未曾预料的变动时，要假定平静状态的条件，是有些矛盾的。另一方面，如果我们假设企业家们预见到 B 技术时期中会发生的工资上涨，我们就必须假设他们在工资真正达到 BA 水平以前就已开始转向 A 技术。可是，如果他们真的这样做，工资上涨的速度就会减低。要有正确的预见，个人必须预见到其他的人由于也有预见而准备去做的事。因此正确的预见这一项假设完全是一种空想。[①] 比较自然的是假设企业家具有相当程度的预见，可是未来的事很难确定。

如果未来的光景不能确定，投资的利润率的意义就会变得模糊；实得利润的意义也不明确，因为这种利润可以按原来的成本计算或者按再生产的成本计算，而两者之间的关系是随形势发展而变动的。整个的分析也就模糊不清，虽然还能够概括地和粗略地加以应用。

（4）如果和变动发生的速度相对地来说，设备的寿命很长；在这种场合，在过渡时期中，相对利润率方面的平衡就不可能保持。例如，当 B 型设备的产量开始缩减到 CB 时期末所达到的最高额以下时，专门生产这种设备的工厂会变成永远是多余的东西，它的所有人会遭受资本的损失。[②]

当我们不能对所有的各种资本假设一种一致的利润率时，我们不能一般地说新生产出来的资本财货的价格怎样。当造船厂里有闲置不用的设备能力时，什么东西支配船的价格呢？[③] 答案决

---

① 参阅本书第 80 页。
② 参阅本书第 99 页注①。
③ 参阅第十九章中"买方市场"一节。

定于竞争是否激烈以及造船工业中采取的价格政策。这个问题我们以后再来讨论。暂时我们必须指出,它使分析中又多了一块模糊的地方,因为它意味着以实物计算的投资率和以价值计算的投资率之间的关系很容易变化。

(5)显然,如果不假设两个部门之间劳动完全可以流动,整个的分析就会更复杂得多。特别是,关于从 C 技术到 A 技术这三个过渡时期中各种过程的时间范型,就不可能做概括的论断,因为这决定于劳动在两个部门间的来回流动。

(6)如果机械化程度提高一步所需要的积累额不大,或者相对于一步的规模而言的积累速度很快,以致相对于生产设备的寿命而言的一个过渡阶段所需要的时间很短,则早一个时期生产的属于一种较低技术的设备将仍能使用,并赚得一些准租金(虽然比它们建造时所预期的要少些),同时向更高技术的过渡在进行。因此,当第一批 A 型设备装置起来的时候,D、C 和 B 三种技术都在运用。这使人们不可能对各个时期中的产量、利润和两个部门间劳动的分配,做一般性的论断。再则,过渡的各个阶段往往交叉重叠和互不相容。B 时期中的工资增长也许最后会使某些 D 型设备不能获利。于是代以 B 型设备,吐放出一部分劳动(因为 D 型设备的单位产品需要较多的劳动),阻止工资的上涨。这一来,分析变得极端错综复杂。然而,我们的分析所显示的那种机械作用仍旧有效。积累造成劳动稀少和机械化节省劳动这两种相反的情况,像以上所讲的那样,在起着相反相消的作用,虽然两者不再及时地轮流出现。那些特别的假设是为了可以在放慢的镜头下看清楚这种作用的运行而做出的。原则一弄明白,我们就能加快镜头,使它看上去更加栩栩如生。

(7)用一部分设备生产能力来进行工作的可能性,使得在制品和设备的关系不致那么呆板不变,所以构成设备生产能力所需要的实物投资额不再是明确地决定于所使用的技术。这又使投资的价值更加复杂和模糊。

解　　说

前面的分析,照现在这样,是不可能加以应用的。一批资本财货的逐渐适应机械化边界的改变(不管变动多么小),一定需要很长的时间,在这段时间内人们做出了种种发明和发现。再则,适应过程本身就包含着新知识的取得,人们在使技术适应工资水平的变动的过程中也许会做一些新发明,这些发明,假如人们以前想到,在旧的工资水平上加以采用也是可以获利的。只有在积累进行得很慢的停滞的经济中,技术光谱才会长时期地保持原有的状态。实际上我们不能期望有一个经济,它那里资本对劳动的比率会在技术知识不变的状态下大大地增长;可是只有在这样的时候,前面的分析才可能适用。

前面的分析是经过非常精细的推敲而提出来,其目的不是为实际的经济组织提供一个模式,而是为了防止一种很容易发生的思想混乱。所谓机械化程度的增加是跟利润率的降低和实际工资的上涨联结在一起的这一说法,容易跟所谓日益增加的机械化程度使得利润降低和工资上涨那种理论，混淆不清。[①] 我们的论点说明这一事实：促使工资提高的正是这样的积累，而机械化会制止利润率的降低。假如积累继续增多，而没有机械化的余地，这种利润率的降低就会出现。

这一点区别非常重要，而且在谈到技术进步的时候，更有重大的意义（我们马上就可以看到）。

我们的分析还有另一方面的意义。实际经济中不能保持积累时，人们往往归因于"没有投资的机会"，可是，就技术上来说，在达到满足状态以前，决不会没有投资的机会。[②] 只要能够提高机械化程度，更多的资本总有用处。而且，即使发明的才力已经用尽，现有的最高级技术已经在尽量利用，进一步的积累还是能被实际工资的提高所吸收，直到利润率降至零为止。

"投资机会缺乏"这种说法所根据的是这样一个概念，即：资本主义的经营方式在资本对劳动的比率增长时产生一种抗拒的心理，如果这比率的增长必然使利润率降低的话。比方说，B 经济一直在享受一种黄金时代，保持着一定的利润率以及 B 技术的实际资本比率，后来（在没有技术进步的情况下）发展到一种局面，人口增长的速度转慢，为了保持协调，它应该继续积累，把经济提高到 A 技术的机械化程度。可是，从企业家的观点来看，沿着一个黄金时代的路线继续下去，比转入另一个较高级的黄金时代容易得多。完成这种过渡，需要在投资利润率降低的条件下进行积累，

[①] 由于降低"资本的边际生产力"，而提高劳动的边际生产力（参阅本书第 351 页"生产要素"一节）。

[②] 参阅本书第 100 页。

第十四章 积累而没有新发明

并且需要发展形成一种机械化程度比现有技术更高的新技术。如果 B 经济里的企业家,在我们所想象的那种局面下,不能招致移民来补充劳动力(并且不做技术的改进),他们就很可能不能维持积累的持续性。可以说,他们因为资本对劳动的比率的增长一定会引起利润率的降低,而踌躇不前。[①] 他们这样不能维持利润率,因为个人减少投资,就会缩小别人的市场,个人不肯接受由于工资上涨而引起的利润降低,就会造成由于需求减少而引起的利润降低。[②] 对个人来说,在这种局面下,"投资机会缺乏"真是够受的,因为在停滞的情况下,不可能看到对个别投资的人一定有利的投资的出路。可是,假如大家一起向前推进,个人就会在提高机械化程度中找到机会;虽然利润率会比处在以前的黄金时代时低,但是可能获得的每年的总利润一定会比处在他们自己的不活动所引起的停滞状态时高。

诚然,在没有技术进步的情况下,在走向满足状态的途程中的某一阶段,总的年利润以及利润率,一定会开始变成零。然后资本主义的经营方式迟早会不再适用,整个经济就必须做一选择,或者陷入长期的停滞,或者采取另一套不同的经营方式。

---

① 货币政策的影响,将在后面讨论(参阅第二十四章中"货币政策"一节)。
② 我们假设没有从利润中支出的消费。另一种解决困难的方法是由食利者增加消费对投资的比率。

第十五章　劳动的过剩

为了研究问题的另一面（引起机械化程度下降的劳动过剩），我们再用那些特别的假设，不过我们现在假设在那有关的经济里可供雇佣的劳动的供给最近已经开始增加。这一局面和以前那一种局面不是完全对称的，因为现在劳动和资本都在增加，而以前只有资本在增加。

过渡的程序

正在降低的实际资本比率——我们所研究的这个时期开始时，全部劳动都就业，使用着 A 型设备，投资部门的出产率（全部是 A 型的资本财货）是前章中 BA 时期终了时达到的出产率。现在劳动队伍在增加，新的 A 型设备不难配备人手。如果劳动增加的速度恰好能配合就业机会增加的速度，那么经济就会进入一种黄金时代，有着 A 技术的实际资本比率和 BA 技术的利润率。我们将假设劳动队伍的增加略多于这种程度，实际工资率已经降到略低于 BA 水平。因此 B 技术比 A 技术略为可取。一种 AB 时期刚刚开始。一套 B 型设备比一套同样价值的 A 型设备能提供更多的就业。当投资部门的出产物逐渐地从 A 型设备转变为 B

型设备时，每年就业机会的增加额就跟着提高；消费部门就能招用新近增加的劳动加上逐渐增多的从投资部门里吐出来的人手。像我们在前章中所说的那样，有一种过渡的时间范型，在不变的利润率下可以适合准黄金时代的情况。

休息的时间 当所有的劳动都配备了 B 技术设备时，每年就业机会的增加就终止。如果就业机会的增加（决定于现在已经达到的 B 型设备的出产率）这样暂时稳定下来的时候，恰巧和劳动增加的速度吻合，整个经济就进入一种黄金时代，有着 B 技术的实际资本比率和 BA 技术的利润率（在以前的情况下没有这种可能性，因为，如果劳动队伍不变和技术不变，除了满足状态以外，没有黄金时代的局面）。

实际工资的降低 如果劳动队伍增长的速率大于这个程度，过剩的失业劳动逐渐出现，工人软弱的讨价还价的地位迟早会引起货币工资率的下降（每人的消费已经减少，因为就业的工人在赡养他们的失业的亲属）。像我们已经了解的那样，[1]这个经济现在有陷于停滞状态的危险，因为，如果用在投资上面的支出和设备的成本按比例地减少，投资部门里的就业会停留在 AB 时期终了时所达到的水平上不变，利润率会不能上涨，并且由于物价不容易变动，实际工资会下降。

让我们假设这种危险已避免了，因为在货币工资降低时，企业家们继续做投资上的货币支出，足以增加投资部门中的就业。一个黄金时代又可能开始；这一次是按 B 技术的实际资本比率和 B

---

[1] 参阅本书第八章"劳动的过剩"一节。

技术低级阶段的利润率。假设劳动队伍的增长超过这样一种局面中所能容纳的程度,工资率会继续降低;劳动流回投资部门的动向会继续下去,当就业机会的增加逐渐地赶上劳动的增加时,每年失业的增加也会跟着逐渐地减少。

就资本的价值来说,这种情况是和我们已经考察过的 B 技术时期的那种情况相对称的。每一项资本财货都以低于原来成本的费用获得补充更换。簿记上的资本的价值已经降低,[①]同时资本财货对商品的购买力也随之而增长。

当实际工资率降低到 CB 水平时,向 C 技术的转变就开始了。每年就业机会的增加跳到一种较高的水平,于是全部过程在一种较低的工资率下重演。

工资和就业 在 A 技术转变到 C 技术的过渡时期发生的就业的增加,不能简单地说是由于在 C 技术下每单位产品需要的劳动比在 A 技术下多,因为(像我们已经看到的那样),即使当时只有一种技术可用,就业机会和可以得到的劳动供给也能适应,只要日益降低的货币工资引起投资部门中就业的增加。而且,如果以实物计算的投资没有增加,当货币工资降低时利润率不会增长,技术方面机械化程度的减低也不会发生,即使人们熟悉 C 技术的生产方法。不如说,使用机械化程度较低的技术的可能性,限制了使过剩的劳动能就业所需要的降低实际工资的范围。正如机械化程度的提高被限制了,否则劳动的稀少一定会造成的利润率的降低,

---

① 和以前一样,我们假设,和实际工资下降的影响相比,假想利率增长的影响是微弱的。

并且劳动过剩一定会造成的实际工资的降低。

同时,范围很广的技术光谱的存在,加强了那种调节作用(然而还是很不完全的),使积累可以自然地适应劳动的供给,并且使经济组织可以比较容易找到一种调和的发展途径;假如技术上可能选择的范围(在任何特定的知识阶段)很狭隘的话,这是比较困难的。

解　　说

说一个经济在实际工资降低的影响下技术的机械化程度会降低,比说在一种特定的知识状态下机械化程度会提高,似乎更不自然。这种不自然完全在于人们对一种特定的知识状态的概念。实际上,各种技术在将要使用之前并不是完全制成了蓝图的。技术的光谱是一种实际现象,然而是很没有定型的现象。是否可能使用一些比现在实际运用的技术机械化程度更高或更低的技术,人们只有模糊的和一般的知识。当一种新技术准备加以应用时,总要经过一番适应和一段"出牙的麻烦"时期,不管这种新技术的采用是因为成本有了变动,还是由于有了新发明。

一个经济里如果劳动的过剩日益增多,一般说来,这个经济的积累是滞缓的,企业家都缺乏生气。他们很可能在设计耗费劳动的技术方面也很缓慢,正如他们在积累资本方面一样;使得资本稀少的那些特征,又使得结果的实际资本比率不能被充分利用。因此过剩的劳动就比较容易停留在"准永久的"失业中,而不容易由减低技术的机械化程度来加以吸收。

劳动的过剩可以由大量的移民突然造成。在这种情况下,投资也许暂时进入较低级的技术——比原有居民所用的技术的机械化程度低。可是,如果那个经济是生气旺盛的话,新的劳动供给对积累的刺激也许不久就会促使它前进,结果在几年内就会恢复或者超过以前的实际资本比率。

战争中资本财货的大量破坏造成劳动过剩,可是通常不值得发明特别技术来雇用这种劳动,企业家们的目的是宁可恢复以前传统的生产方法。[1945年有人提出的用自行车队经营鲁尔(Ruhr)铁路的那个有名的建议,有关方面没有认真考虑。]

由于这些原因,技术的机械化程度始终在降低的现象,大概是不会普遍的,虽然在任何一个没有达到满足状态的经济里(就是,在世界上所有的经济里),劳动充裕使得机械化程度不能提高的现象或多或少是存在着的。

殖民地的投资

有一种经济,一个投资部门可以供给两个不同的消费部门;研究这种经济,是很有兴趣的。来自一个工业高度发达国家的企业家,在世界的另一个部分从事投资,那里过剩的劳动很多,可以用低工资雇用。

像我们已经看到的那样,[①]这并不一定就是本国的劳动价格较贵,可是让我们假设工资的差别大于效率的差别,所以那低工资

---

① 参阅本书第161页。

国家供给廉价的劳动来运用机器,虽然这些机器它不能生产。企业家们从本国输入机器。根据我们的分析,他们在国外使用一种比在国内机械化程度较低的技术,应该可以有利。[①] 可是获利的可能性必须很大,使人们值得为它设计一种特别的技术(如果在机器的生产方面规模越大越经济,增多机器的类型就会不经济,则情况就更是这样)。就机械化的生产来说,在这两个国家中使用同样的方法,则省事得多。另一方面,在当地的投资,例如在筑路和本地运输上的投资,可以在极低的实际资本比率下进行。

隐藏的失业

当一个停滞的经济里有长期不变的失业时,那些多余的工人也许用数量极微的资本给自己工作做(比方说,擦皮鞋的人和小贩),或者把他们的服务直接卖给消费者(作为家庭仆役、挑夫或搬夫、零碎工等)。这种工作通常被称为隐藏的失业。从形式的观点来看,这可以说是一种极端的降低技术的机械化程度。用这种方法谋生的可能性给实际工资的降低定下了一个最低限度,并且也给一般资本主义工业中的技术水平定下了一个最低限度。在还有

[①] 在我们的数字例证里(本书第 127 页,注),C 技术的利润率在工资率等于 1 的时候是 20%,在工资率等于 1.1 的时候是零;而 A 技术的利润率,在工资率等于 1 的时候是 15%,在工资率等于 1.1 的时候是 9%。如果使用机器的劳动的工资是 1,而支配机器成本的工资是 1.1,C 技术的利润率就会是 18%,A 技术的利润率就会是 13.6%。

荒地可耕的时候,这种最低限度的水平比较高,[1]另一方面,向外移民也许会把整个局势倒转过来,使劳动过剩变成劳动稀少。

---

[1] 参阅罗斯巴斯著:《美国工业的高效率——和英国工业的比较研究》一文,见《经济杂志》(1946年9月)。

第三部分

资本积累和技术进步

第十六章　技术进步没有偏向时的积累

我们现在可以用慢镜头来观察技术进步,像以上观察机械化边界的移动那样。我们采用和以前相同的特别假设,所不同的是现在人们做出的是没有偏向的新发明。这些发明不时出现,和积累的速度相对地来说,恰好可以保持一种稳定的积累速度,所有的资本财货仅仅适合于任何时候同时并存的两种发展阶段(那跳背游戏中只有两个参加者)。①

论证涉及的范围和第九章相同而比较详细一些,并且由于有一种技术光谱存在而多了一些复杂情况。

没有偏向的新发明

当我们所研究的时期开始时,利润率已经很久没有变动,并且预期会继续不变。在这一特殊时刻,差不多所有的劳动力在 B 技术一种生产方法下被雇用,B 技术最近替代了 $B-$ 技术;可是那些最进步的企业同时已经发展形成了一种较高级的技术($B+$),一

---

① 参阅本书第九章第 104 页。

小部分劳动力从事于充实投资部门里的生产干线,供给适合于 $B+$ 的生产设备。$B+$ 技术对 B 技术的关系是没有偏向的:就是说,投资部门的每人产量(以生产设备能力计算)因 $B+$ 技术而提高的比率和消费部门里一样。当 $B+$ 型设备开始在消费部门里装置起来,替代损耗掉的 B 型设备时,商品的产量跟着增长,而价格和货币工资比较起来是降低了(或者是,在竞争的影响下价格随着成本下降,或者是,价格不变而货币工资在上涨),[1]所以有足够的市场来吸收这些商品。在此期间,当新的生产方法在投资部门推广时,$B+$ 型设备的出产率一个月比一个月增高。过渡程序进行的速度越来越快。每月生产和上月相同的产量,所需要的劳动总略少于上月;这样吐出来的劳动可以用来配备自从上月以来生产的设备。没有偏向的新发明的特征是:投资部门里生产可以在随便哪一个部门里提供一定数量的就业的设备(包括同时所有的在制品在内),所需要的劳动时间仍旧不变。投资和消费两个部门间劳动的分配保持不变。当资本财货拥有量中 $B+$ 型设备对 B 型设备的比率逐渐增高时,每人产量、每人工资以及每人占用资本的价值,都以同样比例增长,利润率仍然不变。

假如不再有什么新发明,投资部门里的产量就会开始降低到转向 $B+$ 技术的过渡完成以后的一般补充水平。可是,在此期间,进步的企业在发展 $B++$ 技术。当部分完成的 $B+$ 型设备的生产补给线开始空出时,一条新的 $B++$ 型设备的生产补给线正待充实,因此投资部门里的就业水平仍然稳定;每人产量继续不断地增

---

[1] 参阅本书第 112—113 页。

长,利润率不变。总之,那经济处于一种黄金时代。

积累速度上的一种变动

现在假设一系列的新发明出人意料地出现得很早,结果从 $B-$ 技术到 B 技术的过渡还没有接近完成,$B+$ 技术就已经产生。于是涌现一批对生产设备的需求,超过投资部门中现有劳动力所能供给的范围(或者我们可以假设原来的促使人们增加投资的刺激是由于人们想要更快地积累,一种新技术的发明是对可能发生的劳动稀少的反应)。

投资部门里现在有了一种额外的劳动需求,整个经济有堕入膨胀的危险。可是,等到有一套 $B+$ 型设备准备好可以在消费部门里装置起来的时候,它马上就取代损坏掉的 $B-$ 型设备(假如技术进步没有这样地突然加快,这套 $B-$ 型设备一定是由 B 型设备来替代)。消费部门里的每人产量现在开始增长得比以前快(它一下跨了两步),劳动稀少的程度由于消费部门吐出工人而减轻,这些工人可以供投资部门使用。加快积累速度的愿望可以这样获得满足(至少满足到相当程度),并且在新技术传播较快的情况下,同时加快了生产力增长的速度。

可是还有一种复杂情况。由于投资部门里的就业比率较高,消费部门里每人产生的利润跳到一种较高的水平(消费部门里准租金总额等于投资部门里现在较大的工资支出);在新的成本水平下,一种机械化程度较低的技术($C+$ 技术)变得比 $B+$ 技术有利。新的投资以及旧的 B 型和 $B-$ 型设备的补充更换,现在开始专注

于 $C+$ 型设备。

可是 $C+$ 技术比 $B+$ 技术需要较多的劳动——每单位生产设备需用较多的劳动。因此劳动从消费部门流入投资部门的流动停止了,如果企业家现在满足于当前的积累速度,且保持现在这种较快的新发明的进度,那经济组织(在经过一些波动,而在一窝蜂的调整中所装置的那些不适当的 $B+$ 型设备被消化了以后)就安定下来,进入一个新的黄金时代,具有较低的机械化程度和较高的利润率。

相反地,积累速度的降低(和新技术的传播的缓慢)会引起转向 $A+$ 技术的变动。在这种情况下,过渡的特征是有一个需求减少的时期和一种陷入停滞状态的危险,而不是通货膨胀的危险。[1]

特殊的假设

当黄金时代的慢镜头加快,以至和设备的寿命对比起来,新发明的速度比较快的时候,属于较早阶段的生产设备经历几番进步仍然存在(当 $B++$ 型设备最初装置时有些 $B--$ 型设备仍然存在)。我们已经看到,当投资部门发展到适合于生产和新发明相适应的设备时,新发明传播的速率就加快。因为,只要新发明随着时间进展以均衡的速度出现,只要资本财货的寿命和孕育时期(包括在制品的建立在内)一般没有改变,相继发明的各种类型的资本财货的产量的高峰,均匀地隔一个时期出现一次,比方说,当 $B+$ 型

---

[1] 参阅本书第 108 页。

设备的产量最高时,应该更换的 B--型设备也最多(这是早先的 B--型设备最高产量的遗物),新设备的产量超过旧设备的更换量(以生产能力计算)的超过额,符合黄金时代的条件所需要的那种净投资率。

如果相继发明的各种类型具有一定寿命的资本财货的孕育时期各不相同,就不可能有一种完全的黄金时代,并且投资就会在一系列变化无常的波动中进行。

取消那些特殊的假设,就发生以上提到的一切复杂问题和含糊情况,在我们现在所考虑的情况下,还有另一种复杂问题。

当设备的寿命长的时候(相对于资本拥有量对新技术适应的速度而言),如果预料到有新发明,则就能预见到废弃。[①] 这会减少每单位资本的利润(因为较大的一部分每年准租金必须用于折旧),并且会使机械化程度低于可能达到的水平。

未曾预见的废弃使某些个别的企业家受到资本损失;每逢发生这种情况时,由于需要提早更换设备,造成一种未曾预期的需求,而会加速投资。

新发明引起的震荡

一种重大的基本性的发明或发现,例如一种新方式的动力,会搞乱人们的预期,造成广泛的损失和广泛的投资获利的机会。它完全打破未来的预期利润和最近实得的利润率之间的关系(在变

---

① 参阅本书第 108 页。

化无常的世界中这种关系最多也只是微弱的)。

从外表来看,可以认为这是一种未曾预见的技术进步的加快对积累的刺激,可是不如把它看作一种特别的对平静状态的震荡,这种震荡在整个经济里产生反响(有利的和不利的反响),使得它过去的发展情况和未来的发展路线多半不切合。

第十七章 技术进步有偏向时的积累

现在我们必须考虑技术进步中一种耗费资本或者节省资本的偏向的影响。当技术进步没有偏向时,一种能保持利润率不变的积累速度,同时也能保持实际资本比率以及工资在产品价值中所得的份额不变。生产设备能力和资本价值以相同的速度增加。在有偏向的技术进步下,利润率和实际资本比率不能两者都保持不变,资本价值对生产设备能力的关系也有改变。整个系统怎样发展,决定于积累对技术可能性的变动怎样反应。

在利润率不变的情况下节省资本的偏向

让我们假设人们做出了一批偏于节省资本的新发明(就是,各种技术有了改变,减少了有关的机械化程度下单位产品占用的以劳动时间计算的资本和现时劳动,而资本减少得较多),并且考察这些发明已经被消化到所有生产设备里面去以后的情况。这时候的情况决定于在新的技术知识被消化的期间出现了多少积累。我们将暂时假设积累恰好足以保持利润率不变,稍缓再进一步探讨是不是有理由可以假设这种情况会发生。

利润率不变，经济已经从 $B-$ 技术进展到 B 技术。既然所有的新发明具有一种节省资本的偏向，每单位产品占用的资本的价值，在使用 B 技术时就比使用 $B-$ 技术时低。因而，在不变的利润率下，利润在产品的价值中所占的份额较小，而工资所占的份额较大。实际工资增长的比例大于以商品计算的每人产量增长的比例。

如果下一批和以后的一些发明是没有偏向的（因而 $B+$ 技术和 $B++$ 技术的实际资本比率处于降低了的 B 技术的水平），并且积累继续足以保持利润率不变，经济就进入一个新的黄金时代，实际工资比率方面已经有了只此一次以后不再发生的降低。

如果下一批的新发明和上一批比较起来是偏于节省资本的（结果 $B+$ 技术具有比 B 技术较低的实际资本比率），并且利润率继续不变，经济就处于一种准黄金时代，实际工资比率不断地降低，工资在产品价值中所占的份额不断地增长。

资本积累和节省资本的新发明

认为如果出现节省资本的新发明，积累可以使利润率保持不变，这是不是讲得通呢？让我们从一个没有雄心大志、满足于现状、不扩大自己的企业的企业家的观点来看这个问题。到他需要更换损旧的 $B-$ 型设备的时候，他发现能够以较小的费用（以具有一定的商品购买力的货币计算）取得具有同样生产能力的设备。如果他的所谓保持自己的企业的原有水平的概念是保持生产能力的话，他现在就能以较少的资本来经营（以 $B-$ 型设备的原来成本

第十七章 技术进步有偏向时的积累

为根据的折旧基金超过现在再生产他的生产能力所需要的数目）。可是，如果他心目中所指的是保持资本的价值，那他现在就会装置一套和旧的 $B-$ 型设备价值相等的 B 型新设备，从而增加他的生产设备能力。

这第二种心理状态似乎较为自然。假设大多数企业家遇到不需要增加新投资就可以扩张生产设备能力的机会时，都乐于抓住这种机会，整个经济中的积累速度（在节省资本的偏向下）就大于保持利润率不变所需要的速度。结果设备能力的增长促使劳动稀少的情况发展形成，使实际工资提高到足以减低利润率的程度，使提高机械化程度较为有利（A 型设备替代 $B-$ 型设备）。

这种局面，类似技术进步没有偏向而积累速度超过黄金时代的条件时发生的那种局面。节省资本的新发明，在一种意义上，能减少对资本的需要（相对于劳动而言），和高速度的积累所引起的资本供给的增加具有同样的影响。

在这种情况下，如果下一批和以后的一些新发明是没有偏向的，并且从此以后积累的速度恰好足以保持新的较低的利润率不变（下一批装置的设备是 $A+$ 型的），结果一个新的黄金时代接着发生，机械化的程度已经有了只此一次的提高。

如果那种偏向继续下去，整个经济就会长期地感到劳动的缺乏，利润率会随着时间进展而降低。

根据这种观点，节省劳动的新发明有助于提高实际工资（相对于每人产量而言），可是不一定会提高劳动在产品价值中分取的份额，因为每一工人占用的资本的价值可以被提高（从 $B-$ 技术改变到 B 技术会减低实际资本比率，可是改变到 A 技术也许会提高这种比率），以致尽管利润率降低，利润在产品价值中分取的份额仍能提高。

在利润率不变的情况下耗费资本的偏向

当一系列具有耗费资本的偏向的新发明出现，而积累能够保持利润率不变的时候，实际资本比率上涨，而工资在产品价值中分取的份额降低。

和从前一样，那经济此后可能经历没有偏向的技术进步，而在一次实际工资比率的大增长以后进入一种黄金时代；或者，如果偏向继续下去，它可能享受一种准黄金时代，利润率不变，实际工资比率不断地增高，工资在产品价值中分取的份额降低。

资本积累和耗费资本的新发明

个别的想要至少维持原有生产能力的企业家，面对着种种耗费资本的发明，在他的旧设备需要更换的时候，必须增加投资的资金；因为他原有的资本的价值不够给他原有的生产能力提供新技术，这种新技术现在正使他的竞争者处于优势。

如果他以及许多像他这样的人不能进行那必要的投资，积累就不够保持利润率不变。甚至不够维持以前的生产能力，因为，如果耗费资本的偏向很大，仅仅以能力相等的 B 型设备来更换旧的 B - 型设备，就需要一笔大投资（超过积存的折旧基金的数目）。

如果这方面需要的投资超过企业家们愿意承担的全部积累(或者,如果勉力承担而使整个经济陷于膨胀),总的生产能力就会低减。商品的产量会减少,同时实际工资实际上会比以前低。

在较高的利润率下,较低的机械化程度变得有利,结果经济从 B - 技术转变到 C 技术。新发明增加了对资本的需要(相对于劳动而言),积累不能相应地赶上需要,因而对劳动的需求便减少了。可是,既然在 C 技术下比在 B 技术下每一单位产品需要较多的劳动,机械化程度的降低可以缓和劳动需求减少的影响,制止工资的下降(或者剩余劳动的增多);倘使机械化程度不降低,这两种后果是会出现的。

然而,在耗费资本的偏向下,利润率不变(或者接近不变)的假设是比较有理由的。当资本主义经营方式进行得有生气和顺利时,大多数企业家不断地设法扩张他们的企业,旧企业的产量的减少在市场上造成的空隙,总有新人随时来填补,因此,当再创造原有的生产能力(采取一种在竞争中能够站得住的形式)所需要的投资数额增长到超过积存的折旧基金时,总有办法找到那额外的资金,而生产设备能力将继续扩大。

如果这种见解是正确的,经济组织对两种偏向的反应就不相同,节省资本的偏向会降低利润率,而耗费资本的偏向会提高实际资本比率。

过渡的程序

有偏向的新发明使得关于从一种技术转变到另一种技术的过

渡的分析研究增添了许多的复杂情况，我们不准备仔细叙说。大体的方向是这样：

机械化程度日益增长的节省资本的新发明　如果 B 技术比 $B-$ 技术节省资本，劳动便会从投资部门中腾出来转到消费部门中去，因为每人产量（以生产能力计算）在投资部门里（当出产的新的 B 型设备开始替代 $B-$ 型设备时）比在消费部门里增长得快。[①] 这种情况由于采用 A 技术而受到制止，并且在一个时期以后可能完全改变过来。

机械化程度不变的耗费资本的新发明　当 B 技术和 $B-$ 技术比较起来是耗费资本的技术时，每人产量在消费部门里增长得较快。劳动便会从消费部门里腾出来而被吸收到投资部门里去。如果在一批耗费资本的新发明以后，接着出现一批没有偏向的新发明，投资部门就仍旧保持它的已经扩大了的规模。如果以后的新发明也是耗费资本的，投资部门就会继续发展，发展的程度比消费部门更大。

种种不同的偏向

技术进步中节省资本的偏向，可能是由于人们所设计的设备的每单位生产能力需要的劳动时间较少——相对于运用这种设备所需要的劳动时间而言。因此，不需要在设备方面大量投资的那些发明（例如替代有线电的无线电）是节省资本的新发明。

[①]　参阅本书第九章中"有偏向的技术进步"一节。

第十七章 技术进步有偏向时的积累

相反地,技术上有一种耗费资本的偏向,这种技术所提供的每一单位就业需要较大的投资(以劳动时间计算)。

某些新发明在个别采用的地方是耗费资本,但对整个经济组织来说,可能是节省资本的或者没有偏向的新发明;资本财货的生产的机械化,可以降低使用这些资本财货的工业里的实际资本比率。例如,建筑的机械化,虽然从建筑业的观点来看是耗费资本的,但从整个经济的观点来看却是大大地节省资本的。

有些改进能加快生产过程,或者缩短一批产品从制造完成到取得销货收入之间所需的时日;这是一种不同的节省资本的偏向,因为这会减少生产与销售过程中在制品等方面所占用的资本(在一定的工资率下)。

设备的耐久性的增加,比如由于硬钢的发明(假定物质的寿命还没有长于预期的获利的寿命),意味着一定的劳动时间的投资在未来生产能力的意义上提供更多的资本,结果它代表投资部门里生产力的增加。它会减少为保持一定数量的资本财货的存在所需要的劳动,并且相应地减少每项设备所摊定的每年的折旧额。同时它会增加每单位现时就业占用的资本的价值(在一定的工资率下)。因此这种改进属于耗费资本的一类。

预期技术进步的速度会加快的这种预期,会缩短设备的预期的获利寿命,并且需要较大的折旧定额(为了准备废弃),以及较高的为保持一定数量的资本财货而雇用的劳动对为使用这些资本货而雇用的劳动的比率。因此,本质上,这是一种"反改进",好比钢由于气候的变化而变得更脆。[①] 它在每单位产品占用的资本方

[①] 参阅本书第九章,第108页。

面需要增加,而在每单位产品占用的劳动方面没有任何节省。

实际资本比率上发生一种特别的变化,乃是工作时间上的变动的一种当然结果。缩短每天的工作时间必然会增加每一工时的资本设备;而采用轮班工作制可以减少这种设备。有时候采用轮班工作制是为了可能利用一种非常耗费资本的发明,这种发明,用单班制工作,就会不能和其他的技术竞争。

我们没有理由可以期望在任何一个经济里技术进步是完全没有偏向的,可是同样地没有理由可以期望这一种或者那一种自成体系的一面倒的偏向。耗费资本的新发明能提高机器的以商品计算的成本,促使企业家进一步去设法降低成本。节省资本的新发明会在消费部门里产生劳动的稀少,促使企业家更进一步去增加生产力。每一种偏向自会由另一种偏向予以补充或矫正。

诚然,由于技术的原因,可能曾经有过一种故意这样做的耗费资本的偏向,因为事实证明,设计机器人来执行大量生产消费品的操作,要比设计机器人来制造机器人容易(至少到最近为止是这样)。可是,相对地,由于种种加速生产过程的改进,也有走向另一种偏向的重要趋势。运输的发展,以及随之而来的销售市场的改组,在技术进步中会发挥极其重要的作用,这种作用现在还没有终止。因此,这一种资本的节省,对于技术上任何耗费资本的偏向,起着强有力的平衡的作用。

那么,在技术进步中似乎不会有永久的一面倒的偏向了,可是同时可能有这一种或者那一种偏向存在一个相当长的时期,也许是,一种偏向的局面和另一种偏向的局面交替发生。

技术决定一切

根据以上陈述的论证，经济组织对技术进步中节省资本和耗费资本这两种偏向的反应是不对称的。节省资本的新发明使积累超过保持利润率不变所需要的数目，使劳动缺乏，并且使机械化程度增高。耗费资本的新发明刺激积累，结果提高实际工资比率，并且可能这样做到使利润率差不多不变。

在节省资本的新发明的局面下，一种利润率不变和实际资本比率下降的准黄金时代，在逻辑上是可能的，可是根据这种看法，绝不会成为事实。另一方面，在耗费资本的新发明的局面下，一种利润率不变和实际资本比率上升的准黄金时代，不是不可能实现的。[①]

实际资本比率日益上升的光景是技术主义者认为最可怕的。当这种情况继续存在时，消费增长得很慢（如果有所增长的话）；随着需要越来越多的资本（以每单位设备能力所用的劳动时间计算）的各种技术的采用，用于设备更新和新投资上的劳动所占的比例不断地增高。这和消费不足的情况完全不同（在消费不足的情况下，实际工资仍旧不变，一方面大体上没有偏向的技术进步继续发展，经济由于需求不足而陷于停滞），因为它不引起失业（除了由于劳动不能流动，或者不能获得资金来实行为维持准黄金时代所必

---

① *BA* 技术时期所代表的那种准黄金时代（这时候实际资本比率上升而利润率不变）可以作为一种特殊情况来看；它的特色是实际工资也不变。

需的高水平的投资)。可是它最多也只能使工资涨得很慢,并使消费对投资的比率下降得很快。再则,它将是非常不稳定的,因为,如果在任何阶段新发明方面的偏向不能维持,投资率就会突然下降,猛烈的物价下跌就会开始。总之,耗费资本的新发明对企业家是有利的(由于使资本和劳动比较起来相对地稀少),但是这种发明过多时就会造成种种情况,使得资本主义的经营方式不能运用。

第十八章　长期积累理论的提要

(1)技术进步的速度和劳动队伍增长的速度(暂时不管每户工作时间上的任何变动),决定一个经济能够在利润率不变的条件下长期维持的产量增长的速度。潜在的增长比率(每年产量的增加作为年产量的百分数),差不多等于就业增长的百分率加每人产量增长的百分率。[①]

(2)当潜在的增长比率实现时,经济处于一种黄金时代(第九章)。

(3)黄金时代的条件需要增长比率稳定(第八章和第九章)。

(4)黄金时代的条件需要技术进步没有偏向,以便在利润率不变的情况下实际资本比率保持不变(第九和第十六章)。

(5)一种准黄金时代,其中利润率不变而实际资本比率时常变动,在逻辑上是可以想象的;可是在实际资本比率低降的情况下(技术的机械化程度降低或者技术进步方面有持久不变的节省资本的偏向),未必可能实现(第十五和第十七章)。在实际资本比率上升的情况下(机械化程度增高或者技术进步方面有持久不变的

---

① 更精确地说,如果 a 是劳动队伍增长的比率,b 是每人产量增长的比率,那么,这种增长比率就是 $(1+a)(1+b)-1$。这样,如果 $a=2\%$,$b=3\%$;增长率就是 5,06%。

耗费资本的偏向),它可能实现一个时期,但未必能持久(第十四和十七章)。

(6)黄金时代的条件需要每年的重置资本对现有资本总量的比例不变。这就需要所有的资本财货的年龄构成适合于增长比率(第九和十六章)。

(7)黄金时代的条件需要一种不变的平衡的净投资率产生一种不变的使用中的现有资本的增长率。这就需要资本财货的孕育时期一般是不变的(第九和十六章)。

(8)在黄金时代,生产设备能力的每年增长的百分率等于增长比率,生产设备能力方面每年的绝对增长率,从一个黄金时代到另一个黄金时代,和每人占用的生产设备能力以同一比例在变动。

对任何一定的每人占用的生产设备能力,相应地有一种每人占用的资本的价值(以商品计算)。资本的价值每年相称的增长率等于增长比率,一种较高的、资本的每年绝对增长率(每年的净投资),和当时存在的资本的比例较高的价值相对应(第十二章)。

(9)较高的增长比率多半和较低的机械化程度相关联(第十二和十三章)。

(10)较高的机械化程度可能和较大的或者较小的每单位产品占用的资本价值相关联(由于较高的工资和较低的假想利率对资本财货的成本的相反的影响)(第八和十四章)。

(11)静止状态是黄金时代的一种特殊情况,其中增长比率是零(劳动队伍和技术不变)。由于假设没有从利润中支出的消费,所以利润率是零,工资会吸收全部净产品。这是经济满足状态的情况(第八和十四章)。

第十八章 长期积累理论的提要

(12)增长比率代表在不变的利润率下能够长期保持的最高的资本积累速度(第九章)。

(13)积累速度较低的经济中失业在增加(这种失业可能由减少每户的工作钟点来部分地或者全部地解决)(第八、九和十五章)。

(14)积累速度,在落后于增长比率一个时期以后,可能加快向增长比率看齐,或者,在还有失业劳动后备军的场合,增长到暂时超过增长比率,从而减少失业额(第八章)。

(15)即使没有失业劳动后备军,资本积累的速度也可能暂时超过增长比率,从而提高机械化程度。这时候经济就在经历长期的利润率下降,积累速度在转慢,向增长比率看齐。在增长比率是零的那种特殊情况下,经济就接近满足状态(第八章)。在过程中的某些阶段,利润率在一种准黄金时代的条件下可能保持不变,同时积累速度在加快(第十四章)。

(16)增长比率的一次彻底的变动使得一个新的黄金时代可能出现。要达到和提高了的增长比率相称的那种新的黄金时代,需要投资部门里生产设备能力的比例增长。消费暂时一定比如果旧的黄金时代继续下去时低,以便适合现在情况的速度较快的积累可以进行。相反地,如果把它调节到适合于降低了的增长比率,那就需要有一个失业或消费增长的时期(第八、九和十五章)。

(17)在一阵有偏向的技术进步以后,如果接着有一阵没有偏向的技术进步,那就会造成一种局面,可能在经过一个过渡时期后,达到一个具有几种不同特点的新的黄金时代。若是新黄金时代的增长比率和旧黄金时代相同,利润率就相同,可是实际资本比率不同(第十七章)。

(18)增长比率或者技术进步的偏向如果变动频繁和反复无常,就会使平静状态不可能,因而破坏黄金时代的条件(的确,在现实生活中一般正是这样)(第九章)。

(19)没有平静状态,往往使我们不可能精确地解释一定数量的资本的意义(第十一章)。

(20)即使增长比率稳定,没有任何干扰时,还是有祸根潜在。随着资本总量的增长,竞争会减弱,对积累的刺激也会减弱,结果经济会不能保持黄金时代,而陷入一种停滞状态(第八和九章)。

第 三 篇

短　　期

第十九章　价格和利润

在黄金时代的平静状态下,生产能力、实际产量和有效需求三者一起增长。当黄金时代的条件不存在时,需求可能增长得比生产能力快(例如,当技术进步出乎意料地加速,引起投资兴旺时)或者可能减少到低于生产能力(例如,当垄断程度提高,压低实际工资而不相应地增加积累速度时)。我们现在必须更详细地考察这些情况。

长期和短期

在任何特定的时候,总有一定数量的生产能力存在,由一些适合于一种特殊技术(或者几种技术并用的特定的混合状态)的资本财货代表;并且在不同的生产行业间有一种特定的劳动分布。所有的资本财货在数量上经历着变化或者形式上在改变,可是在短时期中改变不大。所谓短期,在分析的意义上,不是任何肯定的一段时期,而是一种为了方便起见的理论上的抽象,意味着这样一个时期,在此时期内资本设备上的变化人们可以不必重视。在一个短期内,产量能改变,因为可能由于雇用较多或较少的劳动而对特定的设备利用得较多或较少。在一种特定的短期局面下,技术上可能达到的产量的幅度，最低是零而最高是从现有资源中可能取得的最大限度产量。技术上可能达到的消费率的幅度，最低是零而最高是在没有设备更新的情况下可能达到的最大限度的商品出产率，加上早先的制成品存货的消费。在这种技术的限度以内，短期中出产和消费的变动增减，决定于有效需求的变动。

一个经济里发生的一切，总是发生在短期的局面下，人们所做的一切决定也总是在短期的局面下做出的，因为一件事的发生或者一种决定的做出总是在一个特定的时间发生或做作业出的，并且在任何时候，资本的实物拥有量总是当时的拥有量；可是所发生的事既有短期的方面也有长期的方面。长期的变动总是在短期的局面下进行的。产量、就业和价格上的变动，在特定的资本拥有量之下发生的，都是短期的变动；资本拥有量、劳动队伍和生产技术上的变动，却是长期的变动。同样地我们可以区别企业家的短期的和长期的决定。短期的决定往往影响特定设备的利用（例如，当突然的一阵需求使销货增加时，人们就加快出产来补充存货），长期的决定往往影响生产设备能力的拥有量（例如，通过对损坏的或废旧的设备的补充更换）。投资具有短期的方面和长期的方面。在短期方面，投资决定就业水平和物价对工资的关系，因为这两者受企业家在生产设备制造期中用在经济的投资部门上的支出的影响。在长期方面，投资支配着资本的积累或反积累的速度和生产技术。

一种特定的短期局面本身含有走向长期变动的趋势。例如，当投资部门里的就业量每周都很稳定时，短期局面就不变（假设其他的情况也保持不变）；可是如果投资部门的出产超过废旧设备的更换补充,资本财货的存货就日益增加,一种新的短期局面就会出现。后来生产能力拥有量较大,如果在当时的短期局面下,就业水平和实际工资率跟以前的短期局面下一样(因而对商品的需求没有增长),设备的利用就会降低(有较多的资本在竞争同样的市场),利润水平也较低。这又会产生一种新的短期局面,因为企业家往往会改变他们的价格政策和投资政策,来适应现在出现的新情况。

在黄金时代,净投资率按着适合特定的黄金时代条件的增长比率在上升;因此需求在和生产能力齐步增加,以致短期局面能不断地使自己顺利地适应于那些正在发生的长期变动。同样地,在一种准黄金时代,当实际资本比率在不变的利润率下逐渐变化时,短期局面随着经济的两个部门里就业比率的改变,而顺利地逐周改变。可是这些都是假想的局面;它们是一种分析的手段,而不是现实情况的陈述。在现实生活中,今天是时间上的一个间断。昨天属于过去,已经和今天发生的事没有关系,除了它的经验可以影响对以后将发生的事情的预期而外。明天属于未来,人们无法知道。今天存在的短期局面好像地质上的断层;过去的和未来的发展不能连成一线。只有在假想的黄金时代的情况下,各不同地层才能循着地平线从昨天延展到明天,而无须在今天有一种间断。

竞　　争

竞争和独占都有长期的方面和短期的方面。从长期的观点来说,竞争的情况意味着新的卖方容易进入市场,以致当某种生产事业方面利润的前景比一般较高时,投资就转入这一方面,或者由于新发明而成本减低时,仿效者很快就会模仿新方法,使价格和新的成本水平一致。

在短期方面,竞争意味着没有一个卖方能抬高某种商品的价格而不损失大部分顾客,使他们改向竞争的供应者去购买;假如他降低价格,销售额就会大大增加,使他的竞争者受到损失。

当一个市场在这种短期的意义上竞争性很高,而独立的卖方人数众多时,没有一个卖方能个别地对有关商品的价格发生很大的影响,各人都认为价格是由市场决定的。他所关心的是尽可能使自己的成本降低,以便在这种价格下获得最多的利润。

如果有少数几个卖方供应一个特殊的市场,各自独行其是,那么,每一个卖方对价格都有影响,可是他不得不考虑自己的价格策略对别人的价格策略的影响。假如他单独提高他的价格,他们就会抢走他的顾客;可是假如他降低价格,他们就会跟着降低,来保卫他们各自的一部分市场。这时候竞争主要地采取销货压力的方式。

一个彻底的独占者在规定价格方面有很大的自由,可是他必须保持销货压力,使需求从其他商品上转向他自己的商品。

竞争的这两个方面不一定同时存在。一个特殊市场里已有的卖方之间可能有高度的竞争,尽管个人在自己的生产设备的再生产成本上获得的利润率大大地超过人们可能预期在一般投资上获得的利润率;同时外界的人知道想要打进市场,必须经过一番长期而费用很大的斗争(削价或者大量的销售费用),从那些已经在市场里根深蒂固取得顾客好感的老卖方手里分夺一部分买卖。相反地,一个独占者可能处于强有力的地位,能在某一种短期局面下控制他的市场上的价格,可是随着时间进展,也许就不能抵御新的竞争。然而,大体上竞争的两方面是可以联结起来的,因为在很大的程度上两者发生于共同的根源。

生产费用

在一种特定的短期局面下生产出来的产品的生产费用可以分为下列几类。(这里的分类和通常一样,是不很确切的,界限不清的两可的情况必须按照常识做方便的处理。)①

基本费用是由某一批物品的生产引起的,假如这一批物品不生产,这种费用就不会发生。基本费用的主要组成部分是:工资(因为,假如少生产一些产品,工人可以被解雇或者减少工作时间,工资支出就会减少);外购的原料、动力和运输(假如少生产一些产品,就不需要购进);使用折旧费,就是由于进行生产活动使用设备而造成的设备的额外损耗,而不是由于把设备闲置起来而造成的损耗(这一项可能是一个负数,因为有些时候,设备闲置不用时损坏更甚,或者需要保管和保养的费用)。企业管理费是维持一个企业继续经营所需要的一般业务费用,它不随一定的生产能力的出产率而变动。

这些是实际费用。还有那种由折旧摊还金代表的假想的费用。折旧摊还金就是根据设备的预期使用寿命计算的为准备重置设备所需要的款项。由于时间的消逝而造成的设备的挣钱能力的

---

① 参阅本书第6页。

损失(包括预期的废弃),往往和使用折旧费难以辨别,当产量在正常设备能力范围以内时,最好是把使用折旧费算在一般折旧费里,而不把它作为基本费用中的一项。只有在为了加速生产,设备使用过度,以致它的物质寿命被缩短或者用了额外修理费时(和在原设计的设备能力范围内使用时比较来说),把使用折旧费看作基本费用中的一项才具有重要性。①

原设计的设备能力不是一个很精确的和明白的概念,特别是在某些用于预备程序的设备有助于各种商品的产量的时候;它决定于正常工作日的长短(一班的时间长短,以及每天分几班工作)。然而,为了我们现在的分析的目的,只须说设备已使用到正常设备能力的最大限度,每周产出率的任何增加都会引起每单位产品的基本费用的增长(无论是因为从特定的设备能力中挤出更多的产量时每单位劳动的产量下降了,还是因为设备运行较快或者不能正常地停息检修时使用折旧费增高,还是因为工作时间加长必须发给加班工资)。

在这种意义上,当产量超过正常的设备能力时,短期的边际费用就超过每单位产品的平均基本费用,就是说,由于每周产量上一个单位的增加而产生的每周基本费用上的差额超过每单位产品的基本费用。②

如果技术的条件是这样,使得每单位的基本费用从很低的产量不断地增长(比方说因有各式各样的年龄不同和效率不同的设

---

① 参阅凯恩斯:《通论》,第66页。
② 一周的产量100时,每单位的费用是1。产量110时,每单位产品的费用是1.1。那么,由于增加产量10单位的边际费用是21,或者每单位2.1。

第十九章　价格和利润

备,以致要增加产量就必须动用一些需要较高的单位产品经常费用的机器),那就没有确定的正常设备能力的产量,而所谓超设备能力和低于设备能力的运转只是程度的问题。为了简化我们的解说,我们将不谈这一种情况,而只假设在任何特定的情况下,每一套生产设备总有一个相当清楚的标准点,从这里开始,基本费用就跟着产量一同增加,结果,在那种出产率下,边际费用增长得大大地超过平均基本费用。这种简化的说法颇适合于工厂生产。由于技术的原因,这种说法不适合于主要为制造业供给原料的天然物生产业(农业和矿业)。[①] 我们将等到讨论了作为一项生产要素的土地以后,再来研究它们。

总收入超过费用的数目是利润。[②] 使用相同设备的不同类型的各企业组织,可能有种种不同的利润水平。因此,进步的企业可能总能挣得比仿效者高的利润,[③]或者在市场上享有独占地位的企业可能比那些受到强大竞争压力的企业享有永远较高的利润水平。资金有限的企业家也许满足于较低的利润,不能和那些能经营大公司的人相比。[④] 只要各种类型的企业组织同时并存的状态长期不变,我们就可以不管这种复杂情况,所谓预期的利润水平总是意味着,在特定的资本财货拥有量下,各个个别的预期水平的适

---

① 也难以确切地应用于城市交通或电力供应这种事业,因为人们对这种事业的需求可能是逐日地或逐周地变化的。因此正常设备能力产量必须看作是能够负荷的最高负荷。

② 关于借来资金的利息支出,等我们在简化模式中谈到食利者以后再加以考虑。暂时不妨假设企业家们相互借贷(参阅第二十三章中"债券市场"一节),可是利息只能看作是利润的一部分。

③ 参阅本书第九章中"新发明的传播"一节。

④ 参阅本书第十章中"特殊的情况"一节。

当的复合物。

正常价格

任何一种商品的正常价格总是包括基本费用加上打算用来弥补相当一部分企业管理费的毛利以及折旧费和按当时利润率计算的投资利润，如果设备是按正常能力在运用的话。当同一设备生产出多种多样的产品时，我们必须根据各种产品的产量的正常收入来考虑，毛利在各种产品之间应该怎样分配，决定于各有关市场里的竞争的程度。①

既然正常价格这一概念涉及设备的获利寿命和预期的投资利润率，它只有在完全的平静状态下才具有明确的意义。② 然而，有一种相当空泛可是很重要的概念，我们可以称之为主观正常价格，它是这样的一种东西，它所包含的毛利，适用于有关企业家（根据过去的经验）认为在特定的短期局面下用现有的生产能力可以获得的利润。③

如果产量上的波动可以预料到且被认为是正常的，则主观正常价格可以根据平均的或者标准的出产率来计算，而不根据生产

---

① 参阅克里门斯：《价格差别和多种产品企业》一文，载《经济研究评论》第 xix 卷(1)，48(1951—1952)。

② 参阅本书第十章中"利润率和投资的成本"一节。

③ 这产生了那种所谓"全部费用价格论"，因为企业家在经济学家问他们怎样规定价格时往往叙说他们怎样计算主观正常价格，作为答复。参阅霍尔和希契合著：《价格理论和商业行为》一文，见《牛津研究报告》(1939 年 5 月)；以及康恩：《关于价格作用的牛津研究》一文，见《经济杂志》(1952 年 3 月)。

设备能力来计算。

按主观正常价格卖出,和获得价格据以计算的那种利润,完全不是一回事;因为利润决定于销货额和每单位销货的赚头。正常价格的"正常性"不在于它将产生预期的利润,或者倾向于产生这种利润,而是在于它一定会产生这种利润,假如在设备的寿命延续期间正常产量全按这种价格卖出。

实际价格对主观正常价格的关系,决定于需求对生产设备能力的关系。我们可以根据设备按生产能力充分使用、超额使用或者使用不足,分别考察三种不同的情况。

生产能力充分使用时的价格

如果在某一种短期局面下,现有的设备在其生产能力的范围内使用得恰到好处,销货按着根据这种出产率而定的主观正常价格在进行,则企业家暂时可以赚得预期的利润。

在这种局面下,没有一个企业家急于要在目前增加他的销货额(尽管大家都可能有信心地期待着在不久的将来增加生产设备能力和产量)。以现有的设备能力来增加产量,势必使边际费用增长;要增加销货,就必须削减价格或者采取攻势较凶的销货压力,把原来属于竞争者的顾客吸引过来。每个人原来保持的销货压力,在理论上是恰好足以使他卖掉原定的设备能力产量,再要多产多卖只会减少他的利润。

另一方面,没有人要提高他的价格(或者放松他的销货压力),使产量降到低于设备能力(那些享有独占地位的人早已在尽可能地加以利用，且已按他们所计划的销货额调整了设备能力）。

如果这样的短期局面是在一种黄金时代的背景中出现的，它将在接下去的一个未来的短期局面里再现，但拥有更多的生产设备能力。当构成黄金时代的条件不够时，那短期局面中就有某种矛盾，使它不能持久（比方说，现在的投资率高于或低于那种和整个经济的增长比率相应的程度，结果将出现劳动缺乏或劳动过剩的情况，引起利润率的改变）。在这期间，主观正常价格产生着预期的利润，整个系统即将遇到的变动表面上还看不出。

卖方市场

有时候短期中在主观正常价格下货品的需求超过正常生产能力的产量，当短期局面是这样时，企业家处于一种卖方市场。这种短期局面将继续到需求减少或者生产能力增加为止。

对这种局面的典型反应是这样：企业家们按主观正常价格售货，感到自己能够销售比正常设备能力产量更多的产量，而无须使用任何额外的销货压力。起初，产量扩张的限度是额外产量的边际费用（包括估计的使用折旧费在内）等于这部分产量的销货收入。按老价格扩张到超过这个程度，就会使费用的增加多于收入的增加，以致利润减少到低于产量较小时的利润。如果这样增加的产量不够满足额外的需求，价格就上涨，因为现在所有的卖方的边际费用都高，每个人都能增高自己的价格而不必担心顾客会被竞争的同行抢去。在较高的价格下，就值得用掉较高的边际成本，结果价格的上涨同时带来产量的进一步增加。一种短期平衡的局面建立在适当的价格的基础上,就是,按这种价格,需求恰好能吸收边际费用等于价格时的产量。

这种标准的反应范型可以在许多方面有所改变。独占势力强大的一些企业,或者彼此之间在价格政策上有一种公开协议的或默契的企业,也许愿意把产量保持在生产能力的范围以内,尽量提高价格来相应地缩减需求。另一方面,在顾客的好感至关重要的场合,他们即使面临大量超额需求,也宁愿把价格保持在主观正常的水平上不动,或者满足需求,不惜牺牲一些超过价格的边际费用(这样获得的利润比在短期局面下可能取得的利润低,却为将来建立了有益的市场关系),或者限额供给顾客,或者(如果是耐用品)登记订货单,推迟交货日期。大体上,似乎是独占者一般比较愿意增加销售额,而不想从一时有利的短期局面中尽量榨取利润,另一方面,在高度竞争的市场上,个别的卖方无法使顾客和他自己发生密切的联系,因而不能从降低现在的价格中得到一种未来的利益,足以抵消现在利润的牺牲。所以,尽管似乎不合理,在和生产能力比较起来需求相对地增加时,在高度竞争的市场里,价格往往比在那些实行独占价格政策的市场里上涨得更多。

无论如何,不管价格是否上涨,利润(暂时)总比主观正常价格所据以计算的利润高,因为总收入至少已经跟着销货额而相应地增长,而很大一部分费用(包括折旧费在内)仍旧不变。

买方市场

当全部需求不足以按主观正常价格吸收正常能力的产量时,

企业家处于一种买方市场，不可能大家都赚到预期水平的利润。在这种局面下，不可能指出任何一种典型的发展趋势，因为各个市场里的发展决定于它自身所有的短期竞争情况，以及有关企业家所实行的政策。在竞争激烈的场合（在短期的意义上），价格被迫向基本费用降低，因为只要有任何准租金可得，每一个卖方都宁愿削减价格而扩大销售额。如果考虑到外界的好感（包括对原料供给者和对供给资金的银行的关系），价格甚至可能降低到基本费用以下。正因为这个原因，绝对的竞争通常是没有的。每一个卖方知道如果任何人降低价格，大家都会遭受损失，因此不敢轻举妄动。这样，价格可以勉勉强强地维持在主观正常的水平上，只是因为没有一个卖方肯首先降价，引起别人的反感。① 当这种心理还不强，不足以阻止降价时，卖方们遭受一个时期的损失以后，可能组织垄断性的联盟，大家同意维持价格，根据一种比额制度来分配市场。历时长久的买方市场通常会产生许多垄断性的协议，其中有许多成为永久的。在垄断已经存在的场合，价格就不容易降低，甚至可能提高，因为垄断者发现所有对他的产品的需求来自一些关系十分牢靠的顾客，价格上涨不会使销售额成比例地减少。（在需求减少时这种价格的上涨，为了好听往往被解释为因为产量较小，需要涨价来收回企业管理费等总开支）

如果同时有少数地位差不多相等的卖方，他们行动起来可能很像是彼此有一种价格协议，可是，如果他们之间的均势不稳定，地位最强的一个（因为成本较低或者资金雄厚）可能趁此机会，用

---

① 参阅马歇尔：《政治经济学原理》第七版，第375页。

降低价格或者销货压力来打垮他的某些竞争者,从而取得未来的更接近于垄断的地位。

既然企业家们相互买卖(原料、动力等),一个集团所实行的价格政策就会影响其他集团的基本费用,而这又会影响他们的价格,结果任何一个集团的政策,非常复杂地影响到整个经济。

这一切使我们不可能对买方市场中的行为做出一般性的论断,每个这种局面有它自己的历史背景。就我们现在的论证来说,重要的一点是,不管价格怎样变化,利润经常总是低于假如设备能力的产量按主观正常价格售出时所能实现的利润水平。

正常价格和平均价格

连续若干年中价格的平均数可能超过或者不及主观正常价格,这决定于这一段时期中有多少年月是卖方市场或买方市场在占优势。

即使在价格和任何一段时期初期的主观正常水平距离不大的时候,利润也可能高于或者低于主观正常价格所根据的那种水平。于是经验逐渐地改变企业家关于可以得到什么利润水平,或者设备在使用寿命期内的平均利用情况怎样的看法,从而影响到将来的主观正常价格。因此,当我们从正常价格总占统治地位的黄金时代的明朗空气中走进历史时期的迷雾时,我们的分析总不免于模糊和不精确。

利润率

在短期局面下,资本的利润率是一种很模糊的概念,比特定设备所赚得的利润水平的概念还要模糊,因为要把利率表现为一种比率,我们必须知道资本的价值。

对那些在一个经济里经营企业的企业家来讲(和观察经济的经济学家不同),关于作为一定数量的价值的资本的概念具有种种不同的含义,可是在任何一个含义中都没有精确的意义。

企业家不得不根据对变化无常的未来的推测而做出投资的决定。一个正在考虑一项投资计划的企业家,知道必须在生产设备上用多少钱(甚至这一点知道得也不十分精确,因为设备的孕育时期如果很长,在其建造期中费用可能变动);并且他知道这笔钱以当时价格下的商品和当时工资下的劳动计算,价值若干。他不知道(但能猜测)这些生产设备将来挣钱的数目和时间模型怎样。生产设备的价值(不是生产设备的原始成本),是一个模糊的观念,并且性情不同的各个个人对同样的情况有不同的看法。乐观的人认为资本的价值将来会大于它的成本,因为他要投资并且必须使自己相信这样做是慎重的和明智的。[①] 悲观的人能在完全相同的参考资料中找到同样有说服力的不投资的理由。

一个现行企业组织正在使用的一套生产设备的现在价值,很少成为问题的,例如只有在一个企业收买另一个企业的时候,才会

---

① 参阅凯恩斯:《通论》,第162页。

第十九章 价格和利润

发生这种问题。就每一件这种买卖来说，市场很狭窄，各个可能的买方有他自己的特殊情况要考虑，结果出现的价格没有什么一般的意义。代表一个现行企业中的财产的投资（股份）的现在价值，决定于三方面需要考虑的事实：预期可以挣得的收益如何，以及有关的一切预期的可靠程度如何；公司董事对股东的政策怎样；投资市场对股份的价值的看法将来可能是怎样。因此，企业组织在投资市场上的价值，在使用中的生产设备的价值也有相当关系。

贷借对照表上所用的资本的估值，既不代表生产设备的实际原始成本，也不代表对未来获利能力的估计，而是两者的混合物（混合的比例各个企业不同，由于采用的公式不同），决定于对设备的价值按什么比率折旧，以及对存货怎样估值。

当一个企业家在皇家委员会作证或者和税务人员争论时，对资本的价值则有另一种说法。他为了自己的利益也许要说明最近赚得的利润率很低，或者，如果利润率高，那是不正常的，因为在有关的时期中有某些特殊情况。关于企业所提出的资本价值，有广阔的余地可以狡辩，无须施展欺骗手段。生产设备的过去的成本一般和现时的再生产成本不同，因为价格和工资在若干年的一段时期中很少是完全稳定的。现时的再生产成本根本不是一种明确的概念。所谓已经用了十年的旧设备的现在的再生产成本，这种东西实际上是没有的。设备的一生中所有技术上或相对价格上的变化意味着这种设备已经不是最适合，假如应该更换的话，就必须代之以一种不同的东西。这一切使得关于什么是资本的真正价值，大有争论的余地。

如果那企业家既要使税务人员相信他的利润很低，又要使投资市场觉得他的未来的股利会是很高的,他就处于一种尴尬的地位,往往会令人有些摸不着头脑地从一种计算根据跳到另一种计算根据去。

实际上,要找出支配投资决定的那种预期的收益率,就像要在一间黑房子里寻找一只可能不在那里的黑猫一样的困难;要真正说明实得的收益,就像要说明一条格子花呢地毯上的变色龙一样的困难。

这并不意味着我们对黄金时代和准黄金时代的一切细致的分析都是浪费时间,因为我们所考虑的那些长期影响是通过短期局面在其中发展的那种变化无常的迷雾而发挥它们的作用的,虽然人们不能看得很清楚。

第二十章　工资和价格

任何短期局面中达到的实际工资标准是经济组织总的运行的结果，不是由任何有意识的决定所控制，可是货币工资率是经过企业家和工人之间的特殊谈判，有意识地加以规定的。在我们的简单模式里所有的劳动是一样的，我们假设在任何一点发生的货币工资上的变动很快地传布到整个系统，因而实际上任何时候都只有一种工资标准在实行（正常工作时间和加班的工资都是这样）。货币工资的变动对价格、实际工资、利润和就业的影响，决定于工资变动时的情况、竞争的状态和企业家的价格政策。

正常能力的产量

货币工资随竞争而上涨　我们首先考虑产量刚好和正常生产能力一样，主观正常价格占优势的那种局面，并且人们预期这种局面会继续再出现，像一种黄金时代那样。只有少数的失业劳动后备军。工会经常施加压力来提高工资，并且他们时时取得胜利，因此在长期中货币工资率一直有上涨的趋势。

货币工资的上涨会提高生产设备的基本费用和再生产费用。因此它会提高主观正常价格。在竞争的情况下，各个企业家的自然反应是相应地提高他的产品的价格,因为每一个人都知道其他的人也正苦于成本的增高,并且既然大家都在差不多按正常设备能力进行生产,就没有人会怎样担心他的竞争者以他为牺牲品来扩张销售额。如果每个人首先根据他的主观正常价格增高的数目来提高他的售价,那些向别人购买原料等的人就会发现基本费用中这些成分也和工资一样已经上涨,因而相应地提高他们自己的价格。这样,如果大家同样地行动,物价就会普遍地随着工资的上涨而按比例上涨。各项实物资本(包括在制品在内)的再生产成本现在已比它的原始成本高。假定所需要的额外资金可以取得而无须提高利息率,①则实物的总投资的水平就没有理由改变,因为价格既然按货币工资的比例提高,对商品的实际需求没有变动,生产可以在新的较高的主观正常价格下按以前同样的水平继续进行。这时候的局面,根据实物来说,和以前完全一样,唯一的区别是名义上的一个货币单位的购买力已经普遍地下降。②

货币工资随着独占的局面而上涨 一群少数的企业寡头也许一直在相互威胁,要把价格弄得低于任何一个人单独地会愿意维持的标准。成本上涨可能打破那紧张的局面,引起价格超过成本上涨的比例而上涨。同样地,一个独占者可能处在这样一种局面下,即他感到他可能用较高的价格获得更大的利润,可是又怕牺牲顾客的好感,如果毫无顾忌地提高他的价格的话。成本的增加给他一种表面上好看的借口,既然没有人确实知道他的成本上涨了

---

① 参阅本书第二十四章"货币政策"一节。
② 食利者的存在使情况更加复杂(参阅本书第二十七章中"萧条"一节)。

多少,他现在可以超过比例地提高他的价格了。

价格增长超过工资增长的比例,会减少实际消费,因此产量会降低到生产能力以下。

另一方面,寡头企业家也许仍然处于一种互相牵制的均衡状态,[①]没有人愿意首先提高价格,因为担心其他的人不这样做;独占者也许在实行一种长期的政策,宁愿(在合理范围以内)自己忍受毛利的低减。在这种情形下,价格不会涨得像工资那样高,对商品的实际需求增加了,一种卖方市场就会发展形成。

货币工资在下降　现在让我们假设,在起初的局面下,虽然工厂设备在充分运行,还有大量的失业劳动后备军(最近一个时期以来,资本积累赶不上经济组织的增长比率)。工会力量薄弱,工资水平趋于下降。就商品来说,我们的分析和上面是对称的。如果一种勉强的均衡被打乱,价格超过和工资的比例而下降,对商品的实际需求就会扩张。如果价格胶着不动,对商品的实际需求就会缩减。

可是在投资部门里可能会有一种不相称的情况,和我们在有偏向的技术进步下看到的那种情况相类似。生产设备的再生产成本已经降低到过去的成本以下;这是确实的,至少在某种程度上是如此,不管一个企业家卖给另一个企业家的货物的价格发生什么变化,因为各个企业家都直接承担他的总投资的一部分(即使仅仅是在制品的成本中由工资代表的那种成分)。从企业家的观点来看,一般前途很有希望,生产设备的再生产成本的降低所节省出来

[①]　参阅罗宾逊:《不完全竞争经济学》,第24页。

的资金,大概会在工资降低以前所进行的净投资以外,被投入生产。

如果是这样,投资部门里的就业就增加,一种卖方市场便发展形成了。只要这种情况存在,价格降低的比例便小于工资降低的比例(即使价格降低的话),实际工资便会降低。工人的总消费是增多还是减少,决定于就业增加的影响是抵消而有余还是不够抵消由于垄断价格不变而引起的任何毛利的增加。(这是劳动过剩借以加速资本积累的手法[①])

卖方市场

当卖方市场形成,价格上涨而失业者减少时,工会有双倍的理由要求提高货币工资;它们的讨价还价的地位很强,而且实际工资最近已经降低。即使劳动是没有组织的,急于增添人手的企业家也可能提高货币工资。如果价格和货币工资按比例地上涨(除了由于市场比以前活跃,价格相对于货币工资而言已经上涨了以外),实际工资没有增高,要涨的压力继续存在。整个经济这时已经濒于通货膨胀的极限。[②] 如果独占者保持价格稳定,实际工资就会随货币工资而上涨,这更助长卖方市场的威势。

当卖方市场在劳动过剩的环境中发展时,长期中一定会有的失业(公开的或者隐蔽的)可能抑制工资上涨的趋势。

---

① 参阅本书第97页。
② 参阅本书第60页。

买方市场

在买方市场下出现的失业,和相对于生产能力而言的那种劳动过剩,性质大不相同。劳动力过剩(或者技术的失业)[①]意味着现有的生产设备,按生产能力充分运用时,不够使所有的劳动力充分就业。在买方市场里,就业已经降低到生产能力以下。从长期的观点来看,也许没有劳动力过剩,甚至还是劳动力缺乏。失业是由于需求不足,不是由于没有资本设备给劳动力来操作。

买方市场里的失业比由于劳动力过剩的失业更会使工资下降,因为它往往会同时带来非常低的物价,使企业的利润降低或者出现真正的亏损。另一方面,比较不大可能从刺激投资中得到解决,因为已经有一部分闲置的生产能力,未来利润的前途由于现在的情况黯淡而难以预料。

买方市场工资下降对物价的影响如何,很难做概括的论断。一方面,物价可能已经在主观正常价格的水平以下,企业家觉得进一步降低物价没有什么意义,因为主观正常价格已经降低。另一方面,很多人都认为如果有人要减价的话,最好自己第一个动手先减;至少在某些市场里盛行着这种想法。只要物价跟着工资一起降低,以实物计算,局面不会受到影响。如果物价胶着不动,实际需求进一步减少,局面就会更加恶化。[②]

[①] 参阅本书第113页。
[②] 参阅本书第96页。

调节生产设备能力使它适应可以利用的劳动

在黄金时代的条件下,人们不断地调节生产设备能力使它适应可以利用的劳动,因为任何偶然出现的劳动过剩都会加速积累。调节的手法是通过降低货币工资率使生产设备的再生产成本低于它的原始成本,从而诱致额外的投资。

这种调节手法,由于需求方面的短期波动而受到很大的损害。劳动过剩不会使卖方市场的货币工资下降(虽然可能阻止货币工资上涨),因为卖方市场意味着对劳动的需求最近已有增加。在一个买方市场里,如果劳动过剩之外再加上短期的失业,工资就会下降。然而,在这种局面下,对投资的刺激大概不会发生作用。

由于长期的劳动过剩而发生的货币工资下降的趋势,以历次买方市场时期工资下降的形式出现,这种下降不被卖方市场时期中的工资上涨所抵消。因此,工资下降在它最不能刺激投资时使人最感到它的影响;有助于调节生产设备能力使其适应于可以利用的劳动的那种机械作用,在经济容易发生需求的波动时比在黄金时代的条件下,微弱得多。

这大大地加强我们的结论,即对劳动的需求不足(相对于供给而言)远不如对劳动的供给不足(相对于需求而言)那样会自行调节。[1]

---

[1] 对这个问题,在讨论货币制度的作用时做了进一步的研究(参阅第二十四章中"一种自动的系统"一节)。

第二十一章　投资率的波动

资本积累归根到底是有关方面在一连串的短期局面下做出的许多投资决定的结果,因为,一个经济每天都有它当天所特有的生产设备的某种情况,都有一种以过去经验为根据的某种预期状态,以及对当前的种种趋势的判断。在卖方市场的短时期中,当前的经验指出有更多的生产能力可以有力地加以使用,这大概会造成投资于更新和扩充设备的决定。投资部门中高的就业水平意味着消费部门中高的准租金。[①] 这样,高的利润使利润可以提高。相反地,在买方市场里,有多余的生产能力,投资就受到阻碍。低利润使利润可以降低。

投资和利润之间这种双重的相互影响,是资本主义经营方式的最麻烦的特征,从那些必须用这种方式来经营的企业家以及那些必须说明这种经营方式的经济学家的观点来说,都是如此。

市面突然兴旺

在我们研究长时期的资本积累的过程中,我们会碰到许多投

---

① 我们以后会看到,我们的模式中加入食利者的时候,这一结论仍然不受影响。

资加快的局面，例如当新发明使得种种新事物以意想不到的速度出现的时候。让我们来考虑整个经济对这种局面是怎样反应的。投资部门中就业增加，已使消费部门的需求有所增加（相对于生产设备能力而言）。这导致卖方市场的形成；或者，如果在以前的短期局面中曾有过一种买方市场，则现在买方的优势减弱了。

在卖方市场预期会继续存在下去的局面下，已经在经营的企业家都急于要扩充生产能力，以便能够取得较高的销货额，而无须提高边际成本。那些正在开始事业的人，发现时机有利于进入市场，无须担心场内人采取防御性的削价（这些场内人的生产设备能力已经充分使用）。因此，卖方市场会继续存在一个时期的前景会刺激净投资。即便惨痛的经验已告知企业家们卖方市场决不会持久，然而竞争逼得他们进行投资，因为，在一些机灵的企业家预期会接着发生的反应中，那些装置了新设备（连同最新的改进）的人其生产费用将比那些没有装置新设备的人低，且比较经得起未来的买方市场的压力。因此，连这种精明的企业家也不得不投资，尽管他们对于有这样做的必要，也许感到遗憾。[①]

如果起初是买方市场占优势，那么，这种优势现在已经减弱了，而企业家已开始更换设备来维持生产能力，这一部分生产能力，如果需求没有增加，一定会任其荒废。

在无论哪一种情况下，投资方面初步的增加会引起进一步的增加。一个集团的企业家的投资支出增加了，总会改善其他企业

---

① 参阅杨逊：《投资决定、商业循环和趋势》一文，载《牛津经济研究报告》1954年9月。

家的境况,因此,在某种限度以内,投资率每次增高总会促进更进一步的增高。

投资率的最高限度可以因为对资本财货的需求停止扩增而达到。投资决定从一个集团传布到另一个集团的过程需要时日,在这期间生产设备能力的现有量在增加。经过一段时期以后(从投资率开始增长时算起),也许这一个月和上一个月比较起来,投资部门里就业增加的比例不会超过已经使用的生产能力增加的比例(酌量扣除新设备装置以后在制品的增多)。于是卖方市场的优势停止加强,再经过一个月(有更多的生产设备能力投入使用)这种优势就开始减弱。

另一方面,资本财货的需求扩大的限度,在可能的出产率没有达到限度以前,也许不能发生作用。

在特定的劳动队伍下,可能的投资率的上限是由通货膨胀的限度规定的。[1] 可是在经济正常运行的状态下(有别于战时、重整军备等而言),这种限度通常是达不到的(虽然经济也许会深入到限度的边缘),因为,在它前面还存在着另一种限度,这一限度是专门生产设备的工业的设备能力所规定的。当生产基本资本财货的工业(钢铁、造船等工业)的生产能力的限度已经达到时,[2] 投资部

---

[1] 这可以通过货币系统来发生作用、抑制投资(参阅第二十四章中"货币政策"一节)。

[2] 投资部门的一个重要部分是建筑工业,而用传统方法来建筑就不需要很多的设备,可是需要一批熟练技工的劳动力。这使我们超出了我们所假设的那种简单化的模式的范围,在那种模式里,所有的劳动都是一样的。技工的供给乃是一种限制在某些方面类似造船厂这种设备的实物投资率的障碍物。工会构成市面突然兴旺时补充人手的阻力;从企业家的观点来说,补充人手需要一个训练时期,这可以和需要有一个长的孕育时期的设备投资相比。

门里的就业暂时不能再有任何增加。投资工业本身正在经历着一种卖方市场,而继续进行着的投资一部分是在它们自己的生产能力方面(虽然我们在下文中即将看到,它们在卖方市场的影响下,不如消费部门里那些工业那样容易扩充)。当它们的扩大的生产能力可供使用时,投资率的进一步增加就可能发生。可是这个阶段达到的时候,投资部门里的卖方市场已经衰弱或消失,投资于设备来生产设备的活动就会减少。

因此,(除了由于极难得的侥幸而外)经济组织不可能平稳地达到和新局面相适合的那种较高的投资率。要使自己适应于投资率上的一定程度的增长,就需要有一种更高的投资率,而这种投资率是不能维持下去的。

投资部门里有一种最高限度的就业水平,这种水平在某一阶段可以达到。到这一点为止,就业量一直在增长,稳步地或者一阵阵地突然增长。过了这一点,就业量停止增长,投资暂时按其最高限度的水平进行。

经济暂时稳定在短期平衡的状态中,保持着最高限度的投资率。可是消费部门里的生产能力随着新设备的投入使用而在不断地增长。因此,卖方市场起初停止加强,然后转弱。结果购买生产设备的新订单赶不上旧订单完成交货的速度,投资部门里的就业就降到最高限度以下。于是商品的需求就减少,生产能力过剩的情况就出现。

市面突然兴旺(不同于黄金时代的积累)的主要特征是它建立在一种矛盾的基础上。投资在它本身造成的卖方市场的影响下进行。除了那种由于引起市面突然兴旺的任何原因(比方说,一种意料不到的新发明)而发生的投资以外,总有一种完全由于投资所引起的高水平的需求(相对于生产能力而言)而产生的额外投资。只要投资率(因此,商品的需求)继续逐月地增长,和当时生产能力的增加成比例,卖方市场就可能继续下去;既然当越来越多的设备制造完成,生产能力不断增长时,投资率的增长不能无限制地继续下去,卖方市场就不能继续下去。卖方市场所引起的投资,由于使卖方市场趋于消失,而正在锯断自己所栖息的树枝。

每次市场突然兴旺有它自己的历史,决定于引起兴旺的原因、以前的局面、兴旺持续时期中发生的一些长期变化(例如人口的增长和技术的进步)的范围和特性,可是我们可以讨论一种典型的市场突然兴旺的某些一般的特征。

投资的发展过程

设备 我们现在研究的这种市场突然兴旺,可能是由企业家对设备投资的扩充所做出的决定所引起的。某些计划已开始实行,而用在这些计划上的就业量在它们的孕育时期继续存在。同时,兴旺的发展使得新计划又开始;投资部门中的就业更有进一步的增加。到了生产设备能力不能应付自如时,交货日期被延长了,投资计划必须排队等候执行。当市场兴旺达到高峰时,专门生产设备的工业得依次供应那些排队的计划,一批设备完成时就开始行动为新计划提供设备。正因为这种缘故,所以高水平的短期平衡能够维持一个很长的时期。如果生产能力扩充(由于完成了制造生产设备的工厂的投资计划)而投资计划的排队情况仍然存在,投资率就会提高,就业就会进一步增加,并达到一种新的高水平的平衡。然而,这种类型的投资往往需要很长的孕育时期,结果在一阵兴旺还没有过去以前,新的生产能力可能还没有准备好,不能提供使用。

当新计划不再以比旧计划完成的速度更快的速度增添排队等候的行列时,市场的兴旺就过了高峰;当排列等候的队伍已全被吸收,新计划的开始已赶不上早的计划的完成时,转向下坡的趋势就出现了。

存货 就业方面最初的增加会在一星期内就引起商品购买的增多(由于工人用掉他们的工资),起先这会引起制成品存货的减少。后来,这些存货得到补充,并且还增加了存货,使存底提高到相当于现时较高的销售率的水平。这意味着额外的就业。到了存底已经赶上需要的时候,就业就降低到和现时销货额相应的水平;正由于这个原因,现时的销货额会下降到一个较低的水平。用现有的生产能力生产出来的商品的生产时期,和设备的孕育时期相对地来说,是比较短的。因此,由于除了设备投资的波动而外,还有存货一时增多一时减少的情况,就业方面大概会有一连串的小波澜。

在制品 存货最初的减少一经发生,人们马上开始生产货品来加以补充。就大多数商品来说,生产期比一个星期长得多(在这段时期中先做工作后付工资),因此当更多的工资被用掉的时候,存货就更进一步减少,直到新生产的商品完成生产程序,开始出现来补充那些正在被卖给新就业的工人的商品。这些存货日后也必须补充,这更进一步助长投资方面的波动。

第一批设备(市场开始兴旺时原有设备以外的新添设备)一经准备好,使用这批设备的工人的就业马上开始;而且,准备在制品的生产补给线所需要的人工和原料,也需要一周以上的时间,只要设备生产方面的就业还没有减少,这就会更进一步提高就业的总量,并从而增加商品的需求。

这三种类型的投资结合在一起,在就业的动态方面就会产生错综复杂的时间模型;每一次的市场突然兴旺,都按照当时的技术和市场情况,而有它自己的详细的模型,同时在大体上符合典型的基本条件。

错综复杂的影响

市场的突然兴旺,会降低实际工资率的水平(虽然不降低工人的总消费)。因此可以说在兴旺期中进行的投资都用于机械化程度较差的那些技术,另一方面,在市场暴跌中所进行的任何补充更换都适合于较高的机械化水平。[1] 然而,这种影响是否会起作用,似乎很有疑问;市场暴涨时就业量较高,市场暴跌时就业量较低,而招雇劳动的难易似乎是一种更重要的影响,比实际工资水平更能影响技术的选择。机械化程度的改变,必须认为是一种长期的现象。它发生作用是通过在一次又一次突然兴旺中劳动的相对稀少或过剩,而不是作为对就业的短期增加中发生的实际工资变动

---

[1] 参阅卡尔多:《哈耶克教授和所谓错综复杂的影响》一文,见《经济学报》(1942年11月)。

的一种反应。

物价和就业

市场突然兴旺期中商品价格的发展趋势,由于在此期中货币工资趋向上涨,而更加复杂。让我们首先假设货币工资率不变,来考虑物价的动态。物价的变动在两个极端之间:不变的商品产量和不变的商品价格。

为了说明第一个极端,让我们假设消费部门的生产能力没有弹性,每周有一定的商品产量,不能超过,并且在市场的兴旺未开始以前产量已经是这样;投资部门里的就业,在已经定购的第一批生产设备的孕育期中,达到最高限度,以致一到这批生产设备造好可以使用的时候,卖方市场就突然终止。因此消费品的产量,从而实际工资的总量,在整个兴旺期中始终不变。消费部门里的就业并没有增加;价格上涨了而每工时实际工资率却随着总就业量的增长而比例地下降,总就业量的增长只在投资部门里发生。[1]

在另一极端,假设消费部门里起初有大量未使用的生产能力。在兴旺未开始以前,商品价格是由各个市场里企业家之间秘密的或者公开的协议维持在当时的主观正常价格的水平上,且在需求扩增时没有提高。因此实际工资率在兴旺期中始终不变,而实际

---

[1] 比方说,起初劳动的20%在投资部门里就业,那里的就业额增加25%。因此总就业量增加(实际工资率下降)了5%。

工资总额则随就业量的增长而成比例地增加。既然消费部门里每一工人赚得的准租金不变,就业增加的总额和投资部门里的增加是成比例的。①

就业的乘数是就业总增加对投资部门里就业增加的比率(起初的情况和投资部门以兴旺期中达到的最高速率进行工作时的情况相比)。在第一种极端情况中,乘数等于1。在第二种极端情况中,乘数等于$1/q$,这里 q 是消费部门里准租金对每人产值(每一工人的毛利)的比率。②

这两种极端情况在任何实际局面中都不会发生。物价(相对于货币工资而言)通常随着需求对生产能力的比率的提高而上涨,所以当市场兴旺达到高水平的平衡点时,每工时的实际工资就会有一些下降,同时实际工资总额会有所增加。同时每人产量会降低,由于较多的劳动在从特定的生产能力中榨取额外产品。乘数在可能的极端价值之间的某一点。③

当投资部门里已经达到最高限度的就业水平,经济保持着高水平的平衡时,消费部门的生产能力在逐渐增长。在这个时期中,

---

① 起初劳动的80%在消费部门里就业,20%在投资部门里就业。投资部门里每增加25%,就需要消费部门里也增加25%,结果就业增长的比率是80+20对100+25。

② 这决定于是否有这一假设,即:没有从利润中支出的消费。这一假设如被放松,这个原则仍然适用(参阅第二十七章第一节)。

③ 起初有80组工人在消费部门里就业,20组在投资部门里就业,这时候实际工资是每组等于1,生产商品100单位。在高水平的平衡时,25组工人在投资部门里就业,实际工资假定是95。就是说,消费部门需要增加5组(在它的生产能力没有大量增加以前)才能生产额外产量4.5单位。这时,就业乘数等于2。总就业量增长到110组,商品产量增加到104.5单位。

卖方市场的优势有些减弱,供给赶上需求,投资部门的就业虽保持不变,商品的产量增长,价格稍稍下跌。实际工资因此上涨。因此,在这种局面中,就业也许再有一些增加,可是消费部门的每人产量也已经增长,因为使用了新的生产能力以后,劳动力分布得比较经济,结果就业的增加(假如有任何增加的话)不及产量增加得多。从企业家的观点来说,繁荣即将终止,因为一笔总数不变的准租金(等于投资部门的工资总额)现在由消费部门里越来越多的生产能力来分得。生产能力不断增加,卖方市场就跟着趋于消失,结果到了投资部门里就业开始减少的时候,那突然兴旺的局面就结束了。

货币工资率的变动以及垄断事业的价格政策通过这种重要范型而发生作用。在市场向上的过程中以及在高水平就业的时期,货币工资会上涨。如果在每一阶段物价总是高于它原来和工资上升的比例,那么,根据实物计算,这并不影响发展的趋势。[①] 如果物价胶着不动,则消费在每个阶段都会提高,并且在市场兴旺达到高峰时,由于新的生产能力得到日益增长的需求的配合,卖方市场就会延长。这不能无限期地保持兴旺的局面。垄断者不会让他们的毛利被日益上涨的工资侵蚀到一定的程度以上,所以实际需求的增长会受到限制,经过一个时期以后,生产能力的增长会赶上实际需求,于是卖方市场就会告终。

---

① 可是货币的因素可能发生作用,来抑止初发的通货膨胀(参阅本书第二十四章中"货币政策"一节)。

反　应

卖方市场的终止会引起投资率的下降,而投资率的下降会使买方市场发展起来,这会进一步阻碍投资,而进一步加强买方市场。经济便经过一阵市面暴跌(产量逐渐缩减的一段时期)而陷入萧条状态(产量已经缩减的一段时期)。市面暴跌中产量减缩的限度不及市场突然兴旺中产量扩增的限度那样确定。兴旺期中的就业,在投资部门的生产能力已经用到限度时(或者在用到限度后不久),就会达到最高限度,可是就业可能减少到什么地步,却没有技术上的限度。如果设备生产方面的就业量减少,对生产能力没有直接的影响,暂时在制品的生产干线上会继续吐出和以前一样多的产量。既然销售额已经减少,存货暂时会积累起来。这些存货,对那已经减低的需求水平来说,已嫌过多,因此在制品的生产干线上得到补充的速度将不及它吐出产量的速度。这种减少在制品产量的情况,并没有技术上的限度,除了完全停止生产而外。

产量减少的限度来自需求方面。如果产量减少时,价格保持不变(或者只和货币工资比较起来有所降低),以致每工时就业的实际工资不变,那么,就业减少就会使销售额减少,并从而使就业更进一步减少。[①] 可是在这过程中的某个阶段,由于竞争或垄断的卖方们故意采取的政策,价格开始降低(相对于工资而言),结果实际工资增长,每单位就业的销售额也增长。在每一就业工人的

---

① 这一结论,到我们把食利者引入我们的模式里的时候,将加以修改。

消费的增长可以抵消就业工人人数的减少的那一点上,达到一种低水平的平衡。① 于是商品销售额停止下降,因而就业额也停止下降。②

在达到这一点以后,物价如果再降低(相对于货币工资而言),就会使商品的销售额增加,经济回升到一种稍高的低水平的平衡。独占企业为了防止利润日益缩减而采取的价格协议增多了,就能防止这种回升,使经济保持在它已经达到的那种低水平的平衡上。利润的增加会减少实际工资,并把经济推到更低水平的平衡。每次水平降低带来资本积累,接着就是存货减少,引起就业方面相应的波动。

在这期间,由于旧设备的损废和没有得到补充,过剩的生产能力在逐渐缩减。③ 迟早总有一天,连维持那低水平的产量,也需要投资于设备,买方市场减弱,复苏便开始了。④

当最初的骚动是投资率降低时(比方说,由于技术进步的迟滞),变化就在这个阶段开始。在萧条中企业家继续收回投资,⑤直到卖方市场发展形成,又开始一个高投资的时期。

---

① 和以前一样,当消费部门里雇用 80 组工人,投资部门里雇用 20 组工人的时候,每组工资是 1。如果投资部门里的就业减少到 15 组,同时实际工资上升到 1.05,消费部门里每组工人产量从 1.25 上升到 1.26 单位商品,那就会使消费部门里的就业减少到 75 组。这时总就业是 90 组,商品产量是 94.5。

② 其他足以阻止产量降低的缓冲因素,例如食利者的消费和失业津贴,以后再加以考虑(参阅本书第二十七章中"市面暴跌"一节)。

③ 参阅哈罗德:《商业循环学说论略》一文,《经济学报》第 267 页(1951 年 6 月)。

④ 不一定就应该有一种全面的净投资收回,因为有些企业家在萧条期中继续进行投资,他们的投资也许足以胜过其余的人的反投资。

⑤ 或者至少在某些方面停止投资。

因此,每当积累的长期趋势渡过一个转折点的时候,投资的短期路线总是离得太远,要走上适合于新局面的途径,只有通过剧烈的动荡,而在这种动荡之后,往往还有一连串的额外的波澜。

商业循环

市场突然兴旺或市面暴跌的发生,可能是某种长期原因的结果,例如由于技术进步的加速或迟滞。当所有构成黄金时代的长期条件具备时,兴旺或暴跌也会发生。对个别的企业家来说,即使在整个经济顺利发展的时候,未来也是不能确定的,并且各个企业家的行动往往能影响别人的局面。因此,在资本主义的经营方式下,有一种内在的不稳定性,这种不稳定性往往从经济的内部产生出种种和任何外界的变动完全无关的变动。

典型的企业家,只要他发现他现有的生产能力都在按着他认为合理的利润率在那里运转,就会希望运用更多的生产能力。除非投资恰好适合黄金时代的标准(这时需求能跟着生产能力而增长)(或者除非投资被有效地控制),它将永远摆动,因为只要投资增长的时候,它就会产生一种卖方市场,并且从而刺激进一步的增长。

每一次卖方市场形成,投资就过度发展,接着就出现一个低投资时期。正因为发生了市场突然兴旺,所以会引起接着发生的市面暴跌。每一次买方市场形成,投资就过度减少,接着就出现一个高投资时期。正因为发生了萧条,才引起复苏。

所以,积累总是采取一种相当有规律的有四个发展阶段的循环连续的形式——第一个阶段是投资率正在增长的阶段;第二个阶段是一种高水平的平衡，具有高而稳定的投资率，同时生产能力逐渐增加（相对于产量而言）；第三个阶段是投资日益减少的阶段（不管是逐渐地或者突然地减少）；第四个阶段是一种不稳定的低水平的平衡，生产能力逐渐缩减（相对于产量而言）。

通常，在突然兴旺期中，物价和货币工资相对地上涨，以致销货价值中准租金所分得的一份在兴旺期中比在长期中的平均数多。这意味着就业乘数大大地低于长期中平均总就业对投资部门里就业的比率；①投资部门比整个经济经历更大和更多的波动。平均产量（好年头和坏年头平均）对全部生产能力的比例，在投资部门里比在整个产业界小。全部生产能力就大于假如同样的长期积累率在一种黄金时代的情况下稳定地进行时所能达到的程度。

专门生产各种设备的企业家，习惯于较大的需求波动，在卖方市场中不像其他的人那样急急地扩充自己的生产能力，结果，在突然兴旺的高峰时，投资部门的投资的比例小于投资部门生产能力对总生产能力的比率。

因此，我们可以想象典型的循环过程是这样：从一种低水平的平衡开始，这时候物价和就业已经稳定了一个短时期，有些设备在更换补充，可是不够保持现有的数量。② 随着生产能力的缩减，买方市场的优势逐渐转弱。那些仍然在经营的工厂，由于有些竞争者陆续放弃经营，逐渐发现销售额在增加，并且迟早总有一天某些

---

① 在我们的数字例证中，两个部门里就业分布的中间状态是 80 对 20 的比率，而在最高限度时是 85 对 25。平均总就业对投资部门就业的比率是 5，乘数是 2。

② 或者，如果总产量继续略有增长，不足以使现有的资本量和产量成比例地增长。参阅本书第 242 页。

企业家会发现他们可望在比现有的更多的设备上面获得利润。他们发出添购设备的订单,于是投资部门里的就业便增加了。结果商品的需求扩大,更多的企业家觉察到他们的生产能力不够,投资便继续增加。像我们已经看到的那样,市场的突然兴旺可能在投资未曾达到实际上可能的最大限度以前就已结束,或者兴旺的程度可能足以使投资部门里某些关键设备达到能力的限度。遇到这样的时候,投资部门里某些投资可能要继续下去,结果在一个短时期以后这种关键方面的生产能力增加,可是制造设备的生产能力方面的投资,像我们已经看到的那样,对原有的生产能力的比率,小于一般的投资;因而关键方面生产能力的增加,不足以使投资继续增加得像生产能力总量那样快。因此消费部门里生产能力的增长追上了需求的扩大,卖方市场告终,局面急转直下,使经济降到一种低水平的平衡。

解　　释

自从资本主义经营方式开始运用以来,发展的过程呈现了一种明显的周期性的变化,这就引起人们的一种看法,认为有一种明确的商业循环,像上面所说的那样,从一个高峰到另一个高峰大约经历八年或十年的时期。根据这种看法,一个循环的四个阶段恰好需要这么多的时间来经历一遍,并且容易对所需要的各段时间做出似乎言之有理的估计——市面上涨时企业家投资的决定逐渐扩散的时期,市面下跌时投资率低降的时期,在没有足够的额外的生产能力积累起来消灭卖方市场以前,平衡保持高水平的时期,复苏以前生产能力缩减的时期——虽然很不容易证明这种假定的估计在事实上是正确的。

另一种看法是，每次的市场突然兴旺总是由一种特殊事件所引起，例如重大的技术发明。市场兴旺一经开始，在它继续发展期间所发生的任何有利于投资的事件，都被吸入它的主流，加强自己的力量，所以每次市场兴旺的程度强弱各不相同，这决定于它的各项构成因素的力量（例如等待利用的新的技术知识的多少）。市场兴旺所引起的卖方市场使得生产能力过度扩张，因为在市场继续兴旺期间出现的投资机会不管怎样大，卖方市场本身所诱致的额外投资总不能持久。于是接着发生市面暴跌，并且萧条继续下去（只有一些无关紧要的波动）直到发生新的重大事件为止。

这两种看法的决定性的区别涉及怎样从萧条中恢复过来。根据第一种看法，可以说恢复来自系统的内部，因为生产能力的缩减（相对于需求而言）重新造成一种有利于投资的局面。根据第二种看法，系统本身内在的恢复能力薄弱，不能克服市面暴跌的打击，而循环的表面上的规律性是偶然的，只是由于过去事实上在萧条至多已继续了几年以后，总已出现某种事态来引起复苏。

也许问题永远不会得到圆满的答案。主张各种看法的人，都能按照自己的方法同样言之有理地解释那不完全的历史资料，并且将来似乎也不会有一种决定性的实验来解决这个争论，因为今天人民和政府都已经意识到不稳定这个问题，可能会设法采取行动，及早制止市面暴跌或者挽救萧条，使得关心问题的观察家不可能有充分的时间来看出，假如人们听任经济系统自然发展，复苏是不是会出现。

第二十二章 循环和趋势

经济的不稳定使得黄金时代不可能保持。即使其他一切条件都满足,平静状态仍然会受到内部产生出来的波动的干扰。每隔一个时期,积累就会落后于本经济的增长比率,然后又跳起来赶上去。每次跳跃过度都会引起一阵反作用和又一次的落后,接着又是一次跳跃。甚至当积累在长期中稳定地前进时,从这一年到那一年也并不稳定,而是一阵一阵地忽多忽少地出现。

积累不是稳定地进行这一事实,往往使增长比率降低到黄金时代的条件下会达到的比率之下,因为变动无常往往会削弱投资的推动力,因而延缓技术的进步。由于商业循环的作用而产生的趋势,和黄金时代的增长比率不是同一回事,而是那种比率的一种不完全的反映。

然而,如果企业家努力进行,积累还是可能的;我们的关于积累和本经济的增长比率保持一致步调以及超过或落后于增长比率的分析,还是适用的,如果根据周期的波动来说。

周期的积累

当积累在长期中继续进行时,一阵突然兴旺结束后所有的资本数量就多于以前拥有的数量。应该考虑的第一点是什么情况使以后萧条中的反投资不致把资本数量再减少到不多于以前拥有的数量。

主要的条件是独占企业（在短期的意义上）和上一次萧条时期比较起来不应该有所增加。在一定程度的竞争下，闲着的生产能力越多，物价就会越低（相对于货币工资而言）。在这一次市面暴跌中，如果商品的产量降低到和上一次暴跌中相同的绝对水平，消费部门里就会有更多闲着的生产能力，以及较高的实际工资水平。因此产量并不会降到那样低的程度，经济将在较高的产量下达到低水平的平衡。简单地说，竞争使得上次暴跌以来所增添的生产能力有一部分在萧条期中被运用。因此，由于旧损的设备不补充更换而发生的生产能力减缩，也会不减到那样少的程度，而一部分增加的设备经历了萧条以后仍然会存在。

长期内积极积累所需要的第二项条件是，下一次市面突然兴旺中所有的净投资总额要大于上一次兴旺中的净投资。上涨的力量必须足以使投资进入那些生产设备工业里的关键方面。如果投资部门里的关键部分在上一次的兴旺中扩大了，现在的投资率就会比以前都高。如果自从上一次的兴旺开始以来关键部分没有扩大，这一次的兴旺持续的时期就不会比上一次更长。新的生产设备的产量达到最大限度时和以前是同样的水平（在同样生产能力的关键部分方面），既然资本拥有量一直在增长，代表补充更换的新设备就比在上一次兴旺期中多，每年的净投资较少，要经过较长的时期才会出现生产能力过剩。如果这种情况在连续几次的兴旺中发生，投资部门里卖方市场的优势就一次比一次加强，并且（除非在长期意义上的独占已经增加),关键部分将获得扩大。因此,就像在一种假想的黄金时代那样,积累在过去一直在进行这一事实,造成有利于维持积累的条件。

如果自从上一次的上涨发生以来劳动队伍已经增长,并且每人产量已经上升,因为在上一次市面兴旺过程中所生产的设备体现了最近的种种改进(上一次萧条中所有的设备补充也是这样),那就有足够的劳动可以用来提高下一个兴旺时期的产量。劳动队伍的增长不直接引起积累,[①]可是使得长期的积累可能实现,而长期的利润率不致低降。

积累的速度

当设备中的关键部分非常明显时,如果每次上涨的力量都能深入到关键部分,并且每次市场兴旺所经历时间的长度相同,那么,长期的积累速度就决定于关键部分扩充的速度。在没有偏向的技术进步下,经济系统实现了的增长比率等于这种关键工业在每次循环中生产能力的比例的净增加,除以一个高峰到另一个高峰之间的年数。[②]

当新发明中有节省资本的偏向时,如果我们关于不对称状态的假设是正确的,[③]陆续发生的几次突然兴旺会使消费部门里生

[①] 参阅本书第二十六章中"消费和失业"一节。
[②] 参阅卡尔多:《经济增长对周期波动的关系》一文,载《经济学报》(1951年3月)。
[③] 参阅本书第十七章。

产能力扩张的比例大于投资部门；在有耗费资本的偏向时，投资部门增长的速度就会高于本经济的实现了的增长比率，消费部门增长的速度则较低。

一种完全有规律的循环的概念是自相矛盾的，因为，假如循环是可以预言的，兴旺中的投资就会减少，萧条中也可以维持设备的补充，结果循环就会被打消。上面讲的这种发展方式，显示循环和积累趋势的关系的基本范型，其中有各式各样的不同程度和时间经过，并且受种种难以预料的事件的影响，以致一切总是不能确定。

生产长寿命设备的工业所承当的不平衡的负担，意味着它们的生产能力比同样的长期积累率假如连续不断地实现时所需要的生产能力大。在一种黄金时代，如果投资部门里拥有同样的生产能力（以及同样的劳动队伍），积累的速度一定会较快（经常维持着兴旺期的速度），并且要适应这种积累，一定要有较快的技术进步，或者要建立较高程度的机械化。在一种黄金时代，如果它具有同样的长期积累速度，消费部门里生产能力对投资部门里生产能力的比率就会较高，因而实际工资的水平也较高。

在一定的生产能力下，消费的平均数（好年头和坏年头平均）在黄金时代中一定较高，因为开工不足的时期中产量的不足额一般大大地多于在兴旺的高峰时短期出现的产量超额（由于加工等原因）。

劳动的缺乏

不稳定虽然对投资不利，可是积累在一段时期内也许超过劳动增长的长期速度。长期中积累超过本经济的可能的增长比率这一情况，表现在兴旺期中劳动缺乏上面。在萧条期中，劳动的缺乏（相对于生产能力而言）被短期的失业（由于一部分生产能力闲着）所隐蔽；可是在突然兴旺中短期的对劳动的大量需求就显出长期的缺乏。于是在兴旺期中技术改进的传播速度加快，因为一般的人力缺乏再加上一种卖方市场，使得企业家急于要弄到能产生最大限度单位产量的设备；为了同样的原因，他们比平时更想获得新发明。由于新发明而变为废旧的设备需要更换，兴旺因而延长。

同时机械化程度可能提高，因为（在当时需求多而劳动力难雇的情况下）即使以高成本的投资来增加每人产量，也似乎是值得的。

在没有技术进步的特殊情况下，增加机械化程度是增加每人产量的唯一可以采用的方法，在每次突然兴旺期中投资都用在一种机械化程度比上次兴旺期中高的技术上面。

停　　滞

我们知道，长期中积累的维持，需要在短期意义上的竞争仍然有效。在某一次萧条中，独占也许比上一次市面暴跌时已经增加，或者因为上一次的萧条形成了一些价格同盟，后来成为常设的组织，或者因为每一阵竞争的结果留下人数较少的胜利者称霸市场，以致出现独占有逐渐增多的趋势。比较缓和的竞争意味着较多的剩余生产能力是和一种特定的实际工资率不相矛盾的。某一次市面暴跌中生产能力的降低就可能达到或者低于上一次暴跌中的地步,即使生产能力在当中的兴旺期间会有所增加。然后(如果没有有利于投资的新事态)必须等到生产能力减缩到或者更低于上一次萧条中的地步,复苏才会出现。在长期中生产能力是不增不减或者减退的。

积累的维持有赖于企业家从事积累的努力,并有赖于竞争的继续存在。如果在萧条中积累的动力已经减弱,当复苏来临时,卖方市场出现后所引起的增长就不如上一次。在投资还没有进入原来的关键部分以前,就会达到高水平的平衡。结果投资部门里的设备补充不能赶上损旧生产能力的废弃,关键部分会逐渐缩小。

在这一种情况下,长期中积累等于零的现象一定只是偶然的巧事。也许刚巧每次兴旺中的投资恰好足以恢复每次暴跌中损旧的生产能力,一方面失业(从兴旺到兴旺或者从萧条到萧条)逐渐增多,由于劳动队伍增加或者每人产量增高,可是系统中没有一定的机械作用会把净投资在长期中保持在恰好等于零。实际上,所谓净投资等于零,并没有很确切的意义,因为,我们知道,[①]只有在各种资本财货的具体规格,以及所有的设备的年龄构成,在长期中始终不变时,一种不变的资本拥有量才可能具有明确的定义。

因此,当停滞已经开始时,人们没有理由可以期待生产能力的总量不增不减。在轻度的停滞下还可能有一些积累,虽然不足以赶上本经济的可能的增长比率。比较严重的程度意味着不断的逐渐减退,每一次萧条使得资本的总量(根据任何一种约略的合理的计算方法)比上一次减少。

---

① 参阅本书第140页。

在停滞的情况下,技术的机械化程度也许在不断降低,因为即使在兴旺的高峰时失业的过剩劳动也会倾向于越来越多。下降的货币工资碰到不容易下降的物价,实际工资在每次市场兴旺中下降得比上一次多,而在每次市面暴跌中上涨得比上一次少,结果每次暴跌中废弃掉的设备,在以后的兴旺中可能用一种机械化程度较低的技术来替代。

静止的状态

在假想的那种情况中劳动队伍的人数不变,一切可能的发明都已经做到,实际可能的最高程度的机械化已经达到——这种情况代表潜在的经济满足状态。这(和潜在的黄金时代一样)可能被经济组织内在的不稳定性所毁损。

通货膨胀的限度造成投资部门中生产能力的最高限度。通货膨胀的限度决定投资部门里就业对消费部门里就业的比率的最高限度。[①] 在潜在的经济满足状态的条件下,这个比率所代表的绝对就业量始终不变,那就没有必要备有一部分即使在突然兴旺期中也不会用到的生产能力。所以投资部门里的生产能力必须认为已经是不增不减的。投资部门里的净投资等于零(每次兴旺中的总投资恰好补足每次暴跌中的投资减少),设备的关键部分始终不扩充,增长比率不能超过零。

---

① 通货膨胀限度怎样通过货币的作用而发生作用,将在以后讨论(参阅本书第274页)。

没有类似的手法可以阻止长期中的积累减少。经济组织的内在的不稳定性,不仅可能损害满足状态的条件,而且可能使经济在不知不觉中降到潜在的满足状态以下,由于萧条中减少的投资超过兴旺中补充的数额。

走向满足状态的道路

当经济组织的增长比率等于零而机械化还没有达到限度时,像我们已经看到的那样,积累就会引起投资部门里就业对消费部门里就业的比率逐渐下降,直到不再有净投资为止。[1] 在投资波动的情况下,这会表现在每次兴旺中的总投资少于上一次兴旺中的总投资,而每次萧条中的消费多于上一次萧条中的消费。从一次兴旺到另一次兴旺,消费部门的生产能力会增长,而消费部门的生产能力会减低。总就业(兴旺期和兴旺期比较,萧条期和萧条期比较)在长期中会是不变的,消费部门里增加而投资部门里减少;总的实际工资增多,而总的利润减少。

这是一种逻辑的可能性,在资本主义的经营方式下多半不会实现。长期中日益下降的利润率,加上周期的波动,会造成萧条期中的损失,既削弱对积累的刺激,又会鼓励自卫性的垄断组织。一个走向满足状态的经济,决不可能仅靠它本身的力量,就能穿过停滞的泥坑,到达目的地。

---

[1] 参阅本书第 98—99 页。

第二十二章 循环和趋势

就业和失业

为了看清楚连续几个循环中就业的变动,把技术进步和人口增加分开考虑,较为方便。首先,假设始终使用同样的技术。某一次萧条中的产量水平比上一次萧条中的高,就需要较高的就业水平。自从上次萧条以来人口有了增加。失业人数因此也可能较大(和循环中发生的就业波动比较起来,人口的增长是慢的,因此,和萧条期中与兴旺期中的就业的差额比较起来,某一次萧条期中与下一次萧条期中的失业的差额无论如何总要小些)。当长期的积累在进行的时候,下一次的兴旺期中(只要兴旺的市面能充分发挥力量)投资部门里的关键部分会比上一次兴旺期中稍稍扩大,总就业会增长到较高的水平。结果,总的实际工资支出,以及商品产量,在每次兴旺中总比上一次高。在停滞的情况下,从一次兴旺到下一次兴旺中就业增长很少或者会降低,而失业会随着人口的增长而增加。

现在让我们假设兴旺期中的投资体现了由于技术进步而来的种种改进,可是劳动队伍的人数不变。

长期的积累在继续进行时,商品的产量在某一次萧条中总比上一次多,可是就业额可能较少。在每次兴旺中消费部门里每人产量比在上次兴旺中高(因为上次兴旺中所创造的改进的生产能力现在已经使用),并且(假设竞争并不较弱),每一工人的实际工资较高。因此,如果投资部门里的就业达到和上次兴旺中同样的水平,实际工资总额和商品产量都较高。

在停滞的情况下,从一次兴旺到另一次兴旺总产量增长的比例小于每人产量,并且技术失业会有长期的增加(除非充分地减少工作时间)。

人口增长和技术进步相互影响。当积累的速度能够使每一次兴旺中的失业保持低水平时,在长期中,产量就会有增长(先后几个循环中高峰和高峰比较,低潮和低潮比较),这是由较多的就业和较高的每人产量共同构成的。在停滞期中,从一个高峰到另一个高峰,产量增长很少,甚至还降低,另一方面,长期中失业有增加,由于日益增多的人口以及每单位产品提供的就业减少。

假设投资部门里就业的波动是已知的,萧条期中随着设备利用率的降低,实际工资增长越快,消费部门里失业就越少(就业乘数较小),这是因为暴跌中降减的数额较小,同时因为只需要缩减较少的生产能力就可以产生一种反应(所以,在特定的生产设备的年龄构成下,萧条持续的时期较短)。[1]

当暴跌的程度不深而萧条期短时,它们所引起的失业可以忍耐;如果无论如何总有长期的劳动过剩,一次暴跌的额外困苦会混杂在一般的汪洋苦海中而不为人们所特别觉察到。可是如果失业人数在兴旺期中少而在萧条期中失业人数既多时期又长时,则失业所引起的那种完全不合理的痛苦(这是在低水平消费以外的一种痛苦)就会显著而难受,就会产生影响深远的政治反应。

---

[1] 参阅前引卡尔多:《经济增长对周期波动的关系》一文。

第四篇

资金供给

第二十三章　货币和资金供给

现在我们必须考察货币制度对积累的影响。我们用作模式的那个经济,已经进化到(我们假设)超过用铁钉支付每周工资的阶段。① 某些很受人重视的银行早已设立,它们供应整个组织的货币需要。②

银行必须遵守一定的经营方式。实际上这种方式在一种复杂的法律制度中发展形成,其中有很多过去遗留下来的不正常和陈旧的东西,并且由国家机构(例如英格兰银行或联邦准备银行)加以规定和管理。为了使我们的分析尽可能地一般和简单,我们将假设我们的银行从事于正当的活动,而不详细说明任何特殊形式的规则。

实际上借贷的形式,以及对债务人的债务所代表的财富的权利的类型,是多种多样的,可是我们可以利用几种区别显著的类型来揭示所有的主要特征。我们将假设对财富的权利只包括钞票、债券和银行存款,并且只有三种借贷——企业家凭票据向银行进行的借贷;企业家用债券相互进行的借贷(我们还没有把食利者加

---

① 参阅本书第 35—36 页。

② 实际上银行也可以进行一部分企业家的活动,可是我们一定要假设各种职能是严格分开的。

入我们的模式），这种债券可以由银行辗转收购；银行以存款方式向企业家进行的借贷。

我们将陆续地讲到这些借贷形式，首先讲那根据票据发出的钞票。为了区别清楚作为一种交换媒介的货币和作为一种债务投资的货币，我们将假设一切需要货币支付的交易都凭货币来进行，人们持有货币只是作为筹码，为了交易的方便。

钞票流通

信用卓著的银行所发出的钞票，零售商和其他企业家都愿意接受，因此可以作为一种支付工资的媒介。现在流通的钞票是银行对企业家贷款的结果，这些企业家在还未收到售出工人生产的货品的价款以前先付出工资。暂时我们假设唯一的借贷方式是票据贴现（长期债券以后再谈）。一张期票代表一项出票人承担的义务，保证在指定的日期（比方说六个月后）支付一定的数目，而今天以低于票面的数目（即按贴现率扣除贴水）售得现钞。

为什么企业家必须付给银行利息（用贴现形式）换取流通的媒介，其基本原因是他们自己的借据不能作为一种支付的手段被人接受，而信用卓著的银行的钞票可以被普遍接受（贴现率怎样决定以及它的影响怎样，以后将加以研究）。

整个经济所需要的钞票数量多少，决定于每周工资总额的价值、企业家当中专业化的范围（这决定他们之间需要用钞票支付的交易的次数），以及收入和付出之间的平均耽搁时间（这决定钞票在流通过程中旅行的速度）。

企业家能够在相当范围内节约所需要的钞票,从而节省利息。他们可以安排付出的时间,和收入相配合;或者用记账的方式和其他企业家进行交易。因此,贴现率越高,钞票流通额就会越低(假设每年的交易总值是一定的)。可是在贴现率水平的幅度不大时,这种影响可能是微不足道的,因为支付的习惯不能随便改变,除非贴现率很高,不值得去设法节约钞票的使用。

当一个企业家在不久的将来有一些支出,所需要的钞票超过从近来的收入中所得到的数目时,他可以贴现票据;当他持有的钞票超过他的需要时,他就用钞票还掉那些到期的票据,不再续借,以减少尚未清偿的期票(以便节省利息)。于是钞票回到银行。这样,还未回笼的钞票会不断地得到调节,适合于流通的需要。当就业增加(或货币工资率上升)时,企业家们每周付出的数目就超过他们从上周销货中收入的数目,结果企业家们作为一个整体来说,就会不断地增加他们对银行的负债,而流通额会随着需要而增加。当工资支出降减时,票据被收回,流通额就渐渐缩小。

银　　行

一定数量的钞票,对产业的经营,和一套生产设备是同样的必要;可是如果认为银行家属于生产设备制造者的范畴,那就未免说得太远。最好是把他们当作一种特殊的自成一类的资本家集团,并且把作为一个整体的银行家和作为一个整体的企业家之间的交换,当作特殊的一类交易来看待。

除了必须符合货币政策的要求以外(这一点以后讨论),银行在合理的范围内可以随意规定贴现率。各银行之间的业务竞争可能把贴现率压低到一种只够维持开支的水平,或者它们当中可能有一种谅解,把贴现率保持在一定的水平上,使它们能够获得很好的利润(然而,它们不能永远保持这样高的贴现率,那会驱使企业家避免依赖银行,而想出其他方法来处理交易中的支付)。

一个银行家的最重要的资产主要地在于他的信誉;他也需要储备一定数量的别家银行的钞票,使他自己的钞票可以被人接受,[①]并且需要一些富丽堂皇的办公房屋。我们必须假设所有的银行利润都被再投资于银行业务方面(银行家在个人的办公建筑的富丽堂皇方面彼此竞赛),结果银行资本和产业资本成为两个完全隔绝的领域。[②]

对企业家来说,期票是应该和那些用借入款项来投资而取得的资产相对照的债务,贴水所代表的利息支出是从利润中扣除的数目。对银行家来说,这利息不是利润,而是总收入。他们用利息支付经常费用,把余额(他们的利润)投资于添置办公所需的设备。(银行的经营方式严格规定不得用新发行的钞票来应付支出,因为否则银行家就可能进行无限数额的投资,打乱经济组织的其他部分)银行业务的全部总收入(就是企业家付出的利息),作为从银行家的开支里产生的准租金,作为投资,或者通过他们的雇员的开支,回到工业去。所以,企业家的全部利润,在任何一个时期内,等于他们自己的净投资加上银行家的开支。既然银行家的开支等于

---

① 实际上,准备金的设置以及管理准备金的一些规则,是中央银行借以控制货币制度的手段。

② 这一假设,在我们把食利者加入我们的模式时,可以放宽,参阅第296页。

人们付给银行的利息,则减去利息以后的净利润就等于净投资。任何一个时期中企业家所能支配的财富的增加,是资本财货拥有量的增加(这个时期的净投资)加上钞票流通额的增加,[1]减去未偿还的期票的增加。既然后两项是相等的,企业家作为一个整体的财产的增加,就是资本财货拥有量的增加。[2]

债券市场

企业家与企业家之间也可以有借贷。[3] 发生这种借贷,第一是因为某些企业家比其他企业家活跃和奋发有为,愿意超过他们自己的利润来投资,第二因为有许多投资计划,由于技术上的原因,必须一阵一阵地大量进行。例如,一个正在建立和配备一所新工厂的企业家,在一年中用掉的钱往往数倍于一年的利润。大规模设备的定期更换,必须动用从过去多年的准租金中积累起来的折旧基金来进行。如果一项大投资计划最近已经完成,企业家需

---

[1] 这不是十分精确的。平均来说,在任何一天工人们所有的钞票约等于一周的工资总额的一半(或者略少或者略多,决定于他们在那一周的前几天比在后几天花钱多还是少)。因此,在一年中,全部企业家所有的钞票数量的增加,等于一年中钞票流通额的增加减去年初和年终一周工资的差额的一半左右。然而,和这笔增加相对的,有企业家们的资本财货拥有量的相应的增加(在他们已经付清价款的东西以外)。工人在周末领取工资,所以垫支一周的工作价值给他们的雇主。到年终工资总额已日益增加时,全体工人垫支给全体企业家的工作价值大约已增加了年终和年初的一周工作的差额的一半。他们对于这样获得资金供给的在制品没有所有权,那是对企业家的资本的一种增量,这种增量恰好差不多可以抵消不属于企业家所有的钞票的增量。

[2] 参阅本书第57页。

[3] 在现实生活中,这种借贷一般地通过食利者的中间作用,可是发生作用的主要原则可以在我们的模型中表现出来,而无须食利者。

要一个消化时期来组织他的现在规模已扩大的业务，而暂时不做进一步的投资。当一项设备刚刚装好时，它的折旧基金就开始建立起来，准备若干年后动用。这样，在任何一年中，都有一些企业家投资的数目超过当年的利润，年终发现自己的负债增加了；另一些企业家投资较少，年终发现自己的未了债务减少了，或者在原有的资本财货以外财产增多了。让我们把那些债务增加的企业家叫作当年的过度投资者，那些债务减少的企业家叫作节约者。这一集团的过度投资等于另一集团的节余，因为正是前者的支出超过自己的利润的部分，给后者产生超过支出的准租金。一个包括设备补充方面的支出，另一个包括折旧基金的积累。

我们将假设过去的过度投资者习惯于凭债券来借款，这种证券已由节约者承受。为了简单起见，我们将假设只有一种债券，这种债券有固定的利息，没有一定的偿还日期，可是可以随时按它的市场价格买进或收回。债券上的票面利息反映债券发行时的借款条件。有一种经营债券的二手市场，在这种市场上各种债券的价格按照它们本身的规定利息被调整，从而使它们的收益彼此一致。无论什么时候，一种债券的收益反映一般的利率水平以及某公司的特殊信用（信用最好和最靠得住的公司可以提供最低的收益）。我们可以选择最好的、还债能力最没有疑问的公司作为标准，把它们的债券的收益叫作债券利率。其他的债券有不同程度的较高收益。相对的收益在市面靠不住的日子里相差较大，在普遍繁荣的时期中则彼此接近，这时候利润容易获得，人们不担心债务人会到期不付。

任何时候，未偿还的债券的数量和现有的资本财货的价值都没有什么必然的关系。它主要决定于以往节约者和过度投资者的业务上差额的大小,以及曾经的过度投资者后来有多少已经变为节约者,收回它们自己的债券,而不购进别人的债券。

任何一年中新债券的发行也不和当年的过度投资有密切关系。一年的过度投资所需要的资金,一部分是由向银行贴现票据来供给,一部分是由有关企业家售出他们在前一个节约时期中购进的债券。

各个企业家在发行新债券时不得不承担的利率,决定于他的信用;他所能借入的数目,任何时候,都决定于他已经承担付给的利息对他可能获得的收入的比率。既然每个人对自己的前途都采取一种乐观的看法(并且不必顾虑他自己是否诚实),他售出他所持有的任何债券(过去节约的结果)来供给自己的过度投资所需要的资金时,总以为成本(就是所放弃的利息)低于他进行新借款时会必须付出的利息。因此,过度投资者一般总先用光准备金,然后才发行新债券。二手债券不断地在过度投资者和节约者之间流通周转;任何一个时期中新债券的发行,代表本期的过度投资多于过去积余的准备金的利用的超过额。然而,任何一年中提出来的出售的全部债券(除了二手市场里的交易相互抵消以外)等于为当年的储蓄提供债务投资机会所需要的数额。供给过度投资所需要的资金,是通过出售债券(新发行的或者原来持有的由于过去节约而取得的债券)以及贴现票据。首先由于收入的钞票超过支出而产生的节余,被用来购买债券和偿还期票。[①] 因此,在任何一段时期

[①] 还有一种处置的办法是在银行存款,在下节中将讨论。

中,节约者购买的债券加上钞票流通额的增加等于过度投资者售出的债券加上新开出的票据多于已偿还的票据的超过额。过度投资者的借入,放出票据给节约者购取——其购取的速度和他们的开支产生可供节余的准租金的速度相同。

灵活偏好

无论什么时候,人们持有的债券代表过去节余而暂时不用来进行过度投资的储蓄。如果债券的价格是完全稳定的,它们所得的利息就是一种纯粹的利益,有游资要运用的节约者的竞争会使债券的利率不高于银行规定的票据贴现率。可是债券价格会变动(受预期利润和货币政策的相互作用以及关于这些作用可能是怎样的看法的影响)。一个打算用过去的储蓄在不久的将来供给过度投资的资金的企业家,因此不愿意持有债券,除非债券的利息(从今天起算到他预期要售出的日期为止)足以补偿它们的价格在此期间可能发生的任何下跌。这种不愿意持有债券的心理,会使债券的收益略高于票据贴现率(除了有时候人们有理由认为债券的价格在不久的将来上涨的可能性较大)。

既然二手市场里债券的收益通常是高于票据贴现率,新发行的债券所出的利息必然也较高。那么,过度投资者愿意花较大的费用通过发行债券来借款,而不贴现票据,是怎么一回事呢?

用票据还是用债券来供给过度投资的资金,部分地决定于技术上的理由。企业家不愿意借入短期款项来投资于长寿命的设备,因为总有一种风险,在设备的创办费用还没有通过从准租金中积累一笔折旧基金来付清以前,重新借款的费用也许会上涨(或者用任何代价都不能借得资金);另一方面,在制品里包含的资本的周转速度差不多和期票到期应当延转的速度相同,所以在必要时可以把资本收回(一批产品完成以后不再开始另一批的生产),把借款还掉。适宜用期票供给资金的那种过度投资和适宜用债券供给资金的那种过度投资,往往有一部分是相同的,因而两者的选择受两种借款方式的比较费用的影响。当债券利率高的时候,期票比较可取。于是任何一周中过度投资者售出的债券的数目赶不上该周的储蓄所代表的对债券的需求的增加,债券的价格便上涨了。然而,两者都可以适用的情况是有限度的,而且即使没有限度,银行也不愿意让贴现的数额无限地增多,因为恐怕票据到期不能偿还;[①]因此,尽管由于票据和债券可以相互替用而使两者利率的差别保持在一定的范围以内,但差别不能消灭。当银行贴现的票据已经达到适当的或者规定的限度时,那些打算过度投资的人就必须准备承担债券的较高利率,发行新债券,因而增加利息支出,或者从准备金中售出持有的债券,因而减少利息收入。

银行存款

节约者不愿意持有一种资本价值可能降低的债务投资对象这一情况,以及因此而产生的债券的高收益,为另一种银行业务造成机会(除供给交换的媒介以外),这种业务我们现在必须加以讨论。

---

① 银行也受货币管理机关所规定的条例的限制。

银行除了发行钞票,也可以通过接受存款向节约者借入。① 这种存款在接到通知以后不久就偿还;由于银行的信用卓著,这种存款没有什么风险。

银行对存款付给利息,因为,假如它们不给利息,一个持有钞票的节约者可能会以廉价供应的方式来和银行竞争,给他所信任的朋友们贴现票据。跟银行往来的无比便利和可靠,使得节约者愿意接受存款的低利息,而银行(为防止同行间的竞争破坏业务的获利机会)按惯常的略低于票据的利率的水平规定存款利率。在这种安排下,一个不愿购置债券又没有自己的未了债券需要收回的节约者,可以向银行存款,损失存款利率和债券利率的利息差额,可是保障他自己没有损失资本的风险。实际上,这样使那节约者有机会在银行的利得中分取一份,这一份利益他也可通过自己积聚若干钞票短期地借出而取得。同时,银行有机会可以创造一种流动性比债券更大因而为节约者所喜爱的债务投资,从而获得利润。

为了利用这种机会,银行通过购买债券来扩大它们贷出的范围,②取得债务利率和存款利率的差额作为营业的利润。③

银行对钞票流通的数额不能直接控制④(除了在次要的范围

---

① 在历史上,银行的存款业务先于钞票发行。这是从商品(黄金)到作为一种交换媒介的债务投资的进化过程的一部分。参阅本书第 42 页。

② 实际上银行不轻易持有不定期的债券,因为恐怕损失资本,可是我们为了保持简单明了而不妨害主要意义,继续假设只有一种债券。

③ 通过支票和贮藏钞票的交易都不包括在内,以便看清楚货币作为交换媒介和货币作为债务投资对象的区别。在现实生活中,这些现象使这种区别显得模糊。

④ 利率影响积累的速度,因而也影响交易额,所以银行能通过它们对利率的影响,间接地影响钞票流通额。

第二十三章 货币和资金供给

内流通的速度受利率水平的影响)。[①] 如果银行发行的钞票多于用作交换媒介所需要的数目,超过的部分就作为存款或者通过偿还票据而回到银行。可是银行能影响存款的数额。无论在哪一天,它们都能购进债券,从而提高债券的价格水平;债券的收益降低以后,债券本身作为一种持有财富的手段就会变得吸引力较差(相对于存款而言)。银行从二手市场上购买债券,可以提高债券的价格到必要的程度来诱致卖方将卖得的价款变为存款。或者,在任何一段时期内,当银行买进过度投资者卖出的债券时,这一时期内节约者可以购买的对象就相应地减少,债券的价格涨到足以诱致节约者向银行存款而不购买债券的那种水平。

银行在一个时候买进的特定数额对债券价格的影响,决定于二手市场里人们当时的看法。当债券价格上涨时,在一种特定的预期状态下,有些债券持有者成为看跌的人,或者他们所有的人都有一些看跌的心理。于是他们情愿把债券卖给银行,变成存款(准备以后在债券价格下跌时再买进)。债券价格的上涨趋势被看跌的抛售所遏止。当债券持有人坚决相信在不久的将来债券的价格会达到什么水平时,只要价格涨得略高于预期的水平,他们马上就会卖出无限的数额,存款大量增加而同时债券的利率下降很少。当他们对未来价格的观念模糊而不确定时,许多人预期价格的任何上涨或许会维持下去,甚至还会再涨,于是银行的少量收购产生很大的影响。

反过来说,如果由于任何原因人心改为看跌,银行能够买进债

---

① 参阅本章中"钞票流通"一节。

券,给那些看跌的人他们所需要的存款,从而遏止这种转变;或者当看涨的变动开始时,银行能够把债券售给看涨的人,从而削弱这种变动。

当看跌的人卖出债券时,他们希望(到他们再买进债券时)获得一笔利润,这笔利润超过这一时期中债券利率和存款利率的差额(或者债券利率和贴现利率的差额,这种贴现利率他们可以节省下来,通过用售出债券的收入来收回票据)。因此,银行购买债券,如果同时减低贴现率和存款利率,就有较大的影响。贴现率的降低,由于影响人心,对债券价格也有直接的影响,如果人们认为这是银行政策改变的一种信号。

在这方面,银行运用另一种方针比较容易,因为降低贴现率有一定的限度,而提高贴现率是没有限度的。银行总能够找到一种贴现率,足以诱使债券持有人开始售出;可是当看跌的心理流行时,连一种名义上的些微的贴现率也许还不能诱使存款持有人开始买进债券。

银行的作用

银行的业务范围可以概括如下:它们的负债(除了自己的资本)由钞票和存款组成。它们的资产(除了自己的资本)由起因于直接贷款的债务(贴现的票据)[①]和二手贷款(持有的债券)组成。

---

① 在我们的简化模式里,这也代表垫支。

它们的钞票形式的负债提供一种方便的交换媒介,[①]而存款提供一种债务投资,有些资金所有人宁愿接受这种方式的投资,而不购买债券。这样,银行对过度投资者的资金供给,部分地通过贷款,部分地通过从市场上吸收债券,从而使节约者更愿意持有那剩下的一部分。假如没有银行,资金一定会更难获得,人们会不得不使用比较不方便的交换媒介,并且债券为了使人购买而不得不付给的利息一定比较高。

无论什么时候,银行外面未收回的钞票数额总是过去发行的钞票和作为存款或者贷款的偿还而回笼的钞票之间的差额。既然钞票对持有人不产生利息,而使钞票回到银行意味着收进利息(存款的利息)或者节省利息的支出(债务的利息),未收回的钞票数额就不能超过流通便利所需要的数额。然而,存款的数额是可以有变化的,因为银行卖出或买进债券,会使其价格发生变化,因而使存款对游资所有人的吸引力增大或缩小(相对于持有债券而言)。银行持有的债券数额愈大,债务投资所有人可以持有的数额就愈小,因此(在任何特定的市场看法下)债券的价格就愈高,收益就愈低。

债务投资市场上债券的收益决定新债券可能据以售出的条件。这样,银行通过规定直接贷款的利率(贴现率)以及在债券市场上买进卖出,能够(在一定的范围内)决定过度投资者能够按什么利率取得资金。

---

① 实际上存款也起这个作用。

第二十四章 利率

银行运用它们的力量来影响利率,是为了什么目的呢?实际上,政策是由货币管理当局强加在银行身上的,可是我们在论证中只假设它们按照一定的规则在经营,而不详细说明它们之所以不得不这样做的情况。①

货币政策

当企业家急于要积累资本的时候,他们也许企图大规模地进行投资,以致把整个经济推向通货膨胀的限度。特别是在长期缺乏劳动的情况下市场突然非常兴旺时,这种现象可能发生。

膨胀限度不是突然崛起的危崖,而是经过丘陵起伏然后达到的山脉高峰。一种既需要大量劳动又需要高利润的积累速度,造成了一种货币工资比生产力上涨得快的倾向,结果物价上升,而提高货币工资的压力增加了。如果这种过程慢慢地进行,不时发生

---

① 货币管理机关是全国性的,它主要关心的是国际交易方面的问题,因此而引起的货币政策方面的一些极其重要的问题,我们也略而不谈。(参阅本书第二十九章第328—329页)

第二十四章 利率

间断和回跌,它并不损害人们向来对货币购买力的稳定性的信心,[①]这种信心对经济组织的平稳运行是一项必要条件(或者至少是一种重要的利器)。可是,如果这种过程进行的速度太快,就可能使货币制度崩溃。银行政策的最重要的准则是防止这种情况发生。当银行家认为有必要抑制通货膨胀的倾向时,他们必须提高贴现率,售出债券。

债券持有人知道利率上涨可能是暂时的,多头的买进使债券的价格不致过分降低。但债券利率的稍涨,如预期不能持久,也会阻碍投资。企业家会延迟借入,这可能使他们必须延迟投资方面的支出。再则,作为投资以外的另一种出路,资金可用来购买债券,等价格上涨时卖出。这会产生一笔收益,超过为了预期价格上涨而持有债券的时期内的利息;这种收益,或者不如说对这种收益的预期,必须和预期的利润相比较,才可以看出用资金立刻进行固定投资,或者暂时用来购存债券,哪一种运用方法较为有利。所以,完全不太高的利率也可能抑制投资,如果人们预期利率将来会降低。[②]

投资计划一经开始实行,要加以减缩,需要相当的时间;利率提高以后,工资和物价的上涨可能继续;银行家们由于不知道他们的措施已经足以打击近期内的未来投资,可能还要进一步提高利率。投资不久就急剧地减少,失业就遏止了工资的上涨。现在银行必须再降低利率(按照规定),可是在这样打乱了计划以后,投资

[①] 参阅本书第35—36页。
[②] 在这种情况下,用短期借款买进债券是有利的,结果会使短期利率上涨得高于长期利率。

需要相当长的时期才能恢复。

通过这种机械作用,通货膨胀限度限制了积累的速度。据此推论,太高的利率,由于阻碍投资,会引起损失和浪费。所以,银行政策的理想准则是,利率既不应该太低,以致把积累刺激得上升到通货膨胀的水平,也不应该太高,以致使积累停止,不能达到足以保证安全的最低要求。

这种准则最多也只能很不完全地遵守。银行根据过去的经验教训,知道怎样把利率保持在最高和最低限度以内的相当水平上,可是情况经常在变动。特别是,在市场突然兴旺中投资率最高时正是它就要降低的时候。银行不能知道未来。它们只有在积累速度已经降低时,才觉察到情况的变化,于是企业家担心害怕,减低利率不容易诱使他们再积极活动;特别是,由于在这种局面下信用受到损害,以及债券的收益彼此相差很大,[1]结果对大多数企业家来说,取得资金的代价已经变得比较昂贵,而不是比较低廉。

银行不时地让一种通货膨胀的运动发展过度,可是大体说来,关于抑制膨胀的规定比关于刺激积累的规定,既较为迫切需要,[2]又(像我们已经看到的那样)较为容易实行,所以苦于利率过高的倾向比由于积累太快而发生的通货膨胀,一直是资本主义经济中一项更为常见的缺点。(由于政治事件引起的通货膨胀是另一个问题)

---

[1] 参阅本书第 263—264 页。

[2] 这主要是因为货币制度是全国性的,它的作用的一大部分是针对有关币制的对外关系(汇率)。问题的这一方面,在我们的统一的资本主义经济这种模式中没法说明(参阅本书第三十六章中"外汇"一节)。

一种自动的系统

银行可能不想把利率保持在一定的范围以内,而在一套规章制度下经营,这些规章制度的目的在于使他们不需要采取任何有意识的政策。

各银行协议规定钞票的发行总额,其数目适当地高于实际流通额;各家银行保持一笔等于自己的存款的钞票储备。[①] 为了防止破坏性的竞争,他们规定一个名义上的数字,作为存款利率。然后他们让其他的利率自然发展。

现有存款的数额是这样决定的:协议的钞票总额,减去实际流通额,构成储备金。任何银行家发现他的钞票储备超过存款时,他就买进债券,在钞票储备低于存款时,就售出债券。债券的价格因此不断地得到调整,结果使债务投资者愿意保有的全部存款足够吸收协议的钞票总额超过实际流通额的数目。这种作用的方向符合货币政策的规定的要求,但不一定达到正确的程度。

当工资支出方面一种膨胀性的增长正在进行时,贴现率由于钞票的需求增多而急剧上升。像我们看到的那样,预期不会持久的债务的利率的上涨,不会达到很大的程度。没有理由说,债券收益的增长,如果足以使存款减少到银行储备的降低(由于钞票被吸收,加入流通)所要求的程度,就应该和减少投资、引起失业、遏止

---

① 这不像任何实际的货币制度,可是它产生的效果和货币管理当局为了保持货币总数量不变而规定的政策的效果相同。

工资上涨所需要的债券收益的增长相同。它可能太大,可是同样地也可能太小。

不错,假如任由膨胀继续下去,那么,越来越多的对实际流通的钞票的需求,一定会使贴现率涨得很高。可是,这时候就值得人们节约现款的使用——货币流通得较快——并且,在极端的情况下,企业家可以自己创造交易的媒介,用自己的产品的实物凭单支付工人的工资,用自己开立的票据来清算彼此之间的交易,以致钞票发行的绝对限额的存在不能保证利率一定会涨得足以消灭膨胀。

另一方面,在投资率已经降低的局面下,很可能产生一种变化无常的气氛,这种气氛使人们更加要选择流动性较高的容易变成现金的债务投资。于是存款增加,把钞票吸入银行,其吸回钞票的程度可能超过由于就业减少而实际流通额自动降低的程度。于是票据利率,正在它应该降低的时候,被提高了。

给它一定的时间,失业会使工资日益降低。原则上,任何积累速度能够由任何钞票数额来供应,只要货币工资得到相应的调整;可是压低产量的货币价值来配合数量不足的钞票这一方法,对企业家和工人来说,都是非常不愉快的,并且在处理过程中生产上的损失完全是一种浪费。

总之,自动的计划很不好,不宜用来代替有理性的政策;银行家有责任在执行货币制度时符合整个经济的要求,这种责任是无法解除或避免的。

自动系统的概念的一个次要缺点是,当人们根据钞票发行来考虑银行政策时,就会使人过分相信货币数量的重要。于是产生两种相反的狂徒。一种人认为通货膨胀是由于"利用印刷厂"而引起的,主张钞票发行决不应该增加——不管在什么情况下。另一种人(以不同的意义应用同样的论证)认为,失业总可以"用自来水笔"来救济,虽然这种意见通常和另一种比较有说服力的说法混淆不清——后一种说法是,如果钞票不断地印刷,给工人去用掉(造成一种类似过度投资的过度消费),就会始终有足够的需求,使产量和生产能力一致。

利息和利润

在长期内,全部每年利息支出对全部每年利润的比率,决定于相对于资本拥有量而言的未了债务的数额(这可以说是过去以债券供给资金的过度投资的沉淀物),并且决定于现在的未了债务当初发生时的利率水平和目前的利润水平相对的关系。

任何时候利率水平对可能的投资利润水平的关系,部分地决定于投资的客观危险性,部分地决定于企业家的乐观态度。当利润容易获得而企业家有充分信心时,利息水平对利润水平的比率高,因为,假如利润超过新借款的利息的数目大(在那些情况下),投资就会增长到膨胀限度,利率就必须提高。在极端的时候,(在完全平静状态的理想条件下)利率就会等于利润率(各种利率,像我们已经看到的那样,这时候就会彼此相等)。[1]

在现实中,风险总是有的,利率也许大大地低于现有资本财货

---

[1] 参阅本书第 265—266 页。

的再生产成本上现在实际获得的利润,而不引起膨胀的危险。因此,利率水平并不是和利润水平密切地联结在一起,而可以说是具有它自己的生命的。

在任何时期内,它的发展经过决定于新投资方面预期的利润水平和货币政策的相互作用。货币政策是否容易实行,像我们已经看到的那样,在很大程度上决定于人们关于未来利率将会怎样的信念,而这又决定于人们关于货币政策将会怎样的信念,以及关于货币政策将怎样容易实行的信念。

一般说来,利率水平的波动范围越大和越难预测,则水平就会越高,因为未来利率的不能确定,使得人们不愿意持有债券,并维持债券的收益。

高利率阻碍投资,因而会妨害积累;积累的速度越慢,利润的水平就越低,[1]任何特定的利率水平就会更加阻碍投资。

因此,我们在引起资本主义经济的停滞的各项原因中,必须加上一项,就是,在长期中利率有过高的倾向(相对于利润率而言),使得积累不能继续进行,因而发生停滞。[2]

资金供给和积累

我们必须也提到货币的影响,来说明上面陈述的长期积累速度的各个不同的限度。[3]

---

[1] 当我们谈到从利润中支出的消费时,这一定理就必须修改,但不是完全改变。
[2] 这是凯恩斯的《就业、利息和货币通论》中主要论点之一。
[3] 参阅本书第八章"概述"一节。

第二十四章 利率

在技术剩余所决定的限度以内存在着膨胀的限度,它通过利率的作用发生影响。在这个限度的范围内可能有一种由于过分小心或者运用不当的银行政策而产生的限度,它使得投资(连续若干年来的平均数)低于要避免膨胀所必需的数额。在这个限度内,企业家的活动能力的限度包含一种由技术的、人性的和金融的影响合成的东西。

一项投资计划所能取得的收益在于未来,没法知道。每个企业家必须判断他自己的情况,而判断决定于个人的性情和社会的惯例。个人的胆子越大,大家越是兴旺;个人越是小心和保守,大家越难获利。利润水平是一种决定于思想的问题,可是没有人能单独地想出利润来。因此,大家集体行动所根据的习惯和传统,对每一个人都极为重要。

利率水平影响投资的决定,因为一项投资的预期利润必须超过债务投资的收益或者借款的费用,才值得投资。一般说来,为了使投资具有吸引力,不能确定的预期利润超过一定的利息费用的限界必须很大,利率水平上任何合理的差别不能太影响投资的打算。可是利息方面预期的变动,像我们已经看到的那样,对于延缓或加快投资计划实行的速度,可能有显著的影响。

假定一个企业家愿意并且急于要进行过度投资,他是否能这样做,决定于他所能支配的信用。

银行只能持有一定数目的由任何一个企业家开出的票据,免得他开出票据太多,无力偿还。未清偿的债券不能超过一个企业家的资产的一定比例,因为他已经保证要付的利息越多(相对于他的获利能力而言),对以后再借款拖欠的危险越大。在长期内,如果运气好以及经营得当,一个企业可以无限地继续发展,某些时期进行过度投资,某些时期又节约储蓄,或者继续不断地进行适当的过度投资(相对于用利润进行的投资而言),可是无论什么时候它的借款能力都受到一些严格的限制。就企业家作为一个整体来说(老的企业组织和可能的新参加者),总的借款能力或多或少地有一定的限度,这个限度决定于他们的财产和未了债务的分布情况,决定于银行对信用标准的要求是否严格,还决定于潜在的债券持有人的心理状态。

无论什么时候,通常总有若干企业家,他们的企业组织过去是节约者,他们有债券的储备,或者负债对资产的比率低,以致他们具有很大的借款能力,可是他们目前不想从事于过度投资,而另一些人的脑子里充满了计划,但由于缺乏借款能力,无法实行。

投资的速度(在特定的预期状态和利率水平下)因此在很大程度上取决于企业家当中借款能力的分布以及消极情绪或乐观精神的分布状态之间的关系。借款能力的分布,部分地决定于资本市场里的法律规定和技术条件,部分地决定于可能的贷款者的主观态度。心理的因素在两方面都发生作用,没有办法(即使为了我们的模式的用途)把诱致投资的复杂情况归纳到一种简单的公式。我们只能得出这样的结论:在长期中,积累的速度大概是它有可能达到的那种速度。

第五篇

食 利 者

第二十五章 利润的消费

到现在为止,我们始终不谈从利润中支出的消费以及食利者收入的存在。这样做完全是为了便利说明。已经在没有食利者的条件下确定了分析的主要方向,我们现在在必须把食利者引进我们的模式。从财产收入中支付的消费,其政治的和社会的重要性影响深远;可是就积累的分析而论,我们将看到,它会使论证复杂化,而无须任何本质的改变。

食利者的收入和支出

我们使用广义的"rentier"(食利者)这个名词,来代表作为财富所有者的资本家,和作为企业家的资本家相对立。我们在食利者的收入中包括股利以及利息,并且包括自己是业主的企业家交给他们的家属的钱。

利息、股利和个人利润的区别在某些方面是重要的,可是,如果我们坚持我们那种关于企业家的概念,就是企业家把他自己和他的企业等同起来都作为一种存在形式,而不作为一种用来取得财富和享受消费的手段,它们的区别就似乎不在于实际内容,而在于法律上的形式。股利和私人利润是企业的支出,和利息相类似。

支付利息的义务是一种契约性的协议,而股利和个人利润的数额是由企业家酌量决定的;可是这种义务和决定权在实践中都不是绝对的。当利润很低,利息的支付会引起破产时,债权人往往觉得宁可妥协,留着一只活鹅,希望它将来再生蛋,所以,利息支出会跟着利润波动。另一方面,股利比较不那么跟着利润波动,因为企业家不愿意减低股利,恐怕这样做会损害他们自己的信用,使得未来的借款困难,同时他们也不愿意增加股利,因为他们喜欢资金由他们自己控制。因此,利息变动的情况有些像股利,而股利变动的情况在很大的程度上像利息。同样的论证适用于私人利润。

在任何时期内,食利者的支出并不和他们在那个时期中的收入有密切的关联,因为他们拥有财富,掌握着借款的能力(财富的所有权可以用作借款的抵押,例如银行透支)。他们随时可以任意花钱,支出尽管超过自己的收入。通常地,在长期中,他们用的钱少于他们的收入;他们在节约,增加自己的财富。① 结果,在正常的一年中,企业家付出的数目超过他们的收入,他们的负债(包括

---

① 食利者的节约储蓄中一大部分是准备以后动用的——结婚后,为了子女的教育,养老,等等。动用过去的储蓄的家庭,共支出超过收入的数目,靠售出债务投资来供给(个别地或者通过保险公司售出),这吸收当时正在进行的储蓄的一部分。就我们现在的分析来说,有关系的是全部食利者作为一个整体的净储蓄。

在任何一周中,有些工人也在节约储蓄,同时有些工人在动用过去的储蓄,为了应付丧葬费等。我们简化了我们的分析,不管这种现象,只假设工资一周一周地完全用掉。

如果有些工人阶级家庭在一生中有了净储蓄,在这个范围内,他们成为食利者家庭。有些食利者家庭总是在浪费他们的财产,逐步地走进工人阶级的行列。这种阶级的转变具有极大的社会重要性,在这种转变很普通的经济里,它影响整个心理的和政治的气氛。我们为了简单明了起见,在我们的模式中排斥了这一切,可是从一种分析研究的观点来说(有别于政治的观点而言),把它包括在内,对论证不会有多大的区别。

第二十五章 利润的消费

股票在内)在这一年中增加的数目等于食利者在这一年中的节约储蓄。[①] 就长期来说,食利者越俭省(他们的支出对收入的比率越小),公司企业的对外债务对资本价值的比例越大。

从食利者自己的观点来看,节约储蓄和为了消费而用钱的区别是很模糊的。消费在购买以后发生,并需要一定的时间。购买长寿命的消费品是一种投资,某些消费品(房屋、艺术品等)部分地是债务投资以外的另一种持有财富的形式。这种消费品可以用过去的储蓄来买,或者用借款来买而以将来的储蓄偿还借款。然而,消费者的投资和企业家的投资有一种重要的区别。典型的企业家的投资是作长期打算的,如果一切按计划实现,这笔投资就会从自己的利润中得到补充更换。典型的消费者的投资仅仅意味着消费能以比未投资以前高的水平继续进行相当的时期,而不需要任何新的支出。消费品的耐久性,其重要性在于使消费比支出更稳定(耐久物品的购买从一种高水平降低到补充更换的水平,而消费不改变),可是就长期来说,维持一种特定消费水平需要维持支出,而维持特定数量的生产能力不需要净投资。

从企业家作为一个整体的观点来看,消费者的支出和消费者的节约之间的区别十分显著。消费者的支出意味着企业家得到货币收入,消费者的节约意味着企业家的货币支出超过收入,以及净负债增加。

在这方面,财务经营——银行借款、股份保证承受人的手续费等——所赚得的收入,和食利者的收入是一致的。这种赚得的收

---

① 参阅本书第 57 页注②中的数字例证。

入所不同的是，它们是执行对经济的运行可能有重大关系的那种服务的报酬，有别于单纯地占用财富；可是从企业家的观点来说，它们代表超过工资总额的支出，从这一部分中支付的开销，不管是为了私人消费或者为了投资于银行办公室、计算机等，都代表超过工资总额的收入。因此，为了积累的一般讨论，宜乎把财务的收入和食利者的收入放在一起，并且把金融业者在工业产品上的投资包括在消费的支出里。金融方面的资金投资（银行准备金等）两面都不列入。

一般地说，一个普通食利者的收入比一个普通工人的收入高得多，食利者的消费由各种不同商品构成。从一种观点来看，最好把我们的模式经济弄得精细一些，来照顾这一事实，把消费部门分为两部分，工资物品工业和奢侈品工业。可是这样做一定会使我们的说明大大地复杂化。因此，我们将采取折衷办法，大体上保持着那简单化的假设，所谓消费品总是按同样的比例购买，一方面工人的消费和食利者的消费的不同构成在论证中特别有重要关系的地方，不时地加以照顾。我们还是继续不管那由劳动收入和财产收入混合构成的中等阶级收入，以及专门职业的薪俸和业务收入。[①]

消费和节俭

食利者的支出和他们的收入的关系，对一个经济组织发展的情况有重要影响，由于它既影响商品的需求和生产能力的关系，又

---

① 参阅本书第20页。

影响企业组织的对外负债和自己的资本价值的比率。

食利者的支出对收入的比率在长期内可能会怎样变化呢？当收入对财富的比率不变（利率水平和股票的股利收益不变）时，当食利者家庭的数目跟着资本的价值成比例地增长，以致每一家庭的财富始终不变时，以及当消费方面的习惯历久不变时，支出对收入的比率就不变。

当每一家庭的财富在不变的利率下增长时，这种支出对收入的比率可能会怎样变化呢？

当我们考察某一个时刻不同家庭的支出对收入的关系时，一般会发现大体上那些年收入较高的家庭其储蓄对收入的比例也较高，从这一点可以推论，人们预期收入的增长会带来支出对收入的比例的低降，是很自然的。另一方面，可以同样言之成理地说节约储蓄的目的是增加财富，一个家庭拥有的财富越多，想要节约储蓄的动机就越少。

这两种看法都是根据一种概念，把个人作为一个具有难于改变的嗜好和习惯的家伙，不受外界势力的影响——认为每一个人生存在一种心理的鲁滨逊孤岛上，在这种孤岛上其他的人是风景的一部分，像山羊和树木一样。可是实际上消费在很大程度上是一种社会性的事，每个人的习惯受别人的行为的影响很大，所以当整个社会一起变得比较富裕时，消费会跟着财富一同增长。这种倾向，大概在一切社会中都或多或少地存在，并且在资本主义经营方式下，由于竞争的企业家的推销术的压力而格外加强。节约有几分是一种道德的努力，即使在高生活水平下也是这样，厉行节约的善良的决心，在经常受到广告和新商品的引诱时，很难保持。再则,还有一种消费方面的竞争,起因于人们想要得到别人的重视;这使得每个家庭竭力要至少维持一种外表,显示自己的境况不比来往的亲友差,结果一个人的支出引起其他人的支出,[1]正如一个企业家的技术改进引起他的竞争者也做出改进(即使在一个认为炫耀是庸俗的社会团体中,要维持高尚人士的风度而不特别引人注目,也可能花费很大)。

因此,似乎不是不合理,如果我们预期在一个特定的社会里,财富增长而食利者的节俭大体上历久不变(在不变的利率水平下),虽然他们节俭的情况在不同的社会里可能显著地不同,一切决定于原有的一般消费习惯。

节俭和利率

收入和财富的比率上的差别(利率和股利收益水平的差别)对支出和收入的比率的影响,不容易弄得清楚。我们可以想象一个典型的食利者家庭在两种不同的局面下享有同样的年收入(具有同样的对商品的购买力);在一种局面(C)中,过去、现在以及预期未来的利率都比另一种局面(A)中较高。在 A 局面中,这个家庭拥有较多的财富(因为年收入相同,而每单位财富的收益较少)。他们想要节约的动机较少,由于两种原因——他们掌握的潜在的购买力比在 C 局面中较大,而每单位财富增加的收益较少。另一

---

[1] 参阅杜森柏里:《收入、节约和消费者行为的理论》。为了另一种解释,参阅摩狄里阿尼和布伦堡合著:《效用分析和消费函数》一文,见《凯恩斯学派的经济学》。

第二十五章 利润的消费

方面,如果他们打算增加将来的收入若干,他们就必须节约较多,因为每单位财富的增加在将来收入中造成的增加较少,那时候收益较低,不可能根据任何原理来推论,说他们会怎样反应,或者,如果不同的家庭反应不同的话,哪一种类型最可能占优势。

从研究实际行为着手来探讨这个问题,也不容易,因为具有永远不同的利率的两个局面在空间或时间上一定是分开的(它们属于不同的国家或者在不同时期的同一国家),并且除了利率以外,在很多其他方面,可能彼此不同。特别是,如果实际工资在 A 局面中较高,具有特定商品购买力的一笔收入就具有较低的对服务的购买力,这影响中等阶级的支出和消费习惯的整个范型。

由于同一原因,关于利润率长期降低同时利息率也相应地降低(像在一个走向满足状态的经济中会发生的那样)对支出和收入的比率的影响,也不可能做概括的结论。问题只好暂不解决。①

利率水平的长期下降——相对于利润率而言——(像货币管理当局想要通过压低利率,补救日益萎缩的投资时可能发生的那样)已经减少了食利者在利润中分取的份额(假设股利没有相应地提高),这可能在降低消费对利润的比例方面有重要影响,比降低

---

① 参阅马歇尔:《政治经济学原理》(第七版)第 533 页;以及格拉夫著:《哈罗德先生论长期艰苦节约》一文,载《经济学报》(1950 年 2 月)。食利者的节俭行为的改变对被消费掉的利润的比例的影响,在数量上不会有重大的关系。如果利润的百分之六十被交给食利者作为利息、股利和企业家的私人收入,并且一开始就消费掉食利者收入的百分之九十,那么,把节约的比率减低一半,就会把消费掉的利润的比例从百分之五十四降加到百分之五十七。

利息在提高消费对食利者收入的比例方面的任何影响更为重要。①

预期不会持久的利率水平的降低,大概会刺激食利者的支出。一方面长期债券和股票的价格已经上涨,以致食利者全体对购买力的支配权已经增高;另一方面,债务投资暂时没有吸引力(因为根据假设,它们的价格在不久的将来会下跌),食利者可能宁愿购买耐久的货物(特别是房屋),而不愿持有一种流动形式的财富。这种现象加强利率的变动作为一种刺激或阻碍活动的手段的影响,可是,既然这种变动在特殊的短期局面下发生,这时候无论如何总有一些其他波动正在发展,可能淹没利率方面的变动的影响,所以不可能对它们的影响做出任何肯定的一般性的结论。

预期在长期内价格会上涨,从食利者的观点来看,就等于利率低于它的名义上的水平(因为预期未来货币的购买力低于现在货币的购买力),并且使低利息对节约习惯的影响(无论是什么样的影响)和人们宁愿用股票与耐久物品而不用货币与债券作为持有财富的工具的倾向相结合。②

预期在不久的将来就会完全转变的价格下跌或上涨,可能对于刺激或者延缓食利者的支出有很大影响。

---

① 食利者分得的一份利润从百分之六十减少到百分之五十时,食利者收入的百分之十被节省了,被消费掉的利润从百分之五十四减低到百分之四十五。如果同时节约的比率减低一半,被消费掉的利润的比例就会从百分之五十四减少到百分之四十七点五。

② 由于这个原因,物价上涨的预期会使债券的利率比没有这种预期时高(参阅本书第316—317页)。

社会保障

到此为止,我们一直假设工人支出的唯一来源是现时的工资,失业工人的生活由亲友的收入来维持。实际上,即使在最苛刻的时候,资本主义的经营方式总由于食利者对工人的捐助而多少变得温和一些(食利者的这种行动出于人道主义的动机以及开明的利己主义),在现代,对失业工人的救济已经通过社会保险而成为制度。我们将看到,这使我们的分析在有关长期中的积累和商业循环方面,都需要重要的修改。我们不打算在我们的简单化的模式里加上一个国家机器,可是我们将假设食利者安排了对失业工人付给一种津贴,并且这种支出不影响他们自己的开支(当失业人数多的时候,他们从特定收入中节余的数目比平常少)。

为了简单起见,我们继续假设工人不节约储蓄,因而他们的支出一周一周地总是等于工资总额加津贴。①

---

① 参阅本书第 284 页注①。

第二十六章　长期中的消费和积累

为了照顾到食利者的消费,我们的分析里需要做出的最重要的修改是,利润等于净投资加食利者的支出(食利者彼此之间的二手买卖除外)。

既然利润超过净投资,资本的利润率,在平静状态下,就不等于经济组织的增长比率。一般说来,利润率大得多。[①] 在任何特定的局面中,全部实际工资等于消费品产量减食利者的购买量。消费部门里收入超过工资总额的超过部分等于投资部门里的工资总额加食利者的支出。资本家(结合他们作为企业家和作为食利者的各方面来说)雇用一定数目的工人来维持和扩充资本财货拥有量,一定数目的工人来供应消费,另外还需要一些工人来供应这些工人和他们自己的消费。[②] 消费品的价格超过它们的工资费用的程度足以供给资本家的消费,以及投资。

---

① 例如,当下列的年度比率发生时:

	资本价值	净收入	工资	净利润	净投资
年份1	400	100	40	60	12
年份2	412	103	41.2	61.8	12.36

增长比率是每年3%,利润率是15%。从利润中支出的消费是总收入的48%,净利润的80%。

② 参阅本书第92页。

从利润中支出的消费会消耗可以用于投资的财力。然而,同时,消费的减少也许不利于积累。企业家和食利者之间有两面的关系。每个企业家个别地由于给他的工人工资较少而得利,可是由于其他企业家给他们的工人工资较少以致他失去市场而受损失;同样地,每个企业家愿意自己的妻子和股东们可以少拿一些钱,以便他可以用大部分利润来投资(或者用作公积金以备供给未来的投资),而另一方面他从别人的妻子和别人的股东的支出中得利,这些人的支出引起商品市场商品价格的上涨。

原始的停滞

消费作为积累的敌人这一方面,在全部技术剩余(产量超过必要的最低工资的超过部分)都被消费掉的那种极端的例子中看得最清楚。让我们来考虑一个实际工资水平低,只能供给最低生活,而所用的生产技术只具有最低可能的机械化程度的经济组织。(很难想象在这样的一个经济里土地可以自由占有,我们可以暂时改变我们的假设,承认土地财产权;为了现在的目的,土地可以简单地作为一种固定数量的不会毁灭的资本财货,以地租形式产生利润。)企业家和食利者的区别还没有产生,财产所有人的每年消费等于每年净产量超过工资的全部超过额。个别的家庭可能在节约储蓄,可是其他家庭的用度在超过收入,把财产转卖给节约者;也许有数量相当大的消费者投资,比如在建造庙宇和宫殿方面。

这代表原始的停滞状态,这种停滞状态通常在资本主义以前的经济中常常出现。这绝不是经济满足状态,因为,假如发生任何净投资，技术进步和日益增加的机械化程度就会开始提高生产力。

什么原因使积累不能开始呢？在这种情况下，一般地有相当大的数量的隐蔽的失业，所以在人力和物力上是可能增加产量的。任何财富所有人拥有等于许多年收入的购买力，因而并不缺少潜在的资金。所缺少的，根本上是积累的观念和一种企业家从事经营的资本主义方式。只要缺少这些，节俭就无力使积累开始。如果那些乱花钱的家庭改良了他们的习惯，开始量入为出，同时那些节约储蓄的人用钱不比以前多，唯一的结果一定是失业增加。[①]

可是在有企业家想要进行投资的时候，利润的消费使他们不能实现计划。在这样的一个经济里，当企业家出现，开始投资的时候，商品的需求就增长，因为从隐蔽的失业中吸收出来的工人，以前所消费的等于他们自己的产品的价值，现在却把他们的工资用在别人的产品上。需要经过相当时日以后，商品产量才能出现显著的增加，在这期间，如果食利者保持他们的习惯的消费标准，就没有余地可以供给工人的增多的消费。物价相对于货币工资而言上涨了，可是，因为实际工资已经处在最低限度，通货膨胀便开始了。[②] 这样，财产所有人的消费造成了对积累的障碍。

要发动一套投资的计划，必须有节俭的食利者和活跃的企业家。

在一种不那样极端的情况下，实际工资还有一些降低的余地，企业家就可能开始积累。于是利润会出现，食利者的消费会增加。

---

① 参阅本书第 310 页注①。
② 参阅本书第 59—60 页。

工人和食利者之间的争点,干脆是一个"我的越多,你的就越少"的问题。工人的消费,在最初阶段,降低的数额等于净投资加食利者的增多的消费。如果食利者变得节俭,减少消费,工人的消费就降低得相应地少;如果食利者的消费降低的数额等于全部净投资,实际工资就不变。

在这种局面下,工人的消费和食利者的消费的不同构成是很重要的,我们必须放宽我们以前采取的所谓各种商品总是按同样比例购买的那种假设,以便加以考察。如果食利者的支出的减少在于建筑较少的或者比较不那么华丽壮观的教堂,所省下来的工人可以供工业投资使用。如果食利者雇用较少的仆役,省下来的劳动又可以供投资使用。(工业劳动队伍的训练可以包括在技术进步的项目下,这种进步,当企业家学会和他们正在实行的投资有关的知识时,会自动地开始。)如果食利者放弃购买那种无论如何不在工人的消费范围以内的奢侈品,奢侈品行业中就有损失和失业,结果食利者的节俭一部分陷于浪费,不能立刻有助于积累。随着时间的进展,劳动力和生产能力会逐渐地获得适当的重新调整,结果节俭在引起一个时期的重大困苦后,会逐渐地变得对积累有用。

黄金时代中食利者的消费

现在让我们考虑一个积累已经长期在进行的经济里食利者的消费。

黄金时代的基本特征之一是商品的需求(以及因此它的产量)

随着时间的进展和经济的增长成比率的增加。在没有偏向的技术进步下，利润在产值中所占的份额始终不变。为了构成黄金时代的条件，用在消费品支出上的利润的比例必须不变。我们在关于黄金时代的讨论中，一直假设这种比例始终是零。

要维持一种不变的食利者消费对利润的比例，首先分配给食利者的一份利润必须不变，其次，食利者收入中被节约的比例必须不变（或者一方面的变动必须由另一方面的相反的变动加以抵消）。每年食利者的节余加企业组织的内部节余（未分配的净利润）等于每年的投资率，所以当这两项条件获得满足时，企业家的负债对资本价值的比率就不变；商品的需求（食利者的支出加工资总额）随生产能力而扩大；那么，就不会发生乱子推翻黄金时代的条件。

第一项条件，即所分配的利润的比例不变，如果利率不变、按固定的利息借入款项的企业家的比例不变、作为股利被分配的利润的比例（除了利息以外）不变时，就会得到满足。（这项条件也可能通过这些因素方面的可以相互抵消的变动而获得满足，例如，日益降低的利息对利润的比率恰好被日益上涨的股利的比例所抵消。）

第二项条件，即节约对食利者收入的比例不变，如果消费的标准随着财富而累进地上升时，就会得到满足（像上面讨论的那样）。[①]

只要这些条件获得满足，我们对黄金时代的分析就全部可以适用，可是要记住如果我们取消了没有从利润中支出的消费那项假设时，所谓资本利润率等于经济组织的增长比率那种说法就不

---

① 参阅本书第 288 页。

再正确。我们可以列出另一些都具有相同的利润率的(因此处于相同的机械化边界)和不同的增长比率的黄金时代的经济加以比较,消费对投资的比率越高,因此增长比率越低,则食利者的节俭程度就越差。或者我们可以列出一些都具有相同的增长比率的经济来比较,利润率越高(且机械化程度越低),则食利者的节俭程度就越差。这不过是对我们以前的分析做一精细的推敲。我们以前的比较,可以看作是从这种较为一般性的百分之百的节俭的事例中选择出来的一部分。

关于因日益增多的独占而产生的停滞状态的概念,已稍稍被从利润中支出的消费所削弱,但没有完全改变。毛利的增加意味着每一工人产生的准租金的增加。可是只有一部分利润分配给食利者,他们分得的份额中只有一部分被节约。这样,每一工人产生的准租金的增长,按每一工人计算的食利者消费的程度,少于它降低每一工人的实际工资的程度。因此,需求的增长少于每一工人的单位产值,于是剩余生产能力作为毛利增长的结果而出现。

日益增加的节俭

社会主义者的消费不足的理论是:工资在产值中分取的份额会随着产量的增加而降低,因而停滞开始。

又有一种我们可以叫作自由主义者的消费不足论,[①]它所根据的看法是节约对收入的比例倾向于随着收入而增长,不管工资

---

① 这是《通论》中的一种思想,已经由许多著作家详细阐述,特别是哈罗德和汉森。

和利润之间的分配是否变动。当食利者家庭的数目和全部食利者的财富成比例地增加，而他们之间财富的分配始终不变时，黄金时代的条件仅仅需要他们的消费习惯不变。可是，如果每一家庭的财富在逐渐增长，或者变得较为集中，消费对收入的比率不变就意味着每一家庭的支出水平不断增高。有些人认为欲望是可以满足的，因而随着生活标准的升高，节约所需要的道德努力较少；根据这种看法，人们就应该预期节约对收入的比率日益增高，这引起消费对投资的比率日益低降，接着将发生停滞。

当节俭的程度越来越高时，生产能力每一次的增加所遇到的需求的增加，都不足以按以前的利润率维持它的使用。当物价随着剩余生产能力的出现而降低时，实际工资相应地提高，剩余生产能力的数量因而减少，可是每单位产量的利润率已经降低。如果物价保持不变，每单位产量的利润率没有变动，可是每单位生产能力的产量就越发降低。在无论哪一种情况下，投资于更多的生产能力的诱因被削弱，停滞就开始了。

假如企业家们（各人考虑他自己的市场）已经预见到需求不能跟着生产能力一同扩大，投资就会预先受到阻碍，利润的降低就会更快发生。

企业家不可能从减少投资中找到出路。补救的办法是增加投资，使就业增加，工人的消费可以弥补食利者消费的不足。可是个别地从各个企业家的观点来看，在这样一种情况下，前途一定不好，增加投资看来是冒失的。

因此，增加节俭程度反而有损于己。有些食利者也许能增加他们的财富，可是就食利者作为一个整体来说，收入会降低。积累因而会延迟,失业会增加。

如果食利者的节俭可能因利率低而受到抑制的话,货币政策就能防止这种情况产生。自由党爱用的方案是通过降低利率来刺激消费(并且抵消利润前景不妙对投资所造成的不利影响)。然而,人们承认这是一种力量很弱的补救办法,既因为低利率对食利者节约的影响很有疑问,[①]又因为货币管理当局也许不可能使利率水平降低得很快,足以发生多大效果。

因此,按照自由党的理论,在每人财富日益增长的黄金时代(或具有产生着一种稳定的长期倾向的周期性积累的接近黄金时代的情况)的条件中,有一种内在的矛盾,而繁荣的经济会在奶油里自己淹死是它的无可避免的命运。

然而,这一切是以一种既定的对消费者的行为的看法为根据的,就事实的证明来说,似乎互相仿效和推销术很能够把节俭保持在范围以内(即使在不变的利率下),所以,只要企业家在积累生产能力方面起他们的作用,就能诱使食利者在消费产品方面起他们的作用。[②] 从一种长期的观点来说,认为消费不足会妨害繁荣那种自由党的理论,似乎没有得到事实的证明。

消费和失业

现在让我们考虑一个因为积累的动机不足而已经陷于停滞的经济里食利者的情况。

---

① 参阅本书第二十五章中"节俭和利率"一节。
② 参阅杜森柏里:《收入、节约和消费者行为的理论》。

长期的劳动过剩大概会引起货币工资率的下降以及货币价格的下降(除非独占在增长)。既然在以货币计算的利润的降低和结果食利者的债券利息收入的降低之间有相当大的时间间隔,既然只要每年的收入能够维持并且利率不变,债务投资的价值就能维持,同时银行存款就可以固定以货币计算,食利者的财富总额就会降低得比和它相应的资本的货币价值慢。这样,食利者的每年收入和他们的以货币计算的财富的降低,都比货币的购买力的上涨慢。因此,食利者的消费倾向于跟着货币工资的降低而增长。

再说,如果失业津贴是食利者消费上另加的东西,仅仅失业工人的存在就能产生对消费品的需求。

这样,过剩劳动的出现有助于刺激消费,因而通过提高需求(相对于生产能力而言),有助于使积累继续进行。[①]

再则,低水平货币工资(相对于食利者平均收入而言)促成家庭仆役的雇用,使失业可以隐藏在各种散工里,以致食利者的存在大大地加强那种有助于吸收剩余劳动的降低机械化程度的过程。[②] 实际上,食利者在停滞的经济里(只要利润不被压低到会拖延债务的地步)比在进步很快的经济里生活舒适得多。

这一切都有助于减轻停滞的弊病,但只能是减轻,因为,假如补救的方法非常成功,竟能消除劳动过剩,那有助于减轻劳动过剩的工资下降的倾向就会停止发生作用;通过提高食利者购买力而缓和局势的,是日益降低的工资,而不是低工资。

[①] 可是我们将看到食利者收入的存在意味着日益降低的工资对资金供给有非常不利的影响。

[②] 参阅本书第十五章"隐藏的失业"一节。

第二十七章 食利者和商业循环

食利者收入的存在使得关于企业活动的短期波动的分析复杂化,但不影响我们以前的论证的主要方向。

市面突然兴旺

当投资率在萧条后的复苏期中最初开始增加时,食利者的收入可能仍然在降低,作为早先低利润时期的余波,可是经过一个时期后就开始增长。食利者收入以货币计算的增长的比例小于利润的增长,部分地因为利息是以货币计算的固定的报酬,部分地因为许多企业家想要使股利稳定,以便他们在利润高的时候把较大一部分利润保持在企业里。针对着这一情况,债务投资的二手价格可能会上涨(利润的前途改善以后证券交易所中会发生多头活动),结果,只要食利者认为资本增值是可以用掉的收入的一部分,他们的以货币计算的用钱能力可能增加得和利润成比例,或者超过利润增加的比例。

一般说来,似乎前一种影响比后一种影响更为有力。再则,食利者可能认为市面兴旺中的股利是例外的,谨慎小心地不敢用掉。这样,利润上升时发生的食利者支出的增加对利润增加的比率,小于总支出对总利润的比率。

我们根据两种极端的例子讨论了消费部门里产量和就业的动态。在一种极端,商品的产量不变,市面兴旺完全表现在物价上涨方面。在这种时候,食利者收入的实际购买力增长得不及它们的货币价值,甚至可能下降得低于前一次萧条中的实际购买力。可以供给食利者和消费部门里全体工人的商品的产量降低的数目,等于投资部门里工人(以前失业的)的消费增长的数目。在食利者的以实物计算的购买减少的范围内,每一工人的实际工资率降低的程度相应地较少。如果食利者维持他们的以实物计算的购买(以减少节约来弥补物价上涨和他们的货币收入增长间的差额),新就业的工人的消费的全部增加,是以原来就业的工人为牺牲的。物价的上涨把实际工资降低到必要的程度,可以让新就业的工人取得他们的一份消费。

在另一极端,那里的消费部门中有很多的剩余生产能力,以致当投资增加时,物价和每人产量都保持不变,商品产量的扩张只受需求扩张的限制。

在这种时候,食利者收入的存在有助于减轻产量方面的波动。食利者收入跟着利润增加(在隔了一段时间以后),而消费跟着收入增加,可是,一般说来,似乎可以在收入比一般为高时提高节约的比例,而在收入较低时降低节约的比例,从而使食利者的节约对收入的比例在长期内大致保持不变,因而在一次市面兴旺的过程中,食利者的消费的增长不及他们的收入的增长那样多。

失业津贴的设立也会减少消费部门里产量的波动(因此就业的波动)。失业工人的支出越大,他们就业时消费的增加就越少。

第二十七章 食利者和商业循环

这些影响会降低乘数的价值,并会使市面兴旺期中消费对投资的比率大大地低于它的长期平均数,即使没有物价的上涨同时在发生作用,加以限制。

市面突然兴旺的发展过程的时间模型,由于食利者收入的存在而弄得很复杂。利润获得以后被分配出去,大体上食利者的支出会跟着食利者的收入而增长(虽然较高收入的预期,加上现在资本所得,可能使支出预先增长),所以从投资所产生的利润中支出的开支要在几个月后才发生。乘数可以说是分两层在起作用。投资部门里增加的就业,引起本星期内从工资中支出的开支的增加,可是那相应的从利润中支出的开支要到以后才出现。这样,当投资率逐月在变动时,乘数中的工资成分反映着现时的投资,食利者成分反映着几个月前的投资。这破坏所谓符合一种特定投资率的短期平衡状态那种观念的单纯性。一种具有最高限度的投资率的确定的高水平的平衡状态也许达不到,因为在消费还没有赶上投资的高峰以前,投资可能已经开始降低,结果乘数决不能同时对两方面都发生影响。

这一切增加市面兴旺所经历的各种模型的多样性,可是大体上并不影响我们已经讨论过的那种循环的主要作用。当投资增加时食利者的支出增加(经过一段时间以后),因而有助于产生一种卖方市场的条件,使投资进一步增加。当投资已经在某些关键方面达到限度,不能再增加时,消费可能继续增加一个时期,作为最近一个时期的高利润的余波,这提供需求来配合正在发生的生产能力的增加,从而延缓买方市场的出现。当食利者支出反映着市面兴旺期中所达到的最高限度利润水平时,投资不再增加,可是生产能力的增加还继续下去,因为设备还在从关键性工业的生产干线上出现。食利者支出方面的时间迟延最多只能推迟买方市场的出现,这种买方市场使突然兴旺的市面告一结束。

市面暴跌

市面暴跌发展到什么程度才会停止,这一点很受食利者的存在的影响。某些食利者家庭的实际收入在市面暴跌后比在最近的市面兴旺中高,因为货币收入(来自固定的利息)不减少而物价已经降低。这些家庭的以实物计算的支出在暴跌的末期大于初期。另一些家庭的货币收入减少的程度超过物价下跌的程度(并且他们的债务投资的价值可能由于证券交易所里一种看跌的动向而减低),可是他们宁愿减少储蓄而不削减消费。因此,当投资率最近已经降低的时候,食利者消费对投资的比例高于长期的平均数,这是一种重要的缓冲因素,可以限制市面暴跌的深度。

失业津贴也提供一种缓冲。失业工人的支出对就业工人的工资的比率越高,失业增加时需求就减低得越少。①

在我们以前的分析里(没有从利润中支出的消费),市面暴跌中能遏止一蹶不振的颓势的,只是物价的降低和实际工资的上涨,所以,假如物价保持不变,市面萎缩不振的程度就会没有限制。食利者支出和失业津贴,即使在物价不变的情况下,也能发挥相当的

---

① 有一个时候资本家反对"失业津贴",认为它违背严格的资本主义经营方式,可是20世纪30年代的大萧条的经验使他们体会到失业津贴是一种有益的缓冲,可以缓和需求的降落,同时又能防范政治风潮。

作用，制止市面的进一步萎缩。另一方面，投资降低时食利者的支出倾向于维持现状（以及失业津贴倾向于增加）这一事实，可以遏止物价的下跌，因此这些缓冲因素的作用部分地是替代上涨的实际工资所起的缓冲作用，部分地是加强和补充这种缓冲作用。

在收入日益降低的情况下维持消费，主要大概是在不能经久的物品和服务方面，至于对耐久的消费品的需求则急遽地下降（食品方面的支出比衣着方面的支出减得较少，衣着方面的支出又比汽车方面的支出减得少些）。消费模型中耐久物品的比例高，会增加消费的不稳定。当分期付款购买办法普遍实行的时候，这种影响格外大，结果现在的收入一部分已被指定用来偿付过去购买的物品。

日益增长的财富在长期内总使耐久物品方面的支出所占的比例越来越高，在这个范围内它使支出的水平（虽然不是消费的水平）随着财富的增加在短期中越来越不稳定。

萧　条

食利者和企业家之间的关系的两面性，使萧条的发展复杂化。一方面固定的利息支付维持了食利者的收入，从而有助于维持对消费品的需求，可是另一方面，它增加了企业家财政上的困难。这种利息支付有助于缓和市面暴跌的初期冲击力，可是也可能由于债务拖欠和破产事件而引起以后食利者消费的进一步减少。这些也影响总投资，以致最初的一次暴跌以后也许会接着来一个时期的进一步逐渐下降,或一系列继发性的暴跌。一般说来,恢复来得越迟,活动水平降得越低。

萧条期中货币工资下降的影响也是两面的。只要初次暴跌以后物价是逐渐下降的,以实物计算的食利者的开支就会增长(并且如果失业津贴是固定的货币数目,失业工人的消费也会逐渐增长),可是企业家身上日益增加的实际的债务负担可能使总投资更进一步减少。

关系到货币制度方面,这一点也很重要。物价急遽下跌可能使银行破产,因为它们的负债(存款)是固定以货币计算的,而它们持有的债务投资在按货币计算的利润降低时价值降低了,另一方面它们以前放出的贷款的债务人也许不能偿还。关于银行的偿付能力的谣言会使存户争先恐后地去提款,如果银行关门,大批的消费者购买力就暂时不能流通(如果不是永远损失掉),而这会使需求和利润发生更进一步的剧烈的下降。①

这大大地加强了我们以前的论点,即在货币工资最可能降低的时候(萧条时期),工资的降低,作为一种减少失业的手段,最不会有任何效果。②

循环和倾向

从利润中支出的消费,在形成商业循环中的长期积累倾向方

---

① 凯恩斯:《劝说集》第 168 页。
② 可以参阅下面"消费者的投资"一节。

面,起着重要的作用。每次市面突然兴旺以后,由于兴旺期中发生的储蓄,食利者的财富和消费能力总有所增加。因此,每次暴跌中跌势停止时对消费品的需求的水平比上一次高;只要萧条不十分严重,不发生破产等事件使增加的食利者财富完全消灭,每次复苏开始时的产量的水平就比上一次高。

这种倾向因失业津贴的设置而加强。在市面兴旺中,由于新投资进入改进了的技术,每人产量提高了,并且人口可能在增加,以致在每次萧条中,一定的产量水平会带来较多的失业和较大的失业津贴支出。因此,带来一定的投资水平的消费额,在每次萧条中都比上一次萧条中的消费额大。

这两种影响相互补充,并抑止商品产量的降低,其抑止点在每一次暴跌中都比上一次暴跌中高。每一次暴跌中,在卖方市场再出现以前必须加以破坏的生产能力的数量,就少于前一兴旺期中所增加的生产能力的数量,而长期内的积累在逐渐形成。

消费者的投资

我们知道,消费品的耐久性会扩大那随着企业家投资方面的波动而来的需求方面的波动。它本身也可能产生波动。在房屋方面——最大和最耐久的一种消费品——这一点特别重要。当房屋的供给由于某种原因已经跟不上需求时,房屋对企业家(投机性的建筑商)来说是一种可以获利的投资,并且也适合消费者的需求,这些消费者急于要购买房屋,动用过去的储蓄(通过卖出债务投资)或者动用必须用未来储蓄来偿还的现在借款。建筑工业的关键设备如达到了生产能力的限度,[①]房屋的缺乏就可能继续一个相当长的时期。当新建筑的数量超过旧房屋倒塌的数量以及陆续发生的新需求的数量时,房屋缺乏的程度就会减轻,相当时期以后房租开始降低或者出租变得比较困难,消费者的新订单的数量赶不上老订单完成的数量。于是建筑率就会降低。

房屋建筑方面就业量的增加,和企业家的投资的增加对商品的需求有同样的影响;它可能有助于造成一般商品的买方市场,因而诱致企业家的投资。所以房屋建筑的增加可能发动一般的市面兴旺,或者房屋建筑的减少可能促成市面的暴跌。

食利者家庭的房屋建筑可能因货币工资普遍降低而受到刺激,这种工资下降会减少房屋的建筑成本(相对于食利者的收入而言)。建筑也容易受利率下降的影响。借款的代价较低,会促进消费者的投资;利率水平降低,会提高现有房屋的价值(相对于建筑新房屋的费用而言)。因此,在房屋建筑构成总产量的重要部分的场合,日益降低的工资和利息对于刺激就业可以起一些作用。这对于从萧条中引起复苏以及减轻停滞也许都是重要的。

在长期内,总收入的一定数目的增加,加上人口的增加,在严格的资本主义经营方式下,所造成的房屋的增加少于少数人的总收入的增加;因为,虽然人数的增多会增加房屋的需求,每人收入的增多也会增加偿付的手段,且后者没有前者还比前者没有后者有效得多。另一方面,如果严格的资本主义经营方式由于社会良心和政治压力而已经有所改变,则为工人提供一定标准的住房,可

---

① 参阅本书第 233 页注②。

能部分地要由食利者来负担(通过捐税),所以仅仅需要的存在就会在某种程度上产生有效需求。

当人口在增加而居住的标准不降低时,建筑方面的投资率在长期内会跟着劳动数量的增加而增长,正如当人口在增加而技术不变时设备方面的投资会增长一样。居住标准的提高会造成一种投资的高峰(在消除贫民窟等方面),这种高峰和那种由一批耗费资本的新发明所产生的投资的高峰有些类似。在一个先进的经济里,对污秽越来越大的厌恶会刺激房屋及其他卫生设备方面的投资,从而在企业家的积累开始衰退时有助于避免停滞。

食利者的消费和实际工资

在特定的投资率下,实际工资水平越低,食利者的消费就越大;或者,在特定的实际工资率下,食利者的消费越大,不须压低工资率就能实现的投资率就越小。另一方面,在任何特定的局面下,食利者支出增加,就会增加商品的需求,结果(除非当时已经实现绝对的充分就业)会增加就业。对实际工资总额的影响,决定于商品供给的弹性。如果在食利者的支出增加以前已经形成买方市场,物价即使上涨也很少,每一工人实际工资降低的程度不够和就业的增加成比例,结果实际工资总额就增长。当食利者支出的增加在一种卖方市场里实现时,它压低实际工资的程度(由于使物价上涨,相对于货币工资而言)会超过它增加就业的程度。

食利者消费和工资之间这种双重关系引起许多混淆,并且使人怀疑食利者的节俭是否有助于工人的利益。然而,主要的问题十分简单。当投资无论如何在维持着高水平的就业时,食利者的额外消费在短期内对工人总是有害的(由于使实际工资降低);如果这种额外消费达到足以引起通货膨胀而要用减少投资来加以遏止的程度,则在将来也是有害的,因为它会阻碍积累。当投资率低而萧条状态存在时,食利者的额外消费在短期内对工人是有利的,因为它会立刻增加就业;在将来,由于减轻买方市场的强度,它有助于促进积累。

这同一论点,从长期的观点来看,也能适用。在一个市面上涨的经济里,如果生产能力赶得上可供使用的劳动,食利者越节俭,积累的速度和实际工资的长期增长的速度就越快。在一个陷于停滞的经济里,食利者的节俭只会使情况变得更坏。

约翰逊博士爱说富人的奢侈对穷人有利。[①] 在一个经济里,如果有大量的劳动后备军在乡村里的隐蔽的失业中存在着,并且工业革命的奋发有为的企业家还没有发动积累,约翰逊这种说法是适用的。

在现代,在萧条期中或者当日益增长的垄断和越来越弱的积累动机使经济组织面临停滞的危险时,奢侈品支出,作为一种补救失业的办法,比军备支出更为可取,但显然不如工业生产能力或社会福利事业方面的投资有益。

[①] "你们在奢侈品上用钱决不会对穷人没有好处。不但如此,你们把钱用在奢侈品上,比把钱给他们,对他们更有益;因为,你们花钱买东西,使他们勤奋努力,而把钱给他们,使他们游手好闲。"鲍士威尔:《约翰逊传》第3卷,第298页(及第132页)。

第二十八章 食利者和资金供给

单独的一种食利者收入的存在(有别于对企业家家属的津贴)意味着资本积累的很大一部分一直是靠和利润的再投资对立的借入款项来供给资金的。一般说来,我们关于过度投资和借钱以及灵活偏好和货币政策的分析不因食利者的存在而受影响。可是在某些方面,财富的一大部分在企业家的直接控制之外(以及这部分财富随着食利者的节约储蓄而不断增长)这一事实,通过它对资金控制的影响而影响积累。

借钱的形式

在现实中所有的多种类型的债务投资中,我们只选择两种代表,包括在我们的简化模式经济里面——固定利息的债券和普通股份。企业家除了用这些形式借钱以外,还可以向银行借钱;食利者除了持有这些财务投资以外,还可以在银行存款;银行既持有债券,又放出贷款。为了保持作为一种债务投资的货币和作为一种交易媒介的货币的显著区别,我们继续假设不使用支票,不贮藏钞票。

任何一年中企业家不得不付出的利息的数目,决定于他们过去借钱的条件，而和现在的利率或现在的资本价值没有十分肯定的关系。然而，我们假设债券随时能买进，所以利率的永久降低意味着企业家能够大量借入，用借来的钱还清债券，这样把他们的债务改成一种代价较低的形式。当资本财货的重置成本降低到过去成本以下的时候，企业家可以用折旧基金的多余部分来赎还债券，结果，通过一种逐渐处理的过程，把未了债务保持得和资本的价值一致。

一个公司的全部资本在法律上属于股东，可是我们假设全部资本受企业家的控制，这些企业家只以企业家的身份和公司发生关系，他们付出的股利远不及纯利润的数目（虽然他们可能实行一种股利平均化的政策，使股利和长期中的平均利润发生关系，而不管逐年的利润怎样）。付出的股利的数目，部分地是不完全竞争的一种现象。幕外股东（作为和实际上控制公司的幕内股东对立的一种人）[1]宁愿分得股利而不愿享有法律上对未分利润的所有权（暂时不谈捐税问题，实际上捐税打乱他们选择的标准），而任何一个企业家在对待股东方面必须和其他企业家大致同样的慷慨，否则他以后要发行新股票时就会无人承受，甚至可能引起现有股东的反对。同样的理由也适用于企业家们的妻子。我们假设已经有一种传统使得企业家可以保留相当大的一部分利润不加分配，并且这一部分所占的比例，由于争取幕外股东和企业家喜欢有自备资金供给投资这两方面矛盾的牵制，而保持得大致不变。

---

[1] 参阅本书第 16 页。

节俭和资金的供给

抵消掉食利者相互间二手财产的交易以及企业家相互间的贷款,我们可以考虑企业家们作为一个整体和食利者作为一个整体之间的交易。食利者从企业家那里收进利息和股利,而付钱给他们换取消费品。在任何一段时期内,比方说一年,食利者收入超过他们的支出的数额(就是,他们的节余)和企业家的支出超过他们的收入的数额(总投资超过准租金的超过额,作为折旧基金和未分配的利润而留在企业家手里)是同一回事,假设工人们既不节余也不亏空或动用储蓄,并且把社会保障津贴包括在食利者支出之内。这样,在一年内食利者财富的增加等于企业家的债务的增加。

必须提防思想上的混淆,不可认为食利者的节俭行为就是供给投资用的资金。[①] 在节俭有助于投资的范围内,它是通过在通货膨胀限度以内留出较多的余地来帮助投资的——节制消费,可以说,解放了人力供投资使用。节俭有助于投资,并不是由于供给资金。就资金供给来说,食利者支出,由于产生利润,比节约储蓄更直接地提供资金,节约储蓄使企业家在他们要维持未来的投资时不得不借钱。

当食利者节约对净投资的比率,在任何时期中,超过以前存在

[①] 这种混淆在大战期中的"储蓄运动"里表现得很清楚。公众有一种印象,认为需要用储蓄来"偿付战争的费用"。一个受人尊重的政府在寻找支付手段方面没有困难,在一种严密的货币制度下,政府能使它借款的利率大致符合它的愿望。储蓄运动的目的是诱导公众节制消费,从而缓和需求对民用物品的有限供应的膨胀性的压力。

的债务对资本值的比率时,这种比率在增长,因为债务的比例的增加(等于食利者的节约)大于资本值的比例的增加(净投资)。企业家们(作为一个整体)的借钱能力就渐渐缩小,因为,在典型的情况下,利润中已经指定用于支付利息的那一部分利润已逐年有所增长,或者利得超过股利(按以前的水平)的差额已经降低,结果对贷款人或者新股东提出的保证已经不如以前有效。相反地,如果食利者节约对净投资的比率小于负债对资本值的比率,企业家的借钱能力就越来越大。

为了在长期内维持一种稳定的积累速度,食利者节约对利润的比率必须不增长。(我们知道,因为需求对生产能力的关系,这也是必要的。)[①]

灵活性偏好和资金供给

食利者情愿借钱给企业家的心理也必须不减低。我们知道,未来利率的变化无常使得人们想要以一种灵活的形式持有财富。[②] 总的说来,食利者对灵活性的偏好大概不及企业家。一个企业家在他持有未投资的资金(折旧基金和公积金)时,一般地预期在不久的将来就要动用,用于补充资本、支付股利或者实行新的投资计划,将来需要动用时本金的完整无恙比在这期间要取得的利息更为重要。另一方面,许多食利者希望永远不需要动用他们

---

① 参阅本书第 298—299 页。
② 参阅本书第 41 页和第 265—266 页。

的资本,他们主要关心的是它所产生的收入。他们对于保障的缺乏非常敏感(担心别人拖欠),需要很高的收益来引诱他们持有不大靠得住的借款人的债券,可是他们对于灵活性的缺乏却不那么敏感(担心由于利率普遍上涨而损失资本价值)。[1] 然而,他们对灵活性的确仍有偏好,喜欢以银行存款的形式持有一部分财富。因此,食利者财富的每一点增加(由于节约)产生较小的对债券的需求的增加:为了保持债券的收益不变,银行必须让银行存款总额跟着财富总额而增加。他们这样做,给食利者提供他们所需要的具有灵活性的债务投资,并且把食利者储蓄和食利者贷出的差额借给企业家(直接地或者通过买进二手债券)。

如果银行不能这样做,债券利率就会有上涨的长期倾向,使得企业家新借款的代价较大,因而阻碍积累。

食利者在任何一个时候是否愿意持有证券,在很大程度上取决于舆论的状态。在这方面金融系统的措施容易不利于稳定,因为正是使企业家对未来利润怀疑的那些原因,使食利者怀疑债务投资的价值,所以正是在需要尽可能促进投资、取得稳定的时候,利率会上涨而借钱变得更加困难,正是在投资最不需要刺激的时候借钱最容易。

物价和资金供给

食利者收入的存在,大大地提高一般物价水平变动的重要性。

---

[1] 参阅康恩:《漫谈灵活性偏好》一文,《曼彻斯特学派》(1954年9月)。

付给食利者的钱和过去的利润有关,所以在以货币计算的利润上涨的任何时期内,食利者在现时利润中分得的份额是非常低的,在利润下降时则相反。货币工资和物价方面普遍的比例的上涨或下降,使得以实物计算的总利润不改变,可是降低或提高食利者的份额(除了由于财产清单上虚构的利益或损失而有利润的分配过多或过少)。[①] 我们已经看到,就消费来说,这可能意味着工资的增长会减少就业,工资的降低会增加就业。可是现在我们必须考虑它通过对资金供给的影响而产生的对就业的影响。工资和物价日益上涨的时期是纯利润高的时期,既然(在工资上涨以后)纯利润增长的比例超过工资增长的比例,即超过了资本财货的成本增长的比例;资金因此比较容易取得——一项特定的以实物计算的总投资,需要从外面新借入的数目较小。在日益降低的物价下,情况相反。那么,似乎是(在竞争的条件下,当物价跟着成本降低时)货币工资的降低,从企业家作为一个整体来说,是不相宜的,因为它增加他们必须付给食利者的那笔钱的实际价值。这是在资本主义经营方式下产生的最古怪的矛盾现象之一。在阶级利益的对立中,被作为积极企业家的资本家在相当范围内是和工人站在一边的,其对立面是被看作为消极的财富所有人的资本家。

这种现象会削弱甚至完全改变日益降低的货币工资刺激投资的倾向,因而进一步妨碍剩余劳动自己使自己就业的那种机械作用。

另一方面,当银行实行任何一种能自动调整的政策(在这种政

---

① 参阅本书第 55 页。

第二十八章 食利者和资金供给

策下,人们对实际流通的货币的需求减少就会使利率下降)时,货币工资的减少可能会使资金比较容易取得。

最后,预期物价会不断下降,使固定利息的债券对食利者有吸引力(恰恰同股票和不动产相反),同时使企业家比较喜欢银行的短期借款,结果对债券的需求提高了(相对于债券的供给量而言),债券的利率倾向于比预期物价上涨时高。①

降低利率在促进投资方面有一些影响(虽然影响大概很微弱)②,同样,货币工资的降低对投资有一些有利的影响,可以抵消食利者对企业家的债权的实际价值的增长以及物价下降的使人灰心的前景等不利的影响。

这些现象都与工资日益降低的过程有关;如果工资在一种水平上已经维持了相当时期,不管按任何一种绝对标准来说是高还是低,债务的价值已经调整得适合于资本的价值,工资和物价的绝对水平除了影响表示价值的名义(英镑的数目)以外,没有什么其他的影响。

---

① 凯恩斯否定这一点(《通论》第 142 页),可是他的论证非常含糊。
② 参阅本书第 278—279 页。

第 六 篇

土　　地

第二十九章 土地和劳动

从一种历史的观点来看,我们讨论资本而不提到土地,是本末倒置。作为一项生产要素,土地是最重要的;一种技术性的粮食过剩是积累的第一必要条件。再说,像我们在知更鸟身上看到的那样,土地使用权方面的财产是原型的财产形式。社会的全部结构受到有关土地所有权和遗产继承的一些规章制度的影响。工业社会继续实行了适合于农业的规章制度。(这往往产生不正常的结果,例如巨大的财富归于一块块土地的所有人和他们的子孙,在这些土地下面已经发现了矿物或者在这些土地上面兴建了城市。)土地所有人(不管是贵族、农民或者拓荒的人)的习惯和传统感染了工业社会,影响了它们的发展。关于土地的作用的分析,即使在一个高度简单化的模式经济里,也需要单独用一大部书来写。在这里我们将仅仅指出这个问题中和我们的主题有密切关系的某些方面。

边际产品

不可能想象一个经济没有一种管理土地使用权的规章(连亚当·斯密所说的打海獭和鹿的猎人也一定有他们的习惯的猎

区[①]），可是在土地充裕（像我们到现在为止在我们的模式中假设的那样），人人要经营多少就能经营多少的场合，所采用的生产技术是那样，以致取用更多的土地也不能给一定数量的劳动增加产量。[②]

然而，通常的事态是土地稀少（相对于可用的劳动而言），结果所用的技术是：每亩上所花的劳动少，每人产量就少，每亩劳动多，每人产量就多。这种情况我们通常用下列说法来表达：当劳动对土地的比率增高时，劳动的边际产品就减少，而土地的边际产品就增多。

我们将看到，关于实际资本比率和机械化程度的各种等级的分析跟一种关于土地对劳动的比率的差别分析的结合，有些被复杂化了。我们将首先去掉技术上的不同，以便能够集中于土地对劳动的比率。

我们假设每亩的实物资本总是由技术条件很严格地规定的。[③] 每亩总是用若干种子；某些沟渠是老早挖掘的，现在还保持畅通；等等。土地都是一样的，生产的时期（收成周期的长短）决定于自然（季节的进行）。再则，劳动的单位是"工年"，使我们可以不管一年内工作的时间模型（一个工人有时比较忙，有时比较闲，可

---

① 《国富论》，第六章。

② 在某些情况下，也许用种种技术，使特定的劳动力量可能从较小的土地上取得较大的总产量（土地的边际产品是负数）。人们想要取得对土地的权利，既是为了产品也是为了权利本身，如果当时的规章要求土地所有人必须表现出一种耕种这块土地的模样，而劳动的供给有限，他可以把劳动分散地用在较大的但是不能产生最高产量的面积上。而且，空地由于孳生莠草、野兔、老虎等，也许会减低邻近耕地的生产力，以致需要一些费用仅仅为了把土地的边际产品保持在零点。

③ 可以用这样的说法来表达，就是，任何一种资本财货的边际产品，当它的每亩数量提高到接近一定程度时，就会突然降到零。

第二十九章 土地和劳动

是雇主在淡季中不能把他暂时解雇,因而工资支出的时间模型在一年内是一律的;对一个自耕农来说,劳动时间只是全年按每天二十四小时计算,不管他每天睡多长的时间)。

这样,我们就能确切地说明劳动的边际产品:它是由于在特定的一块土地上添用一个工年的劳动而增加的那部分总产量。① 在特定的一块土地上使用的人手增多,每人的平均产品就减少,当使用 $n+1$ 人的时候,劳动的边际产品是 $n+1$ 人的平均产品减 n 乘 n 人的平均产品和 $n+1$ 人的平均产品的差额(n 这个数目大得足以使 $n+1$ 人的平均产品和 $n-1$ 人的平均产品的差额微不足道)。同样地,我们可以说土地的边际产品是特定的劳动力量多耕种一亩土地时对总产量的增加。它是耕种 $n+1$ 亩时的每亩平均产品减 n 乘耕种 n 亩时的每亩产品(种得比较集约一些)和耕种 $n+1$ 亩时(种得不那么集约)的每亩产品的差额。②

应该指出,在我们假设的情况下,总产品是等于各项要素的边际产品的总和乘以该项要素的数量。③ 这可以从下面的说明中看出:假设经济组织失去一小块土地。产量减少的数目是土地的边际产品乘以失去的面积,这笔损失等于土地的产品减由于把失去的土地上省下来的劳动用在其余的土地上而增加的产品。这增加的部分(由于稍微增加其余土地的深耕程度)等于劳动的边际产品

---

① 在一年中这个工人生产他需要的无论什么资本财货。牧羊人用树枝做成一根牧羊杖。参阅罗伯逊:《工资的不平》一章,《经济问题鳞爪》,第 46 页。

② 土地的边际产品乘以特定的劳动力量所占用的面积(这等于劳动的平均产品和边际产品的差额乘以使用的人数),有时候叫作那块土地的"真正经济地租"。可是我们将照通常的意义来使用地租这个名词,作为土地的租赁价格。

③ 这是应用尤拉定理。参阅魏克赛尔:《演讲集》,第 1 卷,第 127 页。

乘以省下来的人数。因此,假如土地和劳动都损失掉,而两者之间的比例仍然保持不变,产品的损失就会等于土地的边际产品乘以失去的面积加劳动的边际产品乘以失去的人数。假设每人(或每亩)的产品和总产量没有关系(就整个产量来说,没有什么大规模生产的经济或不经济),全部产品可以这样来说明。①

如果可供经济组织使用的土地总面积(连同相当的资本财货)是已知的,并且土地是稀少的(在其具有正数的边际产品的意义来说),总劳动力的增加只有通过更为集约的耕种(更彻底的除草等)才可能增加产量(当土地都是一样的时候)。当土地的质量不同时(每一亩都拥有自己的资本财货),如果把特定数量的劳动力适当地分用在这种土地上,从全部面积取得最高限度的产量,可能就会把人力比较集中地用在较好的土地上。劳动力量较多时,全部土地耕种得比较集约,这也许需要把劳动分用在一些低级的土地上,这种土地在劳动力量较少时一定是不去耕种的。

假设没有大规模生产的经济合算(由于总产量较大时土地和劳动需要较大程度的专业化),劳动人数较多时的每人产量小于劳动人数较少时的每人产量;劳动对整个经济的边际产品少于平均产品(因为平均产品随着人数增多而减少),并且在一定的劳动人数时边际产品是零。

这是有名的土地报酬递减律的根据。

在特定的技术条件下,总产品在工人和财产所有者之间的分配,第一决定于他们的关系怎样组织,第二决定于劳动对土地的全

---

① 参阅下章,第 343—344 页。

面比率。

我们将首先讨论一种原始的农业经济,那里使用着简单的传统技术,资本财货居于次要地位,所以我们可以把技术条件看作接近于上面的假设;接下去我们将讨论在不同的有关财产的规章制度下,在特定的土地上人口变动的影响。

自由的土地所有者

自由的农民,耕种自有的土地,享受自己工作的全部成果,他们是食利者、企业家和工人三者合而为一。这一种经济里全面的要素比率决定于人口统计(人口对土地的关系)。各个家庭间收入的分配也许很不平均,决定于各个家庭每人平均拥有多少土地。有些人拥有土地太多,如果自己耕种一定会弄得边际产品很少,他们就可以把其中一部分租给别人,那些人在经营自己所有的土地以外还有多余的劳动时间可以利用,而不会弄得劳动的边际产品很少。这时候就有一种使整个经济里劳动的边际产品相等的倾向。可是没有使每人的收入相等的倾向。相反地,那些收入水平(得自在自己的土地上的劳动和可能也得自出租的土地的租金)可以容许节约储蓄的人,可能从那些由于贫困或者干劲不足而消费超过生产的人的手里购得土地。土地财产的成果在各所有人之间的分配,是按照当时有效的一些家庭内部规章准则进行的。

在这样的一个经济里,在特定的土地范围内人口的增加会减少每人的土地,因而也减少每人的产量。每人平均收入超过劳动的边际产品,并且(在稠密的人口下)劳动的边际产品很可能是零甚至是负数(把土地财产在较多的工作者之间分裂开来,会减少总产品)。

在这里工资和利润的区别没有意义。然而,可能有利息。有些家庭在任何一年中也许消费少于生产,同时其他的家庭可能以土地作抵押借钱来增加消费。资本财货方面所有的投资(比方说,饲养牲畜)大部分是从当地土地的产品中支付的,对贷款的需求没有什么影响。因此,利率和技术条件的关系很少,利率水平逐年不同是由于贷款的需求(来自一些困苦的家庭)和贷款的供给(来自那些他们自己的产品超过他们要消费的和在自己的土地上投资的数目的家庭)之间偶然的关系。①

地主和小农

在土地由一个特殊集团的许多家庭所有(他们的所有权起源于过去的历史并且在现时的规章制度下被确定)的场合,他们可以把土地租赁给生产者,从而取得地租。我们将假设由小农户提供劳动,他们自己有少量的资本财货(耕犁、牲畜等),用一次一次收成中剩余的东西应付他们自己的消费。当地主的传统不允许地主们彼此竞争佃户时,地主们可以按照自己认为正确的水平酌定地租:如果他们不顾一切地利用自己的权力,他们往往把地租规定在

---

① 没有逻辑上必然的理由,为什么利率应该是正数而不是负数。如果富有的家庭特别多,它们的产品超过它们要消费或者能方便地在自己的土地上投资或贮藏的数量,可是它们要把消费能力留到将来,那么,就会产生一种将来的物品对现在的物品的贴水和负利息。

然而,实际上在这种类型的社会里,婚丧大事中铺张浪费的习尚,通常会产生足够的对贷款的需求,使得利率总是正数,而且过高。

第二十九章 土地和劳动

一种仅够佃户维持生活的水平上。① 于是他们享受生产的全部技术剩余。人口的增加,会减少每人剩余,可是会增加地租的总额,直到增加一"工年"的工作所产生的对总产量的增加仅够维持这个人的生活(劳动的边际产品等于最低限度的生活需要)。② 于是,人口不能进一步增长,地租达到技术上可能的最高限度。人口的减少,会降低地租总额,而不改变小农的每人收入。

当地主们争取佃户,佃户们争取土地时,地租水平决定于供求。任何时候,一个农民总面临着一定的以产品计算的地租水平。如果他认为他的家庭从耕种更多的土地中所能获得的产品的增量可以超过地租,他就会要求增加他的租地。如果他发现减少租地以后所能省的地租超过由于耕种较少土地而损失的产品,他就会减少租地。(他会调节他家庭的土地的边际产品,使其适合每亩的地租。)过多的土地需求驱使地租上涨,直到没有人再要土地为止,或者需求的缺乏使得地租下降,直到所有的土地都有人承租为止。因此,地租的水平(在特定的技术条件下)决定于劳动的数量。

人口的增加驱使地租上涨,缩小每块出租土地的面积,减少每人平均产品,并减少每个农户的产品超过地租的超过额。当每人收入减少到最低生活需要的水平时,农民的生活不比在地主的独占下好,地主的收入并不更坏,因为他们在竞争。

---

① 我们假设地租是用所出产的实物支付的。另一种制度是以工抵租,就是,一部分土地的地租是由佃户在另一部分土地上无偿地工作来抵付的。这种原则在这里适用。留给佃农的劳动时间仅够他们维持最低生活。

② 当然,实际上这是一种很空泛的观念——一个人"活"得好坏的程度可以有差别——可是这里我们只想说明大概的原则,并且把例子弄得比事实更尖刻一些,可以看得比较清楚。

人口的减少会减少地租总额,提高农民的每人收入。这样,当人口的数目少于劳动的边际产品等于最低生活需要的水平时,地租总额在独占下比较高,可是当人口已经达到这个规模时,对土地的竞争的需求会规定和在独占下会出现的同样的地租水平。(这是我们在短期分析中所发现的那种原则的一个例证,这原则是,在卖方市场里,不需要用独占来维持物价。)[①]

资金供给

上面这个经济(尽管似乎是一种假想的经济)里的小农是一个向食利者租用土地而雇用自己作为工人的资本家兼企业家,因为他在为自己的生产提供资金。他的收入不是一种工资,可是相当于工资加资本的利润。如果我们假设他自己没有粮食的储备,不得不向一个商人借钱维持他的家庭在两次收获之间的生活。当地租处于最高限度时,农民的每人收入无法再低,因为已经是最低生活需要,可是如果商人向农民收取借钱的代价,能在特定的地租水平下生活的人就更少。人口受到抑制,地租水平因此被压低到足以留下余地来支付利息。总之,产品减地租等于工资加利息支出(劳动的边际产品等于每人生活需要加利息支出)。[②] 利率水平决

---

① 这种类似不是偶然的,因为短期中固定的设备供给类似那永远固定的土地供给(这是准租金这个名词的来源——总利润被看作一种由于设备的稀少性而产生的租金)。
② 我们知道,边际产品乘以各种要素的数目可以说明全部产品。资金在这种意义上不是一种生产要素,它本身没有边际产物,虽然在假设的条件下,为了维持劳动队伍的存在,资金是必要的(参阅本书第348—349页)。

定于商人们手里可以动用的资金的数目,[1]因为利率水平稳定在有足够的农民来使用所有的资金的一点上。所以,资金增加会引起利率下降、人口增加(每人收入不变)和地租上涨。

当农民自己供给资金而不依赖商人时,一种利息(或者不如说是利润)的成分隐藏在他们看来似乎是来自工作收入里面。可是当人口很多以致地租吸收了全部技术剩余时,农民的收入中这种假想的利息已经降低到等于零。

地租和工资

现在让我们来考虑地主们雇用农民,每周用实物付给工资,进行生产的那种情况。这时候地主是一个企业家他从自己的利润中付地租给作为食利者的自己。[2]

在竞争和特定的人口下,工资水平决定于地主们用掉的资金(以上一次收成到这一次收成结余的形式)的数目。我们将假设现在资本没有积累也没有减少,因而可以动用的以实物计算的资金总额始终不变,并且为了使论证简单起见,我们不管由地主供给的种子或工具那种资本财货。当一处特定的地产上每人产品超过每人工资时,就值得在这块土地上使用更多的劳动,可是可供使用的总人数是固定的。当劳动的需求超过供给时,地主之间争取人手

---

[1] 假想的利息在这种情况下保持在非常高的水平。可是这主要地是一种使农民永远负债的手段。实际上被榨取的利息不能超过最低生活费和地租的差额。

[2] 论证中加入农民,更加复杂,但实质不变。农民供给大部分经营管理、一部分工作和一部分资金。他们的收入是利润和假想工资的混合物。

给自己种地的竞争会迫使工资上涨。工资增长意味着(以收成前垫支的形式)对特定人数的劳动队伍的较大的资金支出;[1]或者当劳动供给超过需求时,工资会降低,特定的资金会提供较多的就业。因此,实际工资水平往往稳定在可供使用的资金总额(以实物计算)恰好足以雇用全部劳动力的一点上。[2](这不过是用一种比较简单的形式,复述我们对资本和工资的分析。)

在特定的工资水平下,总剩余是年总产品减当年的工资支出。这种剩余在土地所有人和资金所有人之间怎样分配呢? 一个地主,如果相对地来说他的资金比他的地产大,那他就不能在他自己的土地上有利地使用他能雇到的所有劳动。他愿意租用土地,只要地租不超过由于在较多的土地上使用他的劳动队伍而产生的总产品的增量。我们将假设地租可以后缴,所以不必由佃户供给资金来垫付。一个在相反情况下的地主愿意借入资金,以便能够在自己的地产上雇用比自己的财力所许可的更多的劳动,只要每人工资加利息不超过他能从土地上得到的产品的增量。这样,对土地和资金的供求作用造成一种局面,使得地租水平等于土地的边际产品(用特定的劳动人数),而劳动的边际产品等于每人的工资加利息(这种局面和商人供给资金的局面相似)。

利息总额等于总剩余减地租(假想的地租和利息归于由所有人自用的土地和资金),资金的利率是这样决定的总利息支出(以

---

[1] 同样的原则适用于连续不断有作物收成的场合,可是在那里工资的上涨需要一笔对在制品的投资,大致等于生产期中工资支出的增加数目的一半,而在每年只有一次收成的场合,垫支的增加一定等于一年工资支出的增加。

[2] "工资基金学说"往往被认为是一种谬论,可是在这种形式下似乎是无可指摘的。

第二十九章 土地和劳动

实物计算)对资金总额(以实物计算)的比率。

资金总额的增加(例如由于地主节约储蓄了一部分剩余)会降低利率而提高工资率;可是不会影响地租,因为在特定的劳动人数和特定的生产方法下,土地的边际产品决定于技术,而不受工资率的影响。

人口的增加会降低工资率(因而使特定数额的资金能雇用较多的劳动),增加总产品,一方面减少每人平均产品。假设一年中工资支付的时间模型是不变的(并且不管在制品制造期中的利息)[①],以致每人占用的资金对每人每年工资具有一种固定的比率,工资率会随着工人人数的增加而比例地降低,而工资支出总额不变。因此总剩余增加了(这又完全是在一种较为简单的背景下重述我们以前的论证)。在这种增加中地租分得的份额决定于技术的条件,因为地租水平的增长受那由于人口增加而增长的土地的边际产品的增长的支配。如果深耕程度的增加,会充分地提高土地的边际产品,地租的增长就超过总剩余的增长,结果利息被挤出,利率降低。[②]

当个别的土地所有人也是资金所有人时,这是一个没有关系

---

① 参阅本书第123—124页。
② 在那些使我们可以解释劳动的边际产品的严格的假设下,我们就能详细说明发生这种情况的一些条件。当一块特定的土地上就业增加时,如果劳动的边际产品以和就业增长的同一比例下降,则总利息就不变,因为每人工资已经以同样的比例降低,并且因此每人利息也已经以同样的比例降低。既然工资支出和总利息不变,总地租的增长等于产品的全部增量(这种情况有时候可以用这样的说法来表达,就是,土地和劳动之间的代用弹性等于一)。如果劳动的边际产品减少的比例大于就业增加的比例(代用弹性小于一),总利息会减少,地租的增长会超过产物的增加。既然,根据假设,以产品计算的资本不变,资本的利率和总利息是成比例的。

的问题,可是当这两种类型的财产属于不同的集团时,他们之间就有利益的矛盾。

和以前一样,当工资降低到最低生活水平时,人口就不能再增加,总剩余就处于技术上可能的最高限度,而总剩余在地租和利息之间的分配就决定于劳动的边际产品对土地的边际产品的比率。

在这种情况下(像在商人供给资金的时候那样),最大限度的人口比农民自己供给资金时小,因为在那种情况下,最大限度在劳动的边际产品等于最低生活水平时才达到,而在这种情况下人口必须少得足以使劳动的边际产品超过工资(等于最低生活水平),其超过部分等于每人利息的数目。

这种表面上不合理的事态所以存在的原因,是农民宁可在得不到利息的条件下经营自己的土地,而不愿停止生产活动。

级差地租

到此为止我们一直不去理会土地的不同部分的地力上的差别。在某些土地比另一些土地肥沃的场合,前者的所有人会取得较高的收入。就自由农民来说,这一点是十分明显的。在垄断地主能把佃户的收入压低到最低生活水平的场合,他们会对较肥的土地索取较大的地租。在地租决定于供求的场合,农民会对较好的土地出较多的地租;不管他们在哪里工作,他们的每人收入都差不多都是相等的,产量的差别反映在地租的差别上。同样地,资本家佃户对能生产较大剩余的土地愿意出较多的地租。在特定的总人口下,耕种的粗放的边际确立在土地的边际产品等于零的地

第二十九章 土地和劳动

方——就是,从较好的土地抽出劳动使用在较大面积上而丝毫不能增加总产品的地方。当人口增加时,新农民将租种较差的土地(只要这里的总产品超过假如他们拥挤在较好的土地上会得到的边际产品),结果边际扩大,一方面边际以内的土地上的地租增长了。当劳动为工资而受雇时,同样的原则也适用。当人口的多少恰好使农民的收入(在这里他们不付利息)只够最低的生活需要时,粗放的边际就确立在总出产等于这块土地上雇用的工人的生活费用的地方。这是有名的"无地租土地"现象。①

在任何特定的局面中,当某些土地的每亩地租等于零时,其余土地的地租看上去好像是由于它有更高的肥力。可是,应该指出,在特定的人口下,整个面积的较高的肥力并不意味着较高的地租水平。比较两个人口相同、技术条件相同、土地面积相同的经济,其中的一个"甲"比另一个"乙"更为肥沃。甲经济里土地的每亩边际生产力并不较高。说得更恰当一点,情况正相反。收成较丰时,特定的劳动所能处理的面积可能较小。如果是这样,在特定的每亩地租水平下,对土地的需求在甲经济里比乙经济里少,就所有在竞争下可供使用的土地来说,地租一定较低。②("边际生产力"这种说法听上去容易使人误解。土地的边际生产力高,不是因为它的每亩产量高,而是因为和劳动力相对来说土地是稀少的。)

另一方面,农民收入(在特定的人口下)在甲经济里比在乙经济里高,如果两个经济里的人口都增长到把收入降低到最低生活

---

① 就是,不产生任何技术剩余的土地。
② 并且可能没有。

水平的程度,甲经济有较大的人口,可能产生较大的地租总额。甲经济里的土地,在某种意义上,原来不像乙经济里那样稀少,现在由于供养着更多的人,已经变得同样稀少。

解　　说

在所有上述文字里,我们已经把一些只有在资本主义发展以后才显明的原则应用到一个原始的经济里。不能呆板地把这一切当作对任何历史局面的一种说明,因为每个社会都有它自己的一套规章惯例,而且通过使边际产品等同于价格的办法来取得最大限度的利润,以及通过自由竞争的办法来规定价格的这种原则,对于一个地主和农民的社会是完全不切合的。即使在地主是资本家兼雇主的时候,他们的人生观往往和工业企业家的人生观大不相同。然而,这种论证是有用的,使我们能看到这些原则在最简单的背景中会怎样发生作用。

剩余的消费

我们已经假设,在地主制度下没有积累在进行,也没有人想到要投资于资本财货或者改进生产方法,来增加产量。地主消费掉他们分得的全部产品(这等于工资或农民收入只够最低生活需要时的全部技术剩余)。除了消费者在宫殿庙宇上的投资外,他们主要是通过雇用仆役、兵士、牧师和艺术家来消费掉这份产品的。

因此,如果工人或农民起义并夺得地主的财产,结果会使人失

第二十九章 土地和劳动

望的。如果可以耕种的土地已经被用作园林和猎场,农民夺取到手,还能得到一些好处:可是地主的财富的较大一部分只会化为乌有。即使农民把地主一直雇用着的人全部赶走,他们不过比以前多得一些粮食——以前有助于地主的舒服生活的种种服务,在地主消灭时就没有价值了。

当经济里已经有一个工业部门存在,地主用他们分得的剩余向城市输出粮食和原料,从那里买进奢侈品或者供自己在朋友间炫耀时,情况就不同。工人夺得地主的财产的时候,这种可供输出的剩余归他们控制,他们可以用来从城市输入货品。

这样的一种革命可能给工业部门引起严重的问题。地主还存在的时候,农民不得不辛苦地工作而吃得少。他们获得自由以后,也许喜欢工作得少一些,吃得多一些,而不愿维持同样的出口剩余,从城市里输入货品,因为他们的消费习惯简单,他们自己的传统手艺能供给他们的大部分需要。输出减少后他们的贸易条件的改善(以工业品计算的粮食和原料的价格增长)会引起城市里严重的困难,并且可能只会进一步减少输出,因为贸易条件越好,农民为了向城市换取自己需要的工业品而需要卖出的产物就越少。

工业部门能在一定的范围内解决这个问题,由于设法使农民沾染上新的欲望,以及供给他们廉价的工业品,从而打破他们的手工生产的习惯,可是这种作用是有限的,[①]而且农民占有优势,因为他们的买卖是以必需品来换取可有可无的东西。

[①] 参考 1945 年粮食缺乏时期的德国农民:"因为我已经给我的坏房子弄到一条地毯,我想不出再有什么我要买的东西了。"

工业的基础是农业剩余,地租的制度把农业工资或者农民收入压挤到最低限度,是一种残酷的可是有效的方法,通过这种方法可以提供农业剩余,可以使农业剩余成为经济的工业部门可以得到的东西。

不断改进的地主

这些议理适用于一个把剩余全部用在消费上的经济。当地主有了企业家的一些特征,把技术剩余的一部分用在农业生产的实验和改进上或用于建立工业时,局面的发展就大不相同。他们这样做的时候,经济可能突破一种原始的停滞状态,并且发动积累过程和技术进步。

拓 荒 者

当来自工业部门的移民定居在新土地上,占有他们所耕种的土地时,他们成为自由农民——食利者、企业家和工人合为一体。于是农业剩余不需要通过地租的中间作用就输出到工业。可用的土地很多,每个家庭的平均产值很高,他们自己的消费只占其中相当小的一部分。新移民没有老农民的传统手艺,对输入的工业品(包括工具在内)的需求很高,并且(在一段初期创业的困难时期以后)养成一种高标准的消费习惯。

再则,他们的思想观念是在一个受货币交易支配的社会里形成的,他们生产主要地是为了销售而不是为了消费。这解决对城市供给粮食的问题,可是有一种严重的缺点。那些移民受商业道德的支配,他们心目中的资本总是以购买力计算而不是以实物计算的。因此,他们不顾一切地从土地上榨取价值,不惜损害地力,如果他们能遗留给他们的子女以货币计算的资本,他们就认为不妨把沙漠遗留给广大的后代。

在损害地力的过程正在进行的期间,农业剩余格外大,贸易的条件有利于工业品,促进工业的发展;这样,可以说,天然资源就被改变为工业的资本财货。从长期观点来说,这种做法对未来福利的危害十分明显,可是在资本主义的经营方式下,谁都不关心这种事。

第三十章 要素比率和技术

当我们必须考虑许多不同的可能使用的技术时,土地和劳动的边际生产力的意义就不明显,我们不得不费一些时间把它研究出来,然后才能进一步进行分析。

为了把问题限制在本质的范围内,让我们把土地看作是单纯的空地,并且把改进土壤、铺设道路等方面的一切投资都看作当时使用的生产技术所需要的资本财货的一部分。[①] 当企业家(以及消费者)在土地假如没有代价的条件下会愿意使用的面积,超过本经济所有能用的面积时,土地就得到一个价格,并且(除了在需要土地的那个企业家或消费者恰巧是所有人的场合)可以通过支付一笔年租而租用,地租的一般水平决定于需求对可以得到的供给的关系。我们必须考虑什么因素支配这种需求。

益智分合图

我们开始探讨,首先考察一个处于完全平静状态中的经济,它

[①] 土地方面的投资,和机器比较起来,多数具有很长的短期寿命,所以,除非在过去很长一段时期内就已存在着完全的平静状态,无论什么时候当时所有的资本财货设备都和未来的利润情况不一致(参阅本书第十九章,第210—211页)。

具有特定的技术知识,整个经济里有着一致的利润率,并且利润率已经长期不变。(这不是为了要符合任何实际的历史情况;而只是用来说明我们的观念的一种手段。)要满足这些条件,在一个特定的土地范围内,人口必须已经长期不变,并且不能有积累在进行,因为,假如劳动对土地的比率在变动或者投资在进行,那只有在侥幸的情况下利润率才会不变。因此,我们假设现时的产量全部被消费掉,所有的资本财货始终保持得完整无损。这并不需要利润率等于零;利润被分配给食利者,他们把它消费掉,地租收入(以及工资)也被消费掉。

产量中包括多种多样的商品,并且(照例)我们假设这些商品按固定的比例被人们所需要。每种商品生产时所按的土地-劳动比率都有一定的幅度。不管地租的水平怎样,消费品的混合单位中小麦的数量所需要的每人土地,比相应数量的尼龙丝袜所需要的要多。可是,把每一种分开单独地来说,就可能有相当大的变化,在地租水平较高时(相对于工资而言)每一种所占的土地较少。

在平静的经济里,每个企业家都面临着各种资本财货的一套价格、一种地租水平、一种工资标准,以及一种等于当时利润率的假想利率。他应该适当地组织生产,把特定的一批产品的成本减少到当时条件下的最低限度。如果继续不断的变化是可能的,那么,如果成本处于最低限度,土地对当时使用的劳动的比率略有增减,也不会使成本改变。这种比率上即使一点小差别,也需要一种不同的生产技术和不同的资本财货;产生同样利润率的两种技术的设计可能是完全不同的,即使土地对劳动的比率的差别很小。再则,某些比率,在设计资本财货来配合它们的时候,可能比另一些比率便利得多，因而对每种类型的产量可能适用的土地和劳动的比例方面，也许会有一些不一致。在各种单独商品的特定的条件下，产量构成决定哪些范型的技术同时并用，生产一年中全部的商品。

除此以外，还有现在人们熟悉的这一事实，就是，在某些工资水平上，两种机械化程度同样地有利，在一种特定的情况下，有两种资本对产量的比率产生同样的利润率——一种 A 技术，它的每单位资本的产量率比 B 技术低，可是每单位产品产生的准租金却相应地比 B 技术多，或者另换一种 C 技术，它的情况就相反。

这样，可能有四种技术产生同样的利润率——一种 BR 技术，每单位产品需要较高的地租费用和较低的工资费用，一种 BW 技术，每单位产品需要较高的工资费用和较低的地租费用，还有类似的一对，或者 A 技术或者 C 技术。

当平静状态存在，现行利润率比方说是 BA 利润率时，我们可以把所有合用的技术首先分为 B 和 A 两类；B 类的那些技术的特征是，假如利润率比现在略低一些，它们就不合用，而 A 类的那些技术在略高一些的利润率下就不合用。然后我们把所有合用的技术分为 R 和 W 两类；R 类的那些技术需要一种土地对劳动的比率，高于整个经济的全面的比率，而 W 类的那些技术需要一种较高的劳动对土地的比率。现在我们有四类技术——AR 和 AW 以及 BR 和 BW。当特定产量的成本（包括投资的利润在内）在每类技术下都是一样的时候，所有的这些技术就会互相竞争。

如果我们拿 BR 技术和 AW 技术相比，AW 技术产生同样的产量，单位产品的成本相同，BR 技术下单位产品占用的土地较多，而单位产品占用的劳动和资本都较少。拿 BR 和 AR 相比，在 BR 技术下单位产品占用的资本较少；单位产品占用的劳动或土地，或其占用的劳动和土地两者一定较多。拿 BR. 技术和 BW 技术相比，在 BR 技术下单位产品占用的土地较多，而单位产品占用的劳动较少；单位产品占用的资本可能或者较多或者较少。

为了使情况简单化，让我们假设我们的平静的经济在完成了适合于 B 机械化程度的资本财货的装置以后和开始在 A 机械化程度上进行工作以前，陷入静止状态（积累等于零）。利润率的微升会引起改用 C 技术的转变，或者利润率的微降会引起改用 A 技术的转变，可是在当时的利润率下只有 B 技术坚守阵地。这时候只有两类技术可供选择，一类是每单位资本使用较多土地的 BR 技术，另一类是每单位资本使用较多劳动的 BW 技术。这些比率差别的大小，决定于混合商品的构成以及每种技术所需要的资本财货的工程特性中包含的技术可能性；可是无论差别是大是小，这一种技术下特定的年产量所需要的较多的地租支出，等于另一种技术下较多的工资支出（适当地扣除一年中的利息，如果缴付地租所隔的时间比支付工资所隔的时间较长），加或减单位产品占用资本上也许有的任何差额按当时利润率计算的利润。

现在，在整个经济里，土地对劳动的比例是特定的，并且（在充分就业的情况下）所有的企业家对土地和劳动的全部需求加起来必须等于所有的供给。如果过去有太多的企业家愿意采用 BR 技术，地租水平一定已有些微的上涨，结果其他的企业家就会被诱导去采用 BW 技术。所有的土地和劳动在假设的平静的静止的局面下全部就业，相对的地租和工资水平已经稳定下来，可以使全面的土地-劳动比率和所有的企业家的需要吻合。这是一种极妙的土地、劳动和技术的益智分合图,所有的一块块七巧板在特定的利润率之下都安排在适当的位置上。[①]

边际报酬

当个别的企业家选择了一种使他的利润率达到最大限度的技术时,土地的边际报酬,以他使用额外的一亩土地用特定价值的资本和相应的劳动所可能取得的额外的产量的销售价值计算,等于每亩土地的地租(因为假如边际报酬大一些,他就会取得较多土地,假如边际报酬小一些,就会退掉一些)。同样地,各个企业家雇用的劳动的边际报酬被弄得等于工资。资本对个别企业家的边际报酬和利润率是同一回事,因为假如他有较多的资本,他就会有较多的利润,按照当时一般的利润率。(我们现在假设,对个别的企业来说,规模的大小和利润的多少没有关系,并且我们假设当一种市场不能产生一般的利润率时,企业家能转移生产到另一种市场。)

边际产品

这不能使我们了解土地和劳动对整个经济的边际产品。在不

---

① 参阅《生产功能和资本学说》一文,见《经济研究评论报》,第 xxi(2)卷,第 55 期(1953—4)。

同的全面的土地和劳动比率下，所有的技术和物价就会不同，工资标准和地租水平也会不同。这也不能使我们了解资本财货对整个经济的边际产品，因为，假如在某种意义上现有的资本财货较多或较少，而具有同样数量的土地和劳动，这些资本财货的具体规格就会大不相同，物价以及地租和工资水平也会不同。

我们已经比较了具有相同的技术知识和不同的劳动—资本比率的经济（在各种不同的意义上）。① 关于具有不同的土地—资本比率的经济的比较，没有多少可以说来有用的议论。因为，如果那些经济同时并存，它们所占有的土地面积，不仅范围大小不同，而且具体情况也不同（适用于不同类型的作物的不同的设备条件，河流位置方面不同的便利，等等）。产量构成不同，爱好和习惯以及人口的根本特性不同，因为这些都是由不同环境和不同历史形成的。如果同一面积的土地在具有不同的人口的不同的时间进行比较，爱好、习惯和特性又不同，而且即使这些都差不多没有改变，可以合理地进行比较，技术知识在这期间一定已经有了改变，哪怕所改变的只是在怎样使特定的一套工艺适应一种不同的土地—劳动比率的环境。所以，任何实际的比较都因指数的不明确而弄得非常含糊，为了消除这种不明确的意义而需要的那些假设又会使这种比较完全没有兴趣，即使作为纯粹分析中的一种练习。

然而，我们可以这样地从侧面解决这个问题。在特定的平静而静止的局面下，当时的机械化程度是 B 技术，我们比较两个相等的劳动量的产品，这两个劳动量各产生总产量的一个代表性的

---

① 参阅本书第十二章。

样品，一批劳动用 BR 技术工作（平均每人占用土地较多），另一批劳动用 BW 技术工作（平均每人占用土地较少）。[①] 这时候两批数量相等的劳动在两块不同面积的土地上工作。同一数量的劳动使用着较多土地的场合，产量的价值较大。我们用混合商品单位来计量额外产量，用亩来计量额外土地，可以把两者的比率叫作特定的全面土地－劳动比率下的 B 技术的土地边际产品。它代表特定的劳动力在 B 技术的机械化程度下（用适当的资本财货）可能生产的额外产品，假如有更多的一亩地可用的话。特定人数的额外产品的价值（按正常价格计算）等于地租的超过部分加 BR 产量的利润和 BW 产量比较的超过部分（因为这两种产量的工资支出相等），并且这等于 B 技术的土地边际产品的价值乘以 BR 技术所需要的额外的土地面积。

同样地，我们可以计算 B 技术的劳动边际产品，作为每一额外工人的产品数量，计算的方法是用两块同样面积的土地，一块土地采用 BW 技术，比另一块土地上使用着较多的劳动。额外产物等于工资的超过部分加 BW 产量的利润，两种样品的地租支出相等。

像我们在上章中所假设的简单的情况那样，在静止的采用 B 技术的经济里，每年出产的总数量等于土地的边际产品乘以所用土地的面积加劳动的边际产品乘以所用的人数。这可以像以前那样地看得出：假设少数的人失踪了，那益智分合图被相应地重新安

[①] 在每一类中有各种不同技术的场合（使用着超过平均比例的某一项要素），所选择的样品必须能按适当的比例代表这些技术。

排。在改组以后新的静止的局面下,我们将看到一定数目的人手已经从 BW 技术被转移到 BR 技术,使用着那些失踪的人所腾出的土地。因此,产量的损失是 B 技术的劳动边际产品乘以失去的人数。然后减掉小量的土地;在静止的情况已经恢复以后,产量的损失是 B 技术的土地边际产品乘以减掉的面积。[①] 假设生产规模的大小对整个经济来说没有什么经济或者不经济的问题(每人的产量只决定于要素比率,而不决定于就业总额),[②]我们可以设想全部产量像这样一点一点地在受到侵蚀,所以全部产量可以说是各项要素的边际产品的总和乘以所使用的该项要素的数量。

我们现在就一个处于平静的静止状态而具有 A 技术机械化程度的经济,重述以上的分析;并且再就一个具有 C 技术机械化程度的经济,重述一遍。这样,在各级技术的有关部分上,我们可以按当时土地和劳动力的比率看出各种机械化程度下土地和劳动的边际产品。然后我们可以详细说明在特定的比率下土地以及劳动的潜在的边际产品,作为这些边际产品的一份清单。

在很低的机械化水平上,土地的边际产品可能是零;这时候资本财货是生产的关键,在特定数量的劳动下有较多的土地也没用,除非有较多的资本财货和它配合在一起(比方说,耕犁和种子)。机械化程度很高时土地的边际产品也可能是零。这时候所使用的

---

① 每次变动一定很小,因为,假如土地-劳动比率改变太大,超过把其余的要素在 BR 技术和 BW 技术之间转移使用所能调整的程度,工资和地租水平就会改变,一种使用不同技术的新局面就会出现。

② 在规模大小有关经济或不经济的场合,仍然是各项要素的边际产品乘以各要素的数量等于任何一种局面下的全部产品,可是边际产品本身会随着总产量的大小而不同。

资本财货已将每亩产量提高到超过一定的劳动力量所能经营的程度,在一定的人口下某些土地就会是多余的。

劳动对土地的比率

一个经济里每种全面的土地对劳动的比率,有一套相应的潜在边际产品的清单。

劳动人数小量的增加(譬如说当时的机械化程度是 B 技术)可以用 BW 技术代替 BR 技术来调节,而不改变相对的地租和工资,正如小额的积累可以用 A 技术设备代替 B 技术设备,而不引起利润率的任何改变。可是一旦所有的劳动都在 BW 农场和工厂里就业了,就业的进一步增加就会引起地租、工资和利润的改变。于是需要重新选择一些不同的技术,而在不同的机械化程度下的潜在边际产品的清单就要完全重新编造。

一般说来,我们应该预期在劳动-土地比率高的时候劳动的潜在边际产品较低,而土地的边际产品较高,可是这绝不是一种不变的规律。例如,A 技术对一种高的土地—劳动比率也许比 C 技术有利得多,以致当土地对劳动的比率改变时潜在边际产品清单也许彼此一再交叉。可是在任何特定的知识状态下,用较多的劳动代替土地来生产特定的产量,是有一定限度的,不管所用的资本财货是什么形式。在劳动对土地的比率很高时,劳动的边际产品在任何机械化水平下总是零。这时候土地是阻碍大量生产的关键,(在特定的技术知识下)没有办法通过增加每亩劳动来增加产量。

分析的计划

我们研究边际产品,从考察在静止状态下各种技术如何巧妙地加以安排着手,发现当总产量是由各种商品构成时每种机械化程度和每种全面的土地－劳动比率都有一种独特的情况。每一种投资对消费的比率都有一种相应的具体安排。

整个错综复杂的组织始终随着技术知识的改变而改变。

在原则上,我们可以根据这种计划把我们形式上的分析重述一遍。这样,当一个经济随着时间的推移在资本不断积累和技术不断进步以及土地－劳动比率不断改变的情况下逐渐进展时,它是在,比方说,从 BW_1R_1 技术走向 $A+R_2$ 或 $C+W_2$ 技术,同时地租、工资和利润率以及积累速度也一起发生变化。要把这种发展详细地陈述出来,显然是一项极其艰巨的工作,并且这样做了以后我们还需要把一切短期的复杂问题加上去(比以前更复杂,因为必须把用在土地上的长期投资包括在内),然后还要加上一个不平静的世界上的变化无常。

我们不打算这样做,而宁可选择一两个问题作为例证,说明我们的分析可能怎样展开。

几句题外话

根据这样的看法,没有什么东西可以叫作"资本的边际产品"。在整个经济中的每一种土地对劳动的比率上,合适的 BR 技术和

BW 技术之间的区别(不管因此在资本物的配备上有什么区别)不过是怎样使 B 技术下土地和劳动的边际生产力发生实际效果的问题。①

投资的边际产品

虽然我们不能离开土地和劳动的产物来说明一种"资本"的边际产品,我们却可以说明一种可以叫作投资的边际产品的东西。让我们假设整个经济(具有特定的土地和劳动)已经从 B 技术提高到 A 技术的机械化程度,并且已经在一种新的静止情况下重新建立了平静状态。总产量现在已经增大。这增加的产品可以叫作在特定的知识状态下投资的 BA 技术边际产品。我们不能称它"资本"的边际产品,因为我们不能仅仅根据技术资料而说资本的数量是怎样改变的。现在一切资本财货的规格都是不同的,工资和地租的水平已经改变,因此特定规格的资本财货的成本(按特定的假想利率计算)已经改变,并且利润率较低(因为在特定的知识状态下,一种较高的机械化程度,从个别企业家的观点来说,只有在利润率较低的条件下才适用),结果适当的假想利率也改变了。② 没法说那投资代表多少"资本",但是如果我们知道过去的全部情况,特别是包括过去的工资水平在内;那我们就可以说原来

---

① 参阅勒纳(A. Lerner):《论资本的边际产物和投资的效率》一文,载《政治经济学杂志》第 61 卷,第 1 期,(1953 年 2 月)。

② 像我们已经看到的那样,当 A 技术逐渐替代 B 技术时,总有一种 $B-A$ 幅度,在这个范围内利润率不变,并且投资的边际产品等于利润率。

需要若干积累来进行这笔投资,以及现在已经投下了若干资金。

技术知识的变化,在它改变各种生产要素的潜在边际产品的同时,也改变各种机械化程度下投资的边际产品。

当可供使用的要素的供给增加时(比方说人口增加时),一般地需要一些投资使这种要素可能生产。可是,如果那必要的设备是部分地或者整个地通过降低技术的机械化程度或者缩短生产时间[①]来供给的,投资的边际产物的意义就变得非常牵强了。

我们可以消除这一复杂情况,如果(像我们在第二十九章里讨论的那样)对特定数量的土地只有一套可用的资本财货——一定的多少种子和多少耕犁——并且生产的时间范型受季节的支配。在这样的情况下,要素比率改变时可以不必改变现有的资本财货的内容。在特定数量的物质资源上可以多施用一个"工年"的工作。于是在每种要素比率下有单独一种劳动的边际产品,而不是有许多不同的可能的产品。甚至这也需要一个"工年"的工作量的投资,这工年是由以某种方法分布在从播种到收成期间的许多工时构成的。这种投资的边际产品和劳动的边际产品是同一回事。

投资的成本

对企业家说来,一笔投资的成本是这笔投资所需要的资金的成本。我们能说投资的成本对整个经济有任何意义吗?在一笔投

[①] 这是负数的等待,参阅本书第350—351页。

资用来把一个经济从静止的 B 技术局面提高到 A 技术局面的时期中(假设整个过程中特定数目的劳动力充分就业),消费水平一定比在最初的静止的 B 技术局面下低,投资部门里暂时使用着较多的劳动和土地,而消费部门里较少。这也许是由于较低的实际工资标准或者由于食利者和土地所有人的节约(或者由于两者的混合)。过渡以后,在 A 技术静止的局面下,消费水平较高,工资或者食利者收入或者两者同时都比在 B 技术静止的局面下高。在某种意义上,过渡时期中的消费可以认为是经济完成这种过渡所费的成本,可是这没有什么意义,因为根据人性来说,工人不得不接受较低的实际工资和食利者自愿地节省用在消费上的开支,这两方面的成本或牺牲是大不相同的问题,而且这笔成本在他们之间怎样分担,不决定于投资的生产力,而决定于食利者的节俭程度。

在没有投资的场合,如果有失业,对工人说来,实际成本是真正的负的——较多的工资或许会使他们的生活过得好些,同时较少的贫困一定会使他们的生活有所改善——而对食利者来说,实际成本(如果成本这个名词是正确的话)在于放弃一些从增加了的收入中支付的消费,而取得一些财富。

在某些情况下,我们能看出一种可以叫作等待的边际产品的东西。假设 B 技术和 A 技术的区别只在于前者是一年一次的收成而后者是两年一次的收成,而一年中使用的劳动两者完全相同(一年一次的收成必须比两年一次的收成多一倍,才值得改变所用的技术)。一次收成的年产量超过两次收成的年产量的超过额是等待六个月的边际产品。①

对个别的企业家来说，等待的成本决定于工资水平和假想的利率。它和在 A 技术下比在 B 技术下所需要的在制品的价值的增加是同一回事，而且，一般说来，等待的成本和投资的成本有密切关系，只有在很特殊的情况下才分得开。对工人来说，没有什么等待的成本，如果在过渡的过程中工资始终不变，像食利者的消费假如相应地减少时会发生的情况那样；可是如果食利者在一年中照常消费，实际工资就一定会较低，直到过渡完成为止。（货币工资不变时，在两年一次收成的某一次不能按通常时间上市因而造成商品稀少的时期中价格被提高。）

对一个自有土地的独立自主的自耕农来说，等待的成本是二次收成的延期。如果他没有牲畜并且没法借款，同时他的全部产品又仅够维持两年一次收成期间的最低生活，他就负担不起这种成本，不管它的边际产品怎样多。

生产要素

用哲学的眼光来看这个问题，"资本"的边际产品没有什么意义的理由是，从长期的观点来说，劳动和自然资源是整个经济里的生产要素，而资本财货和生产的时间范型是这些要素通过它们来发挥作用的手段。从短期的观点来说，现有的资本财货存货可以

---

① 同样的论证适用于等待树木成长或者等待酿酒成熟。参阅魏克赛尔：《演讲集》第 1 卷，第 172 页。

认为是生产要素的一种目录,土地可以包括在这种目录以内,因为从短期的观点来说,大家在数量上都是同样固定的,土地和资本财货的区别没有关系。可是没有方法可以确定一大堆许多不同东西的边际产品(虽然每一项东西对使用它的企业家都有一种边际报酬)。从短期的观点来说,比较方便的办法是把劳动作为唯一的生产要素来看待,并且把具体的资本财货拥有量作为决定特定数量的劳动的生产力的技术条件中的一项因素。①

投资的边际产品具有意义的理由是,由于用某种特殊方式和一定的时间把生产要素分布开来(把它们具体化在不同的资本财货里面或者用一种和以前所使用的不同的时间范型),它们未来的生产力可以被永久地提高。这种投资的生产力不是一种能够加到生产要素的产品上面去的东西。它恰好是生产要素被它所赋予的额外生产力。

在知更鸟的经济里,生产能够作为额外工作的结果而增加,不需要任何事先的投资。每次知更鸟捉住一条虫,他在一次单一的行为中生产和消费。他的妻子习惯于把劳动投资于消费者的资本财货——巢——可是她不需要资金,因为她在建筑期中自己生产自己的生活资料(在觅取树枝的空隙时间捉虫)。知更鸟不需要通过资本的居间作用就能在自己的领土上展开自己的劳动。人类的生产和消费都要经过一定的时间,对人类来说,资本(不管属谁所有)是使劳动和自然资源能够生产的一项必要条件。可是资本不是一种能离开它们而独立的生产要素。

---

① 参阅凯恩斯:《通论》,第 214 页。

利 润 率

资本所以有一种利润率的理由是,在现行的经营方式下,任何一个能够支配资金的人都能够适当地使用生产要素,生产出一种产品的销售价值,这种价值超过在使用这些要素时所必需的工资和地租支出。地租和工资水平以及利润率不是决定于土地、劳动和投资的边际产品。这三者都错综复杂地决定于各种不同的可能采用的技术、可以供整个经济使用的土地和劳动的供给、已有的积累的数额,并且决定于商品的有效需求和投资率。

在平静状态的条件下,对个人来说,投资的边际报酬,表现为一种未来的产量价值对现在的资金的比率,它等于利润率,因为没有一个企业家(在平静状态下)会用某一种形式保持资本,假如投资于另一种形式可能挣得较多的利润;可是,在一种特定的知识状态和特定的要素供给下,投资本身会改变商品、资本财货和生产要素的相对价值,以致按价值计算的对个人的报酬对整个经济来说丝毫没有意义。[1]

利润率对投资的边际产品的关系,可在其最简单的形式即在假想的经济满足状态中看出,在那里现有的最高级技术已经在整个经济里使用,并且人口不变。投资的边际产品这时候是零。如果没有从利润中支付的消费(并且没有从工资或地租中节省出来

---

[1] 钱珀瑞恩教授曾想出一种单位,可以用"资本"计算投资,可是其定义决定于一些非常特殊的假设,这些假设和我们在第十四章里所使用的类似。

的储蓄），利润率也是零，工资和地租两项支出会吸收全部年产量。

可是，如果有从利润中支付的消费（而没有从地租或工资中节省出来的储蓄），利润率仍然是正数，因为当时商品的价格（相对于货币工资和地租而言）足以使商品的销售价值超过全部成本，其超过额等于从利润中支付的开销的数目。[①] 于是实际工资总额少于总产量，其短少的数目等于食利者的消费的数目，就是，用利润和地租收入购买的商品的数目。

---

① 参阅本书第二十六章第一节。

第三十一章 土地和积累

当资本是财产的主要形式,而土地久已是可以销售的东西时,土地就差不多完全和一般的食利者财产混合在一起。企业家需要使用土地,以便雇用劳动来生产商品和资本财货;土地所有人把土地租给企业家而在从产品中支付工资以后的剩余中分取一份,其情况和任何财富所有人把资金借给一个自己的资本不够运用的企业家而取得一份报酬,大致一样。从个别的财产所有人的观点来说,地租不过是食利者收入的一种形式,从个别的企业家的观点来说,土地不过是生产设备的一种,可是对一个在特定的空间范围内发展着的经济来说,土地的有限的供给必然造成种种特性,使土地和其他形式的生产设备有所区别。

区别照例不是很明确的。有许多种资本财货难解难分地包含在土壤本身中(土壤的出产力部分地是排水、施肥等的结果),许多种设备在很大程度上依赖它们所占的空间(比方说,船坞或者铁路的永久路基),因此这些设备大致不会有什么变动,并且这种设备的供给和它们所占的地基差不多同样是完全有限制的。再则,某些资本财货具有很长的寿命,而其中由过去遗留下来的存货不能很适当地和自然资源的供给辨别清楚。然而,我们对于一些两可之间的边缘问题向来采取大刀阔斧的政策,现在继续在一方面,观察那些具有有限寿命并且可以再生产的资本财货，同时在另一方面，观察那种具有特定面积并且永远保持原样的土地。我们将假设所有的土地对一切用途都是一样的，①借以避免和级差地租有关的种种复杂问题。(这种简单化是为了便利说明，对论证完全不重要。)我们将继续依赖那原有的假设，即各种商品的产量构成始终不变，使我们免受指数的迷惑。②

积累和技术进步

我们觉得，为了我们的分析，方便的办法是对于在发展的任何阶段所有的各种不同的技术可能性赋予一种精确的特性，虽然实际上并不是这样精确。在现实中，当 B 技术通行时，可能的 A 技术和 C 技术还没有完全设计好，只作为一种相当模糊的假设存在于企业家的脑子里。一种包含三种技术的技术光谱(按机械化程度和土地—劳动比率区分的)只能在很模糊的和零碎的状态下存在。经济组织的任何部门中，单是使现有的资本财货适应于要素比率上的变化这一过程，就需要取得经验(以及丢掉不再需要的旧技巧)，因此改变要素比率和改变整个技术方法两者之间的区别很难划分。然而，它提供一种有用的轮廓，便于展开论证。

---

① 除了本章"地租和资本财货的成本"一节中讨论的问题。
② 当总产量增加而特定的人口不变时，这就没有理由，因为随着总消费的增长，粮食对工业品的比率会降低。产量构成也随着工人和食利者之间消费能力的分配情况而变化。这必然影响对土地的需求，土地在粮食生产中比在其他方面更为重要。在第三十四章中我们将简略地谈一下这个问题所引起的复杂情况。

第三十一章 土地和积累

当技术在光谱或一个等级以内变动时（例如从 B 技术转变到 A 技术），特定数量的土地和劳动的相对的边际产品也许会改变，并且一对不同的潜在的边际产品会成为现实，正如当技术知识在变动以及潜在边际产品的清表在重编时一样。

我们以前对没有偏向的技术进步的解释是，每工时的产量因这种进步而提高（一个经济的两个部门里分开来说），在有关的幅度以内各种机械化程度之下产量提高的比例相同。利润率这时候仍旧不变，只要实际工资增长的比例和每人产量相同，并且积累恰好足以保持实际资本比率不变，每单位产品占用的资本价值也就不变。我们现在必须详细说明"没有偏向"的定义。没有偏向的技术进步提高每人产量，在有关的各种机械化程度的范围以内有关的要素比率下产量提高的比例相同——每人产量在 $B+W$ 技术下比在 BW 技术下大，在 $B+R$ 下比在 BR 下大，在 $A+W$ 下比在 AW 下大，等等，都是同样的比例，结果当技术进步继续下去的时候土地和劳动的边际产品的比率保持不变（在特定的全面的要素比率下）。再则，当土地的潜在边际产品对劳动的潜在边际产品的比率在有关的机械化程度的全部范围内都是一样的时候（并且在技术进步继续下去的时候仍然是这样），我们就有一种系统对土地和劳动都没有偏向（在特定的全面的要素比率下），无论我们在那三种技术的益智分合图上采取哪一部分。显然，这不是一种可能存在的局面，可是提供一种方便的概念的轮廓，有助于讨论在经济里特定的土地和劳动的供给下资本积累的影响。

没有偏向的积累

当积累进行的情况能保持利润率不变时(整个系统在从 B 技术转变到 $B+$ 技术),我们知道,如果从资本的观点来看技术条件是没有偏向的,单位产品占用的资本价值仍旧不变,利润在总收入中分得的相应的份额也不变。工资和地租合在一起计算的份额不变。

各种收入的份额怎样变动呢,在一种平静的静止的状态下,各个企业家不可能通过改换技术,使用较多的劳动而节省地租,或者使用较多的土地而节省工资,来增加投资的利润。因此,在各种生产中,土地的边际产品(劳动的就业额不变时,每亩额外土地增产的某种商品)对劳动的边际产品(用同一商品计算)的比率,等于每亩的每年成本和每人的每年成本的比率(适当地扣除利息,如果支付的时期不同),即,等于地租对工资的比率,既然对各种商品和各种类型的资本财货都是这样,并且假设产量构成是不变的,这也适用于全部产量。地租对工资的比率等于土地的边际产品和劳动的边际产品的比率。①

当我们假设在益智图的整个配合过程中都没有偏向,因而两种边际产品的比率总是相同时,价格的比率一定相同(这时候一切在平静状态的条件下都配合得很好)。因此,当经济在利润率不变

---

① 当然,如果我们承认可以用于不同产物的土地的不同部分具有不同的适宜的程度,问题就无限复杂。

的情况下从 B 技术转变到 $B+$ 技术时,每人工资和每亩地租(以商品计算)会相等地增长,它们增长的比率和总产量增长的比率相同。土地和劳动在总产量中分取的份额都不变,黄金时代的条件会获得满足。①

从全面的对土地的需求的观点来看,土地稀少的情况由于技术改进使得亩产量增加而有所减轻,可是同时总产量在按比例地扩大,结果以劳动时间计算的土地的需求仍旧不变,以商品计算的需求跟着实际工资一起增长。

要使黄金时代实现,积累必须按一种不变的适当的速度进行,每种收入方面消费对收入的比率必须不变。只要地租在总产量中分得的份额不变(像在假设的没有偏向的情况下那样),并且土地所有人的支出对地租收入的比率保持不变,稀有土地的存在并不需要在我们已有的对黄金时代的分析中做任何修改。

黄金时代中的物价

谈到两种产生收入的财产形式(土地和食利者资本),有一方面确实使分析复杂化。复杂的问题起因于以货币计算的财产和工资收入的变动的速度不同。

---

① 假设全面地说(在各种技术同时使用的情况下)资本的价值(以商品计算)等于两年的产量,利润率是百分之二十,那么,利润占一个产值单位的 0.4,地租和工资一起占 0.6。因此,如果两种边际产品的比率是 5∶1,则工资支出占一个单位产品的价值的 0.5,地租支出占 0.1。在一笔总的净收入 100 中,利润取得 40,工资 30,地租 10。在没有偏向的积累下,当总收入增长时这些份额不变。

在黄金时代中物价不变时,货币工资,像我们已经看到的那样,和每人产量成比例地上涨。如果当工资已经上涨时货币地租最初还没有变动,于是所有的使用着需要较多土地的技术的企业家,比那些使用着需要较多劳动的技术的企业家,获得较高的利润。对土地的需求因此增长(有些企业家想改用那种需用较多土地而节约劳动的技术),结果货币地租上涨。当货币地租已经涨到工资上涨的同一比例时,土地需求的压力便停止发生作用。

既然习惯上租赁土地的期限很长(因为企业家必须有使用期限的保障,以便在一处地基上建立实物资本和信誉),这种程序进行得很慢,当货币工资标准在变动的过程中时,货币地租水平会长期地和土地的需求不相称。

当货币工资和货币地租不变时,物价(为了满足黄金时代的先决条件)随着产量的增长而成比例地降低,并且以商品计算的工资和地租会自动地发生同等比例的增长。既然边际产品(根据假设)相互间的关系仍旧和以前一样,企业家没有理由要改变他们所使用的土地和劳动的比率。

可是当物价已经降低时旧债的利息支出的实际价值已经增长,而新资本财货的以商品计算的价格不变(因为技术的进步没有偏向,每一实物单位的货币成本和商品的价格以同样的比率在降低)。

没有一种物价的变动能全面地保持自动的平衡。当货币工资和地租不变,物价已经按最近发生的产量增加成比例地降低时,土地和劳动之间的平衡得以保持。可是另一方面旧债的利息支出以商品计算已经增长。利息收入者取得的一份产品超过黄金时代的比例,并且投资的利润率虽然根据假设是不变的,但是旧的资本财货的收益已经降低(企业家债务的实际负担已经增长)。另一方面,如果物价不变,利息支出对利润的比率就没有变动,这一方面的平衡自动地达到,可是货币地租还没有来得及调整,因而土地所有人在产品中分得的一份太少,不符合黄金时代的比例,利润却相应地增长(企业家的实际地租负担已经减轻)。因此,不管怎样说法,一种十分完全的黄金时代是达不到的。(这种不匀称的情况之所以产生,是因为土地当它的租价改变时仍旧保持它原有的物质面貌,而一笔以货币计算的资金,当物价改变时,就会改变它对实际资本财货的购买力。)

然而,我们在这里所要研究的并不是短期波动的洪流,而是长期中积累的稳步进展,我们将丢开这一现象不谈,假设通过重订租约来调整地租和通过逐步还债来调整利息,其调整的速度很快——和总产量增长的速度相对地说——足以使这个问题显得无关紧要。

资本方面有偏向而土地方面没有偏向的积累

现在让我们回过头来分析一下在土地和劳动两方面完全没有偏向的包括三种技术的安排的积累。

如果积累进行的情况能够保持利润率不变,可是技术的进步在资本方面是有偏向的,产业系统就处于一种准黄金时代。当偏向是耗费资本的偏向时,资本对产量的比率在上涨($B+$技术比 B

技术需要较大的实际资本比率),利润在总收入中分取的份额在增长。工资和地租算在一起的份额在减少,而当技术条件在土地和劳动之间没有偏向时,两者的份额会以同样的比例减少。每亩地租和每人工资(以商品计算)就会以小于总产量增长的比例增长。

当技术进步具有节省资本的偏向时,一切相反。

当积累进行很快,足以使利润率下降时,机械化程度在增高(产业系统从 B 技术转向 $A+$ 技术)。我们曾假设土地和劳动的边际产品的比率在各种有关的机械化程度下都是一样。因此没有一种压力使人们必须从 BR 技术转向 $A+W$ 技术或者从 $A+W$ 转向 BR,并且工资和地租以同样的比率增长。我们现在关于各种相对份额不能做任何一般性的论断,因为单位产品所用的资本(以价值计算)已经增长,而每单位资本的利润率已经降低。

当积累的速度落后于技术进步的速度时,①一切情况相反,利润率在增长,整个系统则在从 B 技术转向 $C+$ 技术。

在土地方面有偏向的积累

如果技术的安排不是没有偏向的,当整个系统从 B 技术转向 $B+$、A、C、$A+$ 或者 $C+$ 技术时,边际产品的比率可能改变。例如,让我们假设利润率近来从 CB 降低到 BA 水平。这意味着工资和地租算在一起已经增长,以致 CR 技术和 CW 技术现在不如

---

① 酌量给技术进步的资本偏向留一些余地。技术上耗费资本的偏向需要较高的积累速度来维持利润率不变。

第三十一章　土地和积累

A 技术和 B 技术可以获利。为了简便起见，假设 B 技术资本财货的安装工作在我们所研究的日期以前已经完成，新的投资现在正用于以新的 A 技术的资本财货来更换旧的 B 技术的设备。A 技术下土地和劳动的边际产品的相互关系和 B 技术下的边际产品不同。让我们假设新的比率比旧的比率对土地更为有利。[①]（我们在计算中必须考虑到从 B 到 A 机械化程度的过渡正在进行时总产量中商品对资本财货的比率可能发生的任何变动。）[②] 因此，如果首先，地租和工资的相互关系仍旧不变（比方说，以货币计算两者都不变，而物价已经降低），使用那种土地—劳动比率高的技术，就具有很大的竞争的优越性，因为现在多用一亩地来生产特定的产量（使用和以往不同的资本财货）意味着节省比以前更多人的工资，而地租仍旧是一亩地节省人数较少时决定下来的水平。对土地的需求因此已经增长，地租被抬高，同时技术的安排在重新调整中。[③]

或者，再举一个例，假设当 $B+$ 技术初步形成，通过竞争在逐步普及时，人们发现 $B+W$ 技术的资本财货设备比任何其他设备有利，因为它使用的劳动和土地的比率比整个经济中现有的比率都高。当新的设备装置起来（或者新的方法在农业上被采用），代替了 BR 和 BW 两种资本财货的混合设备时，所腾出来的土地在

[①] 假设 B 技术下的比率是 $5:1$，A 技术下的比率是 $6:1$。这意味着从 BW 技术改变到 BR 技术就是通过多用一亩地来节省五个工人的工资支出。选择 AR 技术而不用 AW 技术，意味着多付出一亩地的地租而节省六个工人的工资。

[②] 参阅本书第十四章。

[③] 详细陈述过渡中的各种情况，需要一套特别的假设，它们和第十四章里所用的大致相同，可是比较精细得多。

比例上就大于所腾出来的劳动。要实现在新发明下可能做到的总产量的扩大，地租必须降低（相对于工资而言），[①]并且必须发展足够的 $B+R$ 技术的成分，才可能保证土地和劳动的充分就业。

这样，当积累在特定的劳动人数下进行时，土地缺乏的程度按照设备配合方面的技术关系而增加或减少，地租水平增长的比例超过或者不及总产量的增长。

在技术条件具有很浓厚的节省土地的偏向的情况下，地租水平（以商品计算）在积累进行时也许真正降低。可是似乎很自然的可以假设，一般说来，每亩产量比每人产量不容易改变得多——一个人没有较多的地方让他工作就不能多生产太多的东西，或者没有较多的土地可种就不能多取得太多的收成。如果是这样，产量增加一定会使土地的需求增加，并且技术进步和资本积累具有一种内在的耗费土地的偏向。[②]（没有偏向的积累的意义是，当每人产量增长时每亩所用的劳动不变。）假设积累中有内在的耗费土地的偏向，就是用一种牵强的或不真实的形式来重述土地的报酬递减律。

解　　说

我们的三种技术的益智分合图是一种很脆弱的结构，不能应用于实际问题。离开了我们的彻底简单化的假设，它很快就会垮

[①] 工资可能已经绝对地增长，因为，全面地说，每亩的产量已经增长，而利润率不变。

[②] 收入的增长也增加对土地的需求，作为消费者的资本。

第三十一章 土地和积累

掉。可是积累中节省土地的偏向和耗费土地的偏向的区别是非常重要的,特别是有关农业的方面,在这方面我们可以概括地应用我们的分析。

让我们考虑一种很显著的偏向的情况。积累被用于增加资本财货的数量(比方说拖拉机),这种资本财货提高每人产量而劳动—土地比率低,同时每亩的产量差不多没有变动(机器能顶替劳动,可是不能提高一块特定土地的出产)。有了新的技术(可能是 $B+$、A 或者 $A+$),劳动的边际产物,在旧的劳动—土地比率下,和以前使用 B 技术时的情况比较起来大大地减少,而土地的边际产物没有变动。工资的降低(相对于地租而言)可能阻碍新技术的普及,或者使一种节省劳动较少的技术被采用。可是劳动的边际产物(按旧的比率)很可能已经成为零甚至负数(太多的人手会搅乱工作的地方),而且旧的土地—劳动比率,在经济的这个部门里,一定不会保持原状,不管工资降低到什么程度。有些人手必须被排除。

他们的命运决定于本经济其余的部门中的情况。如果农业方面的新技术是整个经济对劳动缺乏(由于积累很快)的反应的一部分,把劳动从农业中解放出来只会减弱实际工资日益上涨的趋势,排除出来的人手被吸收到工业里去。另一方面,如果没有会日益发展的劳动缺乏的情况,排除出来的人首先会失业。如果投资加快,而实际工资降低,通过劳动被吸收到投资部门以及整个经济里机械化程度的降低这两种途径,失业会有一些缓和,可是,我们知道,不能保证劳动过剩就能这样地获得解决,长时期的失业是最可能的结果。必须指出,结果总消费的减少很可能会引起地租的降低，以致土地所有人从积累方面过分的耗费土地的偏向中得不到利益。

这种情况很像耗费资本的新发明可能造成的情况。正如有新发明的时候那样，必须积累的速度加快才可能维持整个系统在充分就业的状态下运行，如果积累不能加快，所谓"改进"的唯一结果是增加各方面的困苦。

这对于不发达的农业经济有一种重要的教训。使农业机械化（不提高每亩产量）是没用的，除非工业准备扩充就业，吸收从土地上解放出来的劳动。

在相反的情况下，如果投资一向采取的形式能提高每亩产量而不减少单位产品所需的劳动（比方说肥料提高了土地的产量而不增加一个工人能处理的收成的数量），则实际工资已经增长。每单位产品分担的地租一定已经降低，可是总消费既然已经增加，每亩的地租水平也许已经降低，也许已经提高。

这种投资在落后的经济里十分相宜，因为它会提高实际工资的水平，使其和特定的投资水平相适应，从而有可能提高投资率而不碰到膨胀的限度。

在农业方面节省土地的新发明的用武之地，在原则上，并不少于节省劳动的新发明，可是近来有一种耗费土地的强烈的偏向。资本主义经营方式是在工业里而不是在农业里发展形成的，技术进步上的领导人一直是工程师而不是植物学家和生物学家。假如新世界没有及时开发，粮食一定会成为阻碍积累的关键，而从事于改进的地主一定会成为原型企业家。可是有这样多的天然财富给日益扩张的资本主义经济运用，使人们不需要节省土地的新发明。

正如劳动过剩使得技术进步不注重节省劳动的一面,土地过剩也使技术进步不注重节省土地的一面。

将来也许会证明,土地报酬递减规律的这种不真实的表现(积累方面的一种耗费土地的偏向),不是以自然法则的必然性为依据的,而不如说是一种历史的偶然性的结果。

地租和资本财货的成本

地租的存在给商品的价格和资本财货的价格之间的关系带来了许多复杂问题。一般说来,地租水平的全面变动可能对经济的两个部门影响不同。土地单纯地作为空间,在投资部门里起的作用显然比在消费部门里起的作用小,消费部门包括粮食的生产以及消费品制造业所需要的原料(例如棉花)的生产。另一方面,可供使用的土地的某些特殊部分(适宜于建立船坞的地点、含有特殊矿物的土地等)对投资部门极为重要。

大体上似乎有理由可以假设,从事于生产资本设备的工业有它们自己的对土地的要求,这种土地被专业化了,只适合它们的用途,以致当消费减少,或者消费部门中每亩产量比消费增长得更多时,因此带来的土地需求的减少和地租降低对投资部门没有好处,在相反的情况下地租增长时,对投资部门也没有损害。

在这个基础上,我们可以把没有偏向的积累这一概念分别应用于两个部门。在投资部门里积累是没有偏向的,如果它的生产能力的增加(有较多或较好的机器来制造机器)能提高每人产量(以供其他工业使用的生产设备能力单位计算)而不增加投资部门里对土地的需求。

投资部门里积累方面也许有很强烈的耗费土地的偏向。船的年产量的长期增长[1]大大地提高河流两岸的土地的边际生产力。钢的产量的长期增长提高铁矿的边际生产力,等等。这不需要把我们的对积累的分析弄得很复杂。那意味着当长期的出产率增长时,以特定类型的资本财货计算的每人产量倾向于降低。可是当不同的积累速度在进行时,机器的规格总是不同的(因为整个的局面不同),并且我们可以把投资部门里劳动的边际产品减少的影响包括在产品本身的变动的项下。可是它确实把怎样计量一笔资本那种科学研究的问题弄得很复杂。一台具有特定规格的机器,如果是在一个从仅有的土地上挤出高产量的时期中很困难地生产出来的,一定比假如在有较多的余地和较高的效率的条件下用较少的劳动生产出来的能代表更多的劳动时间。(这个问题,和在不同的假想利率下以工时来对资本进行估值的困难,有些相似。)[2]

这一点在比较地理位置上分开的经济组织的时候相当重要。假设 A 经济和 B 经济在消费部门里有相同的劳动人数,使用着同样的技术,而 A 经济里的投资部门比 B 经济里的投资部门拥有的自然资源丰富得多。在 B 经济里现有的资本财货代表较多的劳动时间(比方说需要用较多的工作来生产这些资本财货里所用的从低级矿砂中炼成的铁)。实际资本比率(这是以劳动时间计算

---

[1] 当然,我们在这里注意的是长期内的积累。商业循环期内投资方面的波动会引起投资部门里亩产量大幅度的变动。

[2] 参阅本书第十一章,第142—145页,(4)以劳动时间计算的资本。

的)在 B 经济里较高,而且按特定的实际工资率计算,它的资本拥有量以商品计算的价值较大。可是显然 B 经济并不是一个更富裕的经济。

这里没有办法避免指数的迷惑,我们能希望做到的只是用一些大略的估计,加上常识的判断,来减弱这种迷惑的力量。

地租和有效需求

有些地租收入者,保留着贵族的传统,可能比较容易用钱超过自己的收入,而不容易节约。另一些地租收入者是普通的食利者,他们把一部分财富投入不动产,而不投资于证券。[①] 在后一种人占多数的场合,我们必须假设地租里有一部分被节省下来。我们继续假设没有从工资里节省下来的储蓄,并且假设只有一部分利润分配给食利者。因此,消费对收入的比率,地租方面比工资方面的低,而地租方面比利润方面高。

据此,地租在总收入中所占份额的增长,就它对有效需求的影响来说,是和分配给食利者的那部分利润的增加相同的。它引起较大数目的从财产收入中付出的开支。地租的份额越大,和特定的投资率相适应的实际工资就越低,同时外界储蓄对利润的比率就越大。

[①] 对土地的地租报酬和对深入土壤的资本财货的报酬总是互相混合,无法分开的;地租的一部分不如说具有毛利的性质——它包括一笔数目为了维持或者偿还资本。净利润这一概念的模糊不清(除了在一个想象的永久平静状态的世界里)也使人没法把净租金这一概念弄得精确。

当局面的发展情况使利润在总收入中的比例份额保持不变，另一方面（由于积累方面耗费土地的偏向）地租的份额相对于工资的份额而言有所增长时，和任何特定的投资率相适应的实际工资就成比例地减少。从地租中付出的开支，对工人说来可以说是一种负担，而没有安慰，因为他们的牺牲并不通过积累而增加本经济未来的财富。同时消费对投资的比率比在假如地租和工资的相对份额仍旧不变的情况下略少，因为有一些从增加的地租中节省出来的增加的储蓄。

这样，如果企业家急于要投资，而经济有达到膨胀限度的趋势，牺牲工资来提高地租会使膨胀的限度在任何特定的投资率下更加接近，从而延缓积累，并且越是这样，土地所有人节俭的程度越差。另一方面，如果那经济正在陷入停滞状态，以牺牲工资来提高地租，会加强长期失业发展的趋势，并且越是这样，土地所有人越是节俭。

当局面的发展情况使工资的份额差不多不变，地租增长而利润减少时，消费对投资的比率就上涨，并且越是这样，地主的节俭程度越差。

任何时候，在任何特定的投资率下，外界储蓄的增多会使企业家（作为一个整体）的债务对资产的比率逐渐增高，并且由于弄得资金较难到手，可能会妨碍投资。

在这些方面，地租和其他的食利者收入没有区别。可是其他的食利者收入和资本拥有量的增长总有一些密切的关系，而土地存在，不管人们占有土地是不是得到报酬，结果地租收入的增加是对经济组织的其余部分的一种征税，和生产方面的任何增加没有关系；相反地，地租起因于土地的稀少性所加于生产的限制。

地租和独占

我们一直在根据竞争性的要素市场进行我们的论证，在这种市场里土地的边际产物对劳动的边际产物的比率支配着它们的价格的比率。实际上，在地租的决定中有很大的独占的成分。每一块土地有它独特的地方，从这块地上所能取得的地租在很大程度上决定于佃户的讨价还价的地位。

地租里面的独占成分，可以在同一块土地租来供农业之用或者租来建筑房屋时价格的区别中明白地看出来。在一个完全竞争的市场里，全部的供给和需求决定价格，不能对特殊的买方有所歧视。可是，在土地市场里，可以使一个预期从土地使用中获得较大利润的买方比一个预期获得较小利润的买方付出较高的代价——土地所有人实际上取得在他的土地上运用的资本财货的准租金的一部分。这不需要土地所有人之间有公开的勾结，而是自发地起因于市场的自然的缺点。

只要地租保持在理想的竞争水平以上，地租负担起初落在利润方面，可是从地租收入中付出的开支使物价（相对于货币工资而言）高于地租较低时物价，结果全体企业家收回了（作为商品销售的收入）他们在地租上付出的数目的一大部分：主要的负担因此落在实际工资方面。

土地价值

土地在作为食利者财产这方面有一些特性。

当积累继续进行,地租水平趋于上涨,而利润率大致不变时,一块特定的土地所代表的资本总值在增加(一项日益增长的年收入按不变的利率资本化了)。这就产生了土地所有人的财富的"自然增值"那种有名的现象。当一般的利润水平以及从而利息水平趋于下降时,土地的资本价值增长得格外多。

即使在地租水平不变和利率不变的条件下,一块特定面积的土地的总价值也可能有一种缓慢的增长。既然土地比大多数类型的资本财货有更多的用途,它的价值就较少地决定于那在特殊时间使用它的某个公司的运气,因此作为债款的抵押品它比其他实物资产具备一项重要的优越条件(它可以抵押或者卖出而租回,从而腾出资金来投资于新的生产能力)。从食利者的观点来看,土地主要地是一种投资,可是作为消费者的资本它也有可取之处。因为具有这些特别的有利条件,随着财富的增长,土地的需求会增长,即使地租水平不变。总财富的增加产生对更多土地的需求,既然数量是固定的,每一单位的价格就一定增长。从个别所有人的观点来看,他所有的土地的价值的增长和投资的价值的增长差不多是一样的,可是从全体食利者的观点来看,土地总值的增长是无须节约储蓄必然可以获得的财富的增长。

第三十二章 土地、劳动和积累

我们已经考虑了在没有积累的情况下劳动对土地的比率的变动,以及在劳动对土地的比率不变的情况下的积累。我们现在必须把这两种类型的变化放在一起来考虑。

当人口在特定的空间范围内增加时,真正的报酬递减规律在发生作用,并且地租在总收入中所占的份额会随着时间的进展而增长(除非积累方面有很强烈的节省土地的偏向)。这会阻滞随积累和技术进步而俱来的实际工资的增长;或者,当积累和劳动人数的增长对比起来非常缓慢,以致实际工资倾向于下降时,它会促使实际工资降低。

在后一情况下,绝对地租水平并不因人口增加而必然提高。实际工资降低程度也许大得会减少总消费,当它确实减少总消费时,消费部门总产量的降低也许胜过每单位产品所需地租的增长。

土地和过剩的劳动

当积累落后于人口的增长以及由于技术进步而来的每人产量的增加,以致劳动的需求赶不上供给的增长时,多余的劳动会淤积在本经济的农业部门里。这种现象所以发生,部分地是因为,由于城市和乡村的人口出生率不同,新的工人首先可以供农业使用,只有在工业对劳动的需求增加很快,足以吸收他们的时候,才流入工业;部分地是因为农业方面增加劳动对土地的比率从而增加单位产品占用的劳动,比工业方面降低技术的机械化程度容易一些,因此当城市里失业为患的时候,愿意接受较低工资的工人能在乡村里找到工作。

再者,如果当时的情况是土地的需求已经减少(因为消费由于实际工资低而减少),一些次等土地可能闲置出来,结果多余的工人有机会使自己作为农民来工作。从一种分析的观点来看,这是一种"隐藏的失业",[①]虽然从人道的观点来看,这是一种特别辛苦的工作。

即使在相当繁荣的经济里,正常的事态是劳动的需求少于当时的供给,除了在兴旺高峰的短短一段时期中。(甚至在这种时候也不一定有充分就业,如果人口在增长、技术在进步,因为从一次兴旺到下一次兴旺期间关键工业中的生产能力的扩充可能不够吸收在这期间劳动队伍的增加。)这种劳动后备军主要地依附于农业,因此农业方面的工资水平会落后于工业方面的工资水平。结果所使用的技术使单位产品所用的劳动量高,低的实际工资表面上似乎是每人产值低的自然后果,虽然更精细地观察一下,就可以看出这里的因果关系恰恰是相反的。

---

① 参看本书第 183 页。

把边境封闭起来

到此为止,我们考察了一种土地的供给超过需求的经济和一种土地稀少的经济。我们也得考察一下从一种局面到另一种局面的过渡。让我们假设一个在地理上一直在扩张,人口一直在增加,积累一直在进行的经济。每年的投资一部分用于开拓新土地,并且(在竞争的条件下)这些投资产生的利润率和其他任何投资大致相同,可是土地不能得到价格。过了一个时期以后,所有可用的土地都被人占有。当空余的土地已经没有时,产量的进一步增加就会增加每亩的产量而减少每人的产量。劳动的边际产品已经降到低于平均产品,土地的边际产品已经涨到高于零。土地所有人现在能收取地租。两个雇用着同样数量的劳动的企业家,其中占有较多土地的一个有较大数量的产品,并且愿意付出地租,其数目等于这笔额外产品减去所需要的任何外加资本上按当时利润率计算的利润(假设各方面都是竞争性的条件)。

为了使分析尽可能地简单,我们将假设那个经济已经急转直下,变了一个局面——到一定数目的人口和产量为止没有地租,超过这个数目就开始要付地租。在第二种局面下实际收入总额比在第一种局面下多,但超过的数字很小。在第二种局面下企业家付出地租。所有在经济组织扩张地盘期中碰巧取得土地所有权的人,都得到了一种财富的来源。土地所有人把他们的地租大部分用在消费品上。因此企业家在商品的销售价值中收回他们作为地租付出的数目的一大部分。物价(相对于货币工资而言)已经相应地上涨，实际工资已经降低。每年利润，按任何特定的投资率以商品计算，降低的范围不超过从地租中节省的范围。资本设备，总的说来，受土地稀少的影响比消费品受的影响小得多，所以实际工资的降低必然会引起设备成本（以商品计算）的降低。因此投资的利润率可能已经增长。

这里面没有任何东西可以支持那种意见，即自由土地如果用完就会引起停滞。① 可是这个问题也有另外一些方面，可以使那种意见变得动听。

第一，从地理的扩张转变到在特定的土地范围内的积累，需要技术上的改变（以及产量构成上的改变，这种改变我们已经根据简单化的基本假设加以排斥），并且应付这种新的局面，需要机智和想象力。企业家们也许感到有些为难——以往他们只需按久已确定的要素比率计划怎样扩张产量；而现在他们却必须再想一想了。如果他们不能适应环境，面对着土地的稀少只是束手无策，投资就会减少，停滞就会开始。到现在为止在进行着的扩张本来周期性地进行着，经济转变了局面以后第一次的萧条特别深重和长久，因为要摆脱这种萧条，需要一种现在还没有懂得怎样安排的新投资。

然而，这说的是一种有些低能的企业家。

第二，在地理的扩张继续进行的时期中，从事于投资和扩大产量的人可能不仅是正规的资本主义企业家。让我们假设边境当时正由拓荒者在开拓（这种拓荒者属于以上讨论过的那一类型）②，

---

① 参阅汉森：《充分恢复还是停滞？》。
② 参阅本书第 336 页"拓荒者"一节。

第三十二章 土地、劳动和积累

他们的主要投资是自己的工作。对资本主义工业的需求在不断地扩大，超过它自己的工资支出和利润分配所决定的范围，因为拓荒者从它那里输入(逐年增多)工业品，以食粮和原料为交换。这种日益扩大的需求需要本经济的资本主义部门里的设备有相应的扩充，以致投资在不断地进行，提供日益增长的能力，生产货物以备输出。

在一个独立自足的资本主义经济里，如果投资率降低，商品的需求就减少，利润就减少，并且投资可能减得更多。当外界对一个资本主义经济的产品的需求日益增长时，投资率的降低意味着经过相当时期以后，人们将发现生产能力的扩大应低于需求的扩大。这时候贸易的条件变得有利于资本主义的工业(以输入的粮食和原料计算，工业品的价格上涨了)，利润也增加了。以本国工业产品计算的实际工资已经降低，因而对资本主义企业家来说劳动成本降低了(虽然从他们的工人的观点来看，实际工资也许已经增长，因为粮食的价格已降低)，投资的利润率提高了。结果投资的速度将加快。

这样，日益增长的外来的需求使得投资活跃，使资本主义经济不致发生市面暴跌，[①]或者帮助它早一些从萧条中重新好转。当拓荒的人口停止增长时，外来需求的扩张就终止，那资本主义经济可能会发现在这以后开始的第一次萧条比以往外来需求继续扩张时期的萧条更为严重且历时更久。

第三，那日益扩张的经济也许一直在通过移民补充人口。如

---

① 参阅本书第 419 页。

果边境的封闭和移民工作的停止同时发生,人口增加的速率就会突然降低。从企业家的观点来看,边境人口中仍旧有大量的劳动后备军,可是除了用相当高的实际工资不能把他们吸收到工业里来(因为否则他们宁愿留在原处不动)。只有提高机械化程度和压低利润率,积累才可能按原来的速率继续下去(在没有充分的技术进步的情况下)。

一个经济从一种在特定的技术情况下以人口增加为基础的差不多的黄金时代,转变到一种以技术进步为基础的差不多的黄金时代,是完全可能的。实际上,劳动稀少的趋势已经开始发展这一事实,就可以刺激发明力,使得第二种差不多的黄金时代比第一种具有较快的积累速度。可是两者之间的过渡会对企业家提出重大的要求,整个经济可能在两者脱节的时候不知不觉地进入停滞状态。

最后,用于开发新土地的投资和用于资本财货上的投资性质不同,前者会大大地增高对预期利润的希望,此中原因我们稍缓即将看到。它所提供的对积累的诱力一经消失,就会削弱对投资的刺激,结果停滞便开始了。

停滞一经开始,它看来是无法避免的。剩余生产能力的存在是投资的最大的敌人,而剩余劳动的存在则是技术进步的最大的敌人。投资缓慢,利润就低,前途就会使人气馁。想用提高毛利来保卫自己的利润的垄断者正在通过减少实际工资和限制商品的需求来自取灭亡。利润的前途不佳,使每个企业家不敢投资,从而也不能为其他的人制造有希望的前途。可是停滞存在是因为有了停滞,而不是因为土地不自由了。

土地方面的投资

用于开发土地（包括矿山、油田等）的投资和用于资本财货上的投资有一点重要的区别。所取得的资源的价值和投资的费用没有关系。尽管我们在估计资本财货的价值时会碰到很多困难，但大致可以说，投资所造成的设备的价值的增加总跟投资的费用相差不大，因而在长时期内资本拥有量跟所有的净投资的总和差不多相符；可是，当涉及自然资源时，一笔小投资也许在生产能力方面会产生很大的增加。再则，一笔这种投资会造成一种极其有利于进一步的投资的局面，例如建筑铁路会使一个新地区和市场发生关系，从而使开发它的资源有获利的希望。由于这种原因，人口增长和现有的土地供给之间很少处于平稳状态的。一个时期，人口的增长超过了现有的土地供给，土地逐渐地变得越来越稀少。后来，由于某种偶然的历史变化，或者因为土地的稀少本身逼出了种种发展（运输、新的农作物等），大量土地突然进入可以有利地加以开发的范围，于是用来开发土地的劳动变得稀少了。地与人的这种相互作用（还有技术的发展）是经济史的主要题材。

政治历史也在起作用，特别是通过殖民地的发展。新的劳动供给和新的土地供给也许都可以找到。一个民族的企业家，可以通过正当的或不正当的手段，取得权利来开发已经由另一个民族居住的地区，并且通过正当的或不正当的手段，使当地的人为工资而工作。

另一种巧妙的方法是将奴隶和契约劳工输入人口稀少的地

区，从而使世界的某两个部分的剩余劳动和另一部分的剩余土地结合起来。

这两种形式的拓殖，在使资本主义经济的工业部门获得它们自己领土内所没有的各种原料方面，起了特别重要的作用。①

对这些大问题我们的形式分析不能有很多贡献；我们的分析只打算提供一个轮廓，在这范围以内我们可以有条理地讨论这些问题。

---

① 这一点在本书第416页"殖民地投资"一节中，有进一步的讨论。

第三十三章 递增和递减的报酬

我们已经超过了在我们的一些简单化的假设下所能讨论的各项课题的范围,多谈无益;以后各章打算只就那种使我们的论证和经济文献里一向详细推敲的某些问题发生关系的环节,约略地说一说。

大规模生产的经济

我们在以前的部分里,始终在这样一个假设下进行分析,即每人产量是和产量的总的规模没有关系的。产量的长期增长(不同于周期性变动的那种暂时的上升)是一种缓慢的过程,当这个过程继续进行时,劳动对土地的比率、机械化程度和技术的状态大概都会变动,使自己适应总产量的改变,因此决不可能精确地断定什么效果是由于经济组织的规模,什么是由于发展中的其他因素。然而,大致地辨别规模和生产力的一些关系,还是可能的。

一个工厂的规模 为从一个工厂里生产出较大的产量而采用的那些技术,一般说来都能产生较大的每人产量,达到一定的规模。这是由于人们熟悉的分工的节约和设备专门化的节约。这些节约正是资本主义经营方式的基础,因为把大批工人组织起来的企业家假如不能比工匠用较低的价格出售产品，而同时至少给予工人以一种足敷生活的工资，资本主义制度就不可能生根。

对少数一些商品来说，这些内部的节约都能继续到一种很大的规模，可是在大多数生产事业方面（处在任何特定的技术发展阶段）一个工厂的最低限度的有效力的出产率属于中等规模。

在大多数生产事业方面，总有未用完的属于规模方面的内部的节约，即使在一种商品的全部市场是一个工厂的技术上最适宜的产量的很多倍的时候，也是如此。这是由于三种主要原因。第一，在变化无常的世界里，每个企业家想要搞许多方面的生产，以便在一种东西销路不好的时候，可以依靠另一种。既然许多公司只经营一个厂，这意味着在一个厂里生产着很多花样不同的东西（从一种纯技术观点来看这个问题）。第二，每个企业家给每一样商品的小量销售额建立信誉比给任何一样商品的大量销售额建立信誉较为容易。由于风险以及竞争不完全而受到障碍的潜在的节约，不能因市场的全面增加而获得解放，并且它和整个产量的规模方面的节约问题的关系，只以整个经济组织的规模对某些市场里竞争条件的影响为限。

第三种阻碍着潜在的内部的规模方面的节约的力量，是运输费用。容易腐坏一生产出来就必须卖出的商品，或者笨重的或者容易打碎因而其运输费用比销售价值高的商品；根据特殊顾客的条件由成衣匠缝制的商品；必须通过卖方自己的分配网送到顾客家里去的商品（例如煤气）；以及直接对买方执行的服务，都有一种在地理上受到限制的市场。因此任何一个供给来源的经营规模多半决定于附近市场的密度。就这些特殊商品来说，只需把有关人

第三十三章 递增和递减的报酬

口集中在较小的空间范围里，在规模相当小的总产量下潜在的节约就可能充分发挥作用，可是当其他因素（这些因素我们即将讨论）使经济组织所占的空间扩大，以致它的总面积的增长至少引起某些部分中密度增加时，这种发展会在这些类型的商品方面促进生产力。

一个公司的规模 一个经营许多工厂的公司可以在这些厂之间实行专业化，从而达到技术上的经济合算（虽然即使这样做，风险因素还是可能使各厂的产品分成多种多样，以便各厂可以分得任何订单的一部分）。这是一种强大的影响力量，有助于促进公司的发展，且从而减少每个市场上的竞争者的数目，可是规模方面的潜在的节约由于技术改变而不断地被造成和消灭，以致即使那些最成功的公司的规模也可能和任何特殊时候的技术上最适宜的条件不合。大公司除了大规模节约以外还具有其他的有利条件：对资金的掌握，跟供给者讨价还价的能力，能吓倒潜在的竞争者，等等。由于这些原因，在许多行业方面企业公司可能有一种趋势会发展到超过技术上经济合算的最高限度所容许的规模，并且会形成大规模生产的不经济，由于在庞大的组织中出现的官僚主义式的动脉硬化。[1] 一个经济组织一经超过一种很普通的总规模，大概很少会有那种情况，即一种商品的全部市场不足以维持一家具有最大效率的规模的公司（有别于战略上最强的公司），虽然有一些极特殊的例外，如果所生产的东西（例如汽车）是由于很多的零件构成，因而有无穷的专门化的机会。除了这种情况，一个大经济

---

[1] 参阅 E.A.G.罗宾逊：《竞争性产业的结构》。

组织比一个小经济组织优越,它的有利条件就在于可能有许多的公司,因而比较不容易受独占的折磨。

一种产业的规模 有一些外部的节约,决定于由许多公司构成的一种产业的规模——资本设备生产者的发展已专门化于供给这些公司的需要和训练其职工及技工的设施。这种外部节约中有些决定于产业所在地的集中(只有在大家都在那里经营的中心地点经营工厂的那些公司才享受得到这些有利条件),有些决定于整个经济中那种产业的规模,所有分散各处的工厂都能同样地享受得到这种节约的好处。①

这一种节约,由于整个经济的发展而发挥作用,可是容易和资本积累以及技术进步牵连在一起,无法分开,因而有一种锯齿式的影响——一种具有一定规模的产业,如果是从较大的规模缩小到现在这样的,它的每人产量就会比一个初次达到这样规模的产业大,以致纯粹规模的影响和其他影响区分不清。②

标准一律的节约 在所有这些情况下,有关系的是某些具备特定规格的商品的市场大小;在一个由爱好标准化消费者构成的小型经济里,比在一个含有一些怪癖人物的大型经济里,会有较大的节约。③(爱好标准化的消费者的钱能换到较多的东西,虽然怪癖的人也许能得到较多的趣味。)广告的目的之一是造成爱好的一致(往往利用人类害怕被人看作怪癖的心理,加以诈骗),以便为特殊的供给者取得大规模生产的经济。

---

① 参阅罗宾逊:《竞争性产业的结构》,第142页。
② 参阅马歇尔:《政治经济学原理》,附录 H。
③ 参阅前引罗斯巴斯著作。

第三十三章 递增和递减的报酬

经常费方面的节约 对整个产量来说,主要的一些大规模生产的节约和任何个别商品没有关系。[①] 这种节约之所以产生,是由于某些服务事业,例如一切产业所需要的运输系统、银行系统等,假如不能大量提供设备能力,就根本不能为任何服务提供设备能力。一条能够每月运一小件货物的铁路线,不能没有每小时运输许多吨的能力,其每吨的边际成本比那包括对轨道投资的报酬在内的平均成本低得多。这种服务,对总产量的关系,类似一个个别的工厂的经常费对它自己的产量的关系。

专门生产设备的各基本工业(钢铁、机械)处于大致相似的地位。只要它们享有大规模生产的节约,它们依赖任何一个工业中正在进行的总投资的规模的程度,远不及它们依赖整个产业中总投资的规模。

就这种类型的节约来说,锯齿式的影响是很显著的;经常的投资一经固定,总产量的规模缩减就会引起投资上的损失,而不会引起每单位产量的现时成本的增长。

土地的专门化 比工业上由于大规模生产而造成的节约重要得多的,是由于占有一片大土地而产生的那种大规模的节约。[②] 实际上土地对各种不同用途的适宜性决不是一律的,使各不同地区的土地专门化,即专用于各种不同的生产,可以造成很大的节约。

处于一块小空间里的一个孤立的小经济,必须按照它的需要

---

① 参阅阿林·杨:《递增的报酬和经济进步》一文,见《经济学杂志》(1928年12月)。
② 这是一种显而易见的道理,所以一般地被人忽略,可是在"国际分工的节约"的题目下,会得到它应有的地位。

的比例从自己的土地上取得粮食、饮料、纺织纤维和建筑材料,而不是按照它的土地在这些东西的生产上最合宜的比例来进行生产。当它在地理上扩大,并且发展运输设备时,即使新土地和老的完全一样,它可以通过专门化生产,而取得巨大的节约(一部分最好的牧场被种上了小麦,因为最好的麦田所产的小麦不敷需要——有了较大面积的土地和较大的市场以后,各种类型的土地就能分别用于最适宜的方面)。可是新土地决不会和原有的土地完全一样;它含有不同的矿物和不同的土壤。本经济的基本需要现在可以用花费较少劳动的新方法来满足。

一般地说,土地专门化的利益非常重要,以致使任何特定的劳动力量分散到广大的各处地方(铁矿在地图的一个角落,河口在另一个角落,葡萄园又在另一处)。当总的劳动人数不多时,这需要很高的运输费用,并阻碍工业方面许多潜在的经济合算,这些经济合算的作用正随着人口密度的增加逐渐地发挥出来。

最合宜的人口密度

由于这一切原因,每人产量有一种倾向,即它会跟着特定的空间范围内总产量的规模一起增长,而土地报酬递减规律,无论是它的简单形式(每亩土地上的劳动的增加会减少每人产量)或者它的被窜改过的形式(积累中的一种耗用土地的偏向),一般说来,只有在产量已经达到一定的规模以后,才会开始减少每人产量。这引起了一种想法,认为也许可能根据那种能使每人产量扩大到最大限度的规模,来给任何特定的空间规定最合宜的人口规模;可是这样的想法,由于许多原因,是不能令人满意的。

第一,最合宜的规模往往会随着技术发展和资本积累而发生根本性的变化。特别是,运输设备的发展往往等于人口密度的增加,因此在一代中看来显然低于最合宜密度的人口,在下一代中也许会不再低于最合宜的密度,虽然人口并没有增长。

再说,经常费方面的基本投资(公路、铁路、排水、矿井等)一经按照人口多的需要建成以后,当人口缩减时这些投资并不消失,因此可以这样推测:这些投资一经完成,不管人口怎样,总略多于最合宜的人数。(后面我们将回过头来讨论这个问题。)

第二,如果把这种说法应用到整个经济的某些特殊部分(比方说一个国家所占的领土面积),最合宜的密度决定于那个较大整体内当时所有的贸易的设施。在完全的平静状态以及全世界自由贸易的条件下,一个小小的人口,在范围很窄的若干种产品方面高度专门化,就可以分享整个世界的大规模经济的利益;这种人口,如果变得大一些,也得不到什么好处。假如和外界隔绝,不得不少量地生产自己所需要的各种东西,它就会发现总产量的增长会带来重要的大规模生产的经济合算。贸易方面不断变化的条件会突然地改变最合宜的密度,这种改变的速度,比人口造成的改变快得多。

第三,根据每人产量计算的最合宜的密度这一概念,不涉及分配问题。较大的人口密度可能由于工业方面的经济节约而引起更高的每人产量,可是同时使地租在总收入中占取较大的份额,结果工人的生活会降低,虽然整个经济比以前富裕。

和这有关的是,不同商品的相对价格会跟着一个特定的空间范围内总产量的规模一同变化。土地专门化的主要节约一经实现，日益增长的人口密度的其余的种种节约对工业品的影响可能比对粮食的影响更大，结果人口增长所带来的物价变动，会朝着提高粮食价格（相对于工业品而言）的方向发展，并降低那些（社会上较穷的一部分）把自己的消费的最大部分用在粮食方面的人的实际收入。（这一类问题，到现在为止，由于我们假设代表消费品的复合商品的构成不变，始终不在我们的分析所考虑的范围以内。）

再则，土地本身是一种极端重要的消费者的资本财货，不管它的服务是被个别的人消费（私人花园），还是集体地消费而由个人付出代价（高尔夫球场、假日游乐场所），还是集体消费集体出钱（公园、城市中规模宏大的运动场），还是集体消费而不须出钱（郊野地区）。

人口密度的增加所带来的以土地计算的每人实际收入的损失，很大一部分由于同时发生的货币价值的增长（较高的地租，假日游乐场所的较大的利润，等等）而被掩蔽，而另一部分根本无法计算，因为那是一种没有价格的利益的损失。

最后，人口的密度对有关民族的爱好和特性具有非常深刻的影响。对一个加拿大的捕兽者和一个伦敦的推手车者两人的实际收入进行比较，没有多大意义。只有在一个特定的社会里考虑小差别的时候，这种比较才有意义。可是只有在关于相当大的差别方面，我们才可以希望辨别清楚规模大小的影响和在实际情况中跟这种影响联系在一起的（虽然不是生来就决定于这种影响的）技术上的差别。

还有另一些理由会完全损害最合宜的密度这种概念，即使它不被以上这些反对理由所打倒。密度的差别经过一种变化的过程而发生,这种过程包含移民或者特殊的家庭生活方式;而且从一种人道的观点来看,这种变化过程所留下的后果也许比已经发生的一种变化的后果重要得多。

人口和投资

即使我们认为人口的最合宜的数目这一概念是飘忽不定的,我们还是可以讨论这样一个范围较小的问题,就是,人口的增加在任何特定的情况下将怎样影响每人收入。

一个成熟的经济 首先考虑一个早已奠定了经济的经常设备(运输系统、专门生产技术设备的工业等)的基础的资本主义经济,那里的人口有足够的密度来实现工业方面最重要的大规模的节约。如果人口不变,所有的积累都会去提高每人占用的资本和改善居住标准。当积累继续进行时每人产量会增长。在没有技术进步的情况下,机械化程度会提高;随着时间的进展实际工资会增长,利润率会下降。

如果人口在增加,积累的一部分就必须用来维持实际资本比率和居住标准(并且如果积累不够和人口的增长成比例,实际上实际资本比率就会降低或者长期失业就会增加)。[1]

---

[1] 如果没有技术进步,并且各个经济里的积累速度最初等于那日益增长的经济里人口增长的速度,那么,它会继续使用 C 技术,而人口不变动的经济会从 C 技术转移到 B 和 A。如果积累的速度稍微高一些,那第一个经济会转移到 B 技术,而第二个经济会走向 A 技术。如果技术进步在各个经济里以同样的速度进行,那第一个经济会,譬如说,转移到 $C+$ 技术,而第二个经济会转移到 $B+$。如果在那人口不变的情况下技术进步比较快(因为劳动稀少的压力),第二个经济就会转移到 $C++$,而第一个经济会走向 $C+$。

因此,很可以这样推测:过了几年以后,一个有代表性的工人家庭,如果人口数目没有增加,会比假如人口数目有了增加时,生活得好一些。

无论在哪一种情况下,总产量都会增加,并且在关于经常设备(运输等)上的大规模的节约方面,这两种情况之间不会有多大的差别。可是在每人收入已经增长的场合,可能有较多花样的各种商品被消费掉;在制造业的一般运转中,消费构成不变时,比增加较多的花样时,特定的产量的总增加可能发挥较多的大规模节约的作用。因此,在这一方面,较大的人口有一些便宜。可是,从一个代表性的工人家庭的观点来看,这一点便宜可能因地租增长(使工资吃亏)以及损失自由土地的享受而被抵消。

在人口不变的场合,企业家也许被劳动缺乏所迫而加速技术的进步。如果这样,利润率下降的倾向就被抵消,甚至变为相反的倾向。

如果企业家不这样做,如果他们在利润率下降的情况下不敢继续投资,经济就陷入停滞。

在这种时候,合理的补救方法是改变经营方式,例如实行集体合作的投资(在工业上和房屋筑建上都这样做);或者设法使工人的实际收入增长(比方通过对利润征税以及增加社会服务事业),从而减少维持充分就业所需要的投资额。

然而,那些认为经营方式神圣不可侵犯的人,主张提高人口出生率,理由是人口的增加会需要投资,这种投资可以在利润率不降低的情况下进行。

据此推论,似乎很可以假定,在一个成熟的经济里,人口的任何增加会降低每人产量增加的速度。相反的说法是不是适用呢——人口减少会不会提高每人产量？

如果家庭人口的减少是由于某种根深蒂固的心理病态或是生气丧失的结果，那是一种糟糕状态的症候。如果那是婴儿死亡率降低的一种反作用的结果（这种反作用过分了一些），那是一种大多数人认为可取的状态的症候。处在这个水平上的种种考虑比经济后果更重要。就这些经济后果来说，人口的减少显然会提高每人产量。每人占用的土地增加了，即使没有新的投资在进行，每人实物资本也会增加，因为根据较大人口的需要而建立的设备（铁路、船只、工厂建筑）很大一部分有很长的寿命；很久以前在开发土地方面所投的投资是永久性的；房屋的寿命也长，当人数缩减时，房屋和需要住房子的人相对地来说变得更多了。

每亩的产量和每单位设备的产量降低，地租和准租金就降低。实际工资增长而利润减少，企业家受到资本价值的损失。

这使得经济组织比在人口的数目单纯地不增加时更容易陷入停滞状态。一个日益减少的人口的年龄构成（儿童对老人的比率较小），从严格的经济观点来看虽然不一定有害，也有明显的缺点。统计学家根据现在的趋势推算今后一个世纪的情况时，预言会造成种族自杀。由于这些以及其他的原因，人口减少说起来很不好听，一般地在公众看来它是一种国家的灾难，虽然这对本国的地主和资本家来说比对工人来说显然尤其是一种灾难。

一个日益发展的经济 我们现在转到一种大不相同的情况。考虑一个经济，它刚开始从事于基本投资，并且在一套有意识的计划下经营，而不是在资本主义的经营方式下经营。工资保持得不变，全部剩余（减去行政费用以后）用于建立工业和教育方面的基本设备，以及计划新的城市，在那里从农业上吸收过来的农户将成为工厂工人。

只要劳动的边际产物超过工资，人数的任何增加都会增加投资总额。在增加的可以使用的工人中，只有一部分必须用于供给全部新工人的消费，其余的人可以去增加用在投资方面的劳动力量。在还有余地可用的时候，可以将较小的一部分投资用于开发新土地和购置农业上节省劳动的设备，从而防止劳动边际产品的降低（当就业增加时），所以人口的增加要继续很久一个时期以后，总投资随着人口的进一步增加而增加的说法才会失效。

总人口需要达到一定的数量，才可能在基本投资完成以后实现土地专门化的主要节约和工业的大规模节约；如果总人口还低于这个标准，那么从很长期的观点来看，人口的增长是有好处的。

即使人口已经多得足以构成一种根据任何合理的估计最后将证明是最合宜的密度，人口的增长在相当时期内还有好处。基本投资需要经过一些时间才可能产生任何成果，当基本投资完成时，还有一段给消费品工业提供设备的过程必须经过，然后消费的增长才可能实现。投资以最大可能的速度进行而每人消费不变时，那种消费品贫乏的时期，由于用在投资方面的劳动数量增加而缩短。人口的增加使得生活标准开始提高的日子早一些到来。在这以后的某一时期，生活标准将低于假如（这时候）人数较少时会发展形成的情况，因为人数越多，每人占用的资本增长得越慢。可是生活标准在不太远的未来能从最初的低水平提高起来的前景，比能在很长的时期后有更大的提高的前景，也许要重要得多。

第三十三章 递增和递减的报酬

人口过剩 现在来考虑一个一向处于原始停滞状态中而人口密度非常之大的经济,在它那里(使用着当时通行的技术)农业上劳动的边际产品差不多是零。农民的平均收入只够维持一种贫苦的生活,地主和贷款者消费掉全部地租和利息,或者如果他们节约储蓄,他们就积聚黄金,不积聚生产的资本。要突破这种局面,必须人们开始投资。有劳动可供使用,因为各农民家庭可以很容易地分几个成员到工业里去,因此而引起的农业产量的损失很小(即使有损失的话),因为在农业方面劳动的边际产品本来很少。可是那些已经离家的工人们的家属却非常高兴,因为以前必须和那些工人共同吃的东西现在全部归家属受用。

如果能够迫使或者诱得地主们削减消费,技术剩余的一部分就可以用于投资,可是这不能省出很多粮食,因为纵然把地主们压低到农民的标准,少吃的东西也不会很多——地主的高级生活标准主要地在服务和奢侈品方面。

没有种种能提高粮食总产量的节省土地的投资,积累的过程就不能大规模地开始。即使人口不变情况也不容易控制。如果人口在任何情况下都在增长,或者如果消费一有增长就会降低死亡率,从而使人口增长,各种节省土地的投资的利益实际上就会被消耗掉,潜在的积累就不能实现。

马尔萨斯学说 在差不多近似这三种类型的情况中存在着节约这回事,说明为什么现今在人口问题上有很多不同的看法,以及为什么在不同社会里人们对马尔萨斯的评价大不相同,且不说宗教和意识形态上的分歧。

第七篇

相对价格

第三十四章　供给和需求

对那些构成一个经济组织的个人来说,我们在简化的模式里所不谈的那种细节比我们的模式所要显示的轮廓,更加重要。一个企业家往往关心他自己的企业的命运,个人企业的命运很可能和本行业的发展背道而驰,同时,一种行业的命运很可能和整个经济的发展背道而驰。工人关心他自己的生产行业里的工资水平(以及一般条件),一个行业和另一个行业的工资的差别,也许比一般工资水平在他一生中发生的任何变动大得多。他的妻子关心他的工资的购买力,不是他的工资对一种假想的混合商品的购买力,而是它对她所要买的某些东西的购买力。财产所有人关心他的某些地基或者债务投资的价值,而不关心一般的地租水平或者总的资本拥有量。整个经济的缓慢的长期变动往往被它的各部分的动荡所掩蔽,而很少被生活在里面的人所意识到。

整个经济的短期变动确实冲击到个人,虽然即使在这方面本经济的各个部分所受的影响也是不同的;每一次的市面兴旺都有它自己的特点,一次兴旺可能在于发展形成一些新商品或者新的生产方法,使某些企业家破产,使某些工人的特别技能失去市场,以致能在整个经济里产生繁荣的投资,对他们却成了一种灾祸。有些企业家在萧条中倒比在兴旺中生意更加兴隆,因为他们专门经营一些便宜的代用品,可以替代收入降低以后许多人家买不起的那种东西。当短期失业的增加使得实际工资增长时,那些职业稳固的工人的生活情况就比以前好。

由于这些原因,对一个国家的居民来说,某些商品的供求的变动,比我们所讨论的整个产量的变动,更使他感兴趣。

正常价格

让我们再来谈一下在黄金时代的情况下处于完全平静状态的一个经济。整个经济里利润率是一律的,已经长久不变,并且预期不会变动。一切商品和资本财货都按正常价格出售。所有的劳动和所有的土地都是一样的,工资和地租都是一律的。大规模生产的节约都已充分利用。

在这种情况下,某些商品的相对的正常价格是怎样决定的呢?作为第一种近似数,我们可以说价格和每人产量成反比例(在人数里包括适当的一部分生产为维持各种商品的不断出产所需要的资本财货的劳动队伍),因此价格是和每单位产量的工资费用成比例的。这是有名的"劳动价值论"的基础。

这不过是一个第一近似数,因为在特定的技术状态下每人占用资本在一种生产事业里和在另一种生产事业里大大地不同,而资本的利润率却到处都是一样。因此,一年的产量的销售价值(相对于工资支出而言)根据为提供当时流行的投资利润率所需要的每年利润,而在一种生产事业和另一种生产事业里各不相同,需要较多每人资本的商品具有较高的价格对工资费用的比率。同样地，每一工人需用的土地在一种生产事业和另一种生产事业里不同，而价格必须要能够产生同样的每亩地租。

价格的范型在不同的利润率之下会有一些不同。我们知道，利润率会影响实际资本比率，因为假想的利息率参与了资本财货的成本；这使我们在关于利润率的差别对相对价格的影响方面，不可能做出任何简单的概括。再则，不同的利润率需要不同的机械化程度，并且有些商品比其他商品容易适应于机械化。然而，似乎可能，很多商品在任何合理的利润率幅度内需要一种比较高的或者比较低的实际资本比率，以致大体上凡是在任何一种情况下需要一种比一般更高的实际资本比率的一些商品的价格会相对地低于一般价格，假如利润率较低的话；而实际资本比率低的一些商品的价格，相对地高（可以说第一类商品从较低的利润率中得到的利益比第二类较多）。

同样地，土地对劳动的比率高的商品比那些比率低的商品受地租水平的差别的影响较多。

如果我们考虑到工人以及可供使用的领土的不同部分对不同生产事业的适应性都不同，劳动队伍的地理分布不同，不同产业中企业家的能力不同，以及不同商品在大规模生产的节约方面也不同，问题就更加复杂。这一切区别都影响生产成本，影响正常价格的范型。还有另一类复杂情况起源于独占方面在各不同市场上的差别以及各种各样的竞争的不完全。

这一切错综复杂的情况打破了作为关于相对价格的决定的一种解说的劳动价值论的单纯性，可是作为一种一般的概括，劳动价值论还是有效的，因为在一种生产事业和另一种生产事业之间（比方说汽车和图钉)每人产量方面的差别比由于这些不同条件而产生的差别大得多。

需求的构成内容

我们的假设始终掩护着我们,使我们不受指数的含糊意义的干扰,现在我们必须取消这种假设,承认并考虑商品产量的构成内容上的不同。

如果我们对两个具有不同利润率或者不同地租水平的平静的经济进行比较,我们就会发现两种不同的消费范型。这有三类不同的原因。第一类是,经济里全体居民的每人平均收入,一般说来,在两种情况下是不同的,这影响一个代表性家庭的消费范型。一般地说,欲望是分等级的(虽然在各个水平上都有许多交叉重复的地方),一个家庭的实际收入的增加不是用来以同一水平对各种东西都多买一些,而是用来以不同的等级满足各种欲望的。在总消费增长的场合,用在粮食方面的支出的比例会降低;住房所占的比例可能增高,工业品和娱乐所占的比例也会增高。随着生活标准的提高,某些商品——低级物品——的消费不仅在总消费中相对地降低,而且绝对地减少(面包和人造奶油让位给肉类和奶油)。

第二类对消费范型的影响,起源于利润率或者地租水平(相对于实际工资而言)方面的差别所引起的总收入的分配上的区别。①

---

① 在一种偶然的情况下,土地和劳动之间的代用弹性等于一(参阅本书第331页注②)并且每单位产量的利润不变(每单位产量的较大的资本值恰好平衡了较低的利润率),相对的份额不受影响。

工人、土地所有者和食利者各有不同的消费范型。代表性的工人家庭的收入比代表性的食利者家庭低,而其用在粮食方面的比例则较高;食利者家庭用在私人服务方面的支出较多;不同阶级在娱乐方面的习惯不同;等等。当我们也考虑到广泛的各级收入范围内不同的消费范型时,复杂情况就进一步增加;如果再考虑到某些特殊家庭的不同爱好,那就更加复杂。

第三类影响起源于在不同局面下价格范型上的区别。消费者的习惯在许多方面受相对价格的影响。有些时候,不同的商品互相竞争来满足同样的一些基本欲望,消费者择取代价较低的一种。在地租较高而利润率较低的场合,天然毛呢绒比人造丝织品价钱贵,消费量就可能较小。(现在的爱好往往是过去长期存在的价格差别的结果,当时造成价格差别的原因则早已消失——英国人比较爱吃羊肉的习惯是在羊肉是英国羊毛的一种廉价副产品的时代养成的。)还有一些时候,一种商品的相对价格较低,会解放出购买力来用在其他迫切性较次的商品方面。在面包价格比较便宜的场合(相对于工资而言),人们消费较多的牛奶。在一般粮食比较便宜的场合,人们会稍微多消费一些,可是主要的影响是住房和工业品的消费的增加。

消费范型又转而影响正常价格的范型。消费中较大一部分用在土地对劳动的比率高的商品方面,会使地租和工资比起来相对地高。消费中较大一部分用在对大规模节约敏感的商品方面,就会降低这些商品的相对成本,等等。

需求和价格的关系是微妙而复杂的,并且由于错综复杂的相互关系而彼此关联。在汽车价钱比较便宜的地方,人们消费的鞋皮较少；如果人们消费的肉类并不减少，皮革的价格就会较低。

经济学文献中有很大一部分致力于讨论平静状态下的相对价格，以及不同形式、不同程度的独占和竞争的多方面的影响。上面陈述的几点并不是提出来作为对复杂的相对价格理论的一种指南，而是仅仅使人们注意我们的简单的模式里所不能包括的那种非常重要的细节。

特别是，我们首先必须注意，当积累继续进行时，有些产量不变，甚至会减少。一个黄金时代对所有的各类企业家并非同样都是黄金时代，即使在各种条件就整个经济来说接近于平静状态的时候，任何一笔投资的前途仍会有很多不确定性。

比方说，在每人产量增长而利润率不变的条件下出现的实际工资的增加，和工人的生活标准的提高不是同样一回事。货币工资除以工人阶级生活费指数这种意义上的实际工资的变动，和货币工资除以整个产量的价格指数那种意义上的实际工资的变动，也许大不相同。对利润率和积累有重要关系的是后一种。对各个雇主的实际劳动成本是以他自己的产品计算的成本。从工人的观点来看，有关系的是以他所消费的商品计算的他的劳动的价格。两者之间的分歧可能很大，特别是在工业上和农业上生产力变动不同的时候。食品在生活费用中的重要性比它在整个产量中的重要性大得多。如果以粮食计算的工资已经增长，工人的生活可能实际上较好，即使以整个产量计算的工资较低；或者如果以粮食计算的工资已经减少，他们的生活就会较坏，即使以整个产量计算的实际工资提高了。

这种事实问题对膨胀限度至关重要，因为膨胀限度通过在一定的生活标准下工人的需求而发生作用(在一个繁荣的经济里),或者(在一个困苦的经济里)通过要完成工作就得养活他们的这种必要性而发生作用。

正常价格的意义

没有一个实际的经济处于平静状态。而且,即使在短暂的时间内出现一种有些近似平静状态的情况,资本拥有量的结构以及劳动力量在地理上和各种职业间的分布方面,充满了以往各个发展阶段遗留下来的情况,不合于现时的要求,因此,正常价格决不能同时支配所有的商品。

我们也不能说正常价格代表一种实际价格倾向于和它看齐的局面;因为,实际价格为了要赶上一种改变了的正常价格而向着它移动的这个过程就需要投资(并且可能需要不断变动的要素价格),这种投资反作用于正常价格本身。正常价格这个概念的意义,说得更恰当一点,在于说明某些商品所以彼此相对地在价格上有些差别是由于它们的成本结构(实际资本比率、设备能力充分利用时每单位产量的劳动等)上的差别,而不是由于需求(相对于供给而言)的短期波动而引起的差别。

落后的和进步的工业

我们已经知道,正常价格的确切的意义在一个不平静的世界里是不能毫不含糊地加以解释的,因为正常价格包括折旧和投资利润两项在内，而应该分派给今天的产量的这两项的适当份额决定于未来的准租金的情况。但有些时候，相对成本的变动仍非常显著，以致可以看出它们在长期内对实际价格的变动的影响。

在任何特定的技术阶段，某些生产事业特别容易适合于提高每人产量的新发明，比其他生产事业容易得多，无论是由于新发明的使用或是作为积累的速度超过劳动队伍的增长速度时提高机械化程度的作用的一部分。相对的价格在长期内倾向于和相对的生产力差不多反比例地变动，每人产量提高得最少的那些商品逐渐地越来越贵。当货币工资不变时，那些每人产量在增长的商品的价格会下降，而那些每人产量不增长的商品的价格仍然大致不变。当进步的工业里货币工资增长时，每人产量不增长的那种工业里的货币工资也被连带地提高（因为，否则，在长期内，它们的全部劳动力量会被拉走），结果落后的工业里的价格会上涨，而在其他地方价格将不变或者降低。无论在哪一种情况下，落后的工业所生产的商品的相对价格总会逐渐上涨。

近来这种现象的主要的例子是房屋建筑。日益增长的居住费用对每人产量全面增加所带来的实际工资的增长是一种严重的障碍（因为居住在生活需要中占重要地位），这一项费用可能很大，以致使工资的表面上涨成为空洞的嘲笑。①

同样还表现在生产力增加时各种服务（相对于货物而言）有变得越来越贵的一般趋势。这就产生一些自相矛盾的后果，因为财产收入中用在服务（家庭仆役、专做订货的成衣匠）方面的部分一

---

① 部分地由于这个原因，所以工人阶级的居住在"福利国家"中受到补助。

般地比用于工资的部分大得多,以致当资本家以消费者的身份用钱的时候,他们的收入的购买力往往被他们以企业家的身份进行的经营的成功所损害。

有偏向的消费

总产量的增加(这不是一个简单的数量,而必须用指数来表示),[①]会引起产量构成的变化,这种变化可能在资本、土地和劳动三者之间有一种偏向,其影响和技术进步以及积累方面的偏向相似。

这也是一个非常复杂的问题,我们将仅仅指出它的一两个重要方面。

第一,只要生活标准的提高一般会带来总消费中粮食比例的降低,积累方面就有一种节省土地的偏向。如果积累从技术观点来看是没有偏向的,以致每亩产量随总产量而增长,而对土地比率高的商品的需求却不能比例于总产量而增长,土地的需求就会减少,地租就会相对地降低。

另一方面,对作为消费者的资本的土地的需求会随着生活标准的提高而增加(耕种的土地少些,花园和足球场就多些)。

第二,居住在生活需要中的重要地位使消费具有很重的耗费资本的偏向,当房屋建筑是一种落后的工业时更是这样,因此,体现在特定类型的房屋中的资本的价值(用一般商品来计量)本身会

---

① 参阅本书第32页。

随着积累的进行而增长。

第三,相对于货物而言的服务的成本的增长必然使消费具有一种耗费资本的偏向。不仅富裕人家用机械的小器具(由实际资本比率比较高的工业生产出来的)代替家庭仆役的服务(所需要的实际资本微不足道)是如此,而且用较多的鞋子来代替旧鞋的修补、用纸手帕来代替洗衣工作、用电影来代替舞台演出等也是如此。

第四,当积累和技术进步使得耐久的消费品越来越便宜(相对于工资而言),或者新式的东西被发明出来时,消费中可能有一种对它们有利的偏向。当一种需要很大一笔费用的新商品最初出现时,它所吸收的购买力往往超过上次技术进步所吐放出来的数量,侵蚀到以前被购买的一些商品的市场(情况可能是这样,不管那新商品是现购或者用分期付款办法购买,就是,先用后付)。[①] 如果,像似乎可能的那样,生产这种商品的工业的实际资本比率高于平均数,这种倾向就构成消费中又一种耗费资本的偏向。

近来一直非常显著的对耐久消费品的需求的增长,是需求不稳定的一种根源。每逢有一种新东西可买的时候,就有许多的人家要买,需求的力量很大,直到每个家庭都买到为止。然后需求降低到补充更换的水平。有关的卖方力图克服这种现象,设法造成耐久物品的一种心理上的废旧,在市场上拿出更新的更引人的式样。

[①] 如果新商品的购买(无论用哪一种办法)被节约的减少所抵销,情况就不是这样。选择哪一种出卖的物品,对节俭很有影响,这是另一种复杂情况,在详细说明积累时必须谈到。

新型商品的采用,不管是耐久的还是不耐久的,使生活标准和表面的实际工资之间发生另一种分歧。当新欲望比满足这些欲望的手段产生得更快时,主观的满足就会减少,而实际消费却会增多。

不易变动的和容易变动的价格

一般的倾向是,农产品和矿产品的价格随着需求的变化而发生的波动比工业品价格的波动剧烈得多。

工业里通常都有未动用的生产能力(只要还有增加工作时间的可能性),而产量的受到限制(除了在兴旺的高峰时)是由于增加销售的困难,不是由于生产的困难。企业家一般宁愿按主观的正常价格增加销售额,而不愿在原有的产量上增加毛利,所以他们往往增加生产来适应需求的增加。对大多数作物来说,产量不能在一年内扩大;很多作物需要更长的准备时期。再则,当土地已经全部被利用时,扩大一种作物的产量,就必须牺牲另一种作物,所以当需求已经全面增加时,产量的全面增加是不可能的。在矿业里一般不可能很快地增加产量,除非负担急剧增长的边际费用(开掘较差的煤层,等等)。由于这些原因,这种基本产业对需求变化的反应主要地在于价格的变动,而不在产量。

这种倾向更由于另外两项因素而加强。第一,在工业里垄断比较普遍,并且,我们知道,[①]垄断价格一般不像竞争价格那样地

---

① 参阅本书第219页。

随着需求的起伏而波动。第二,农业产量中很大一部分是由小农和自耕农生产的,对他们来说,基本费用和经常费用的区别没有意义——需求减少时他们不能解雇自己来节省工资,需求对他们有利时他们也不能工作得太多(实际上他们对现钱的需要可能极没有伸缩性,以致他们在价格高时比价格低时售出产品较少,享受较多的空闲时间或者消费较多的自己的出产)。在农业掌握在资本主企业家手里的场合,工人往往处于劣势的讨价还价的地位(特别是在殖民地区),以致对需求减少的反应是削减工资而不是减少产量。无论在哪一种情况下,基本产业中,生产者的收入比制造业中的工资波动大得多。

大多数工业品所依赖的原料是基本产业的产品,可是,既然制造所增添的价值比原料的价格变动较少(如果有变动的语),一种商品的最终价格变动的比例就比它包含的原料的价格变动的比例较小。所以商业循环的变动起伏通常带来显著的原料价格的涨落(相对于制造品而言);这既然会引起粮食的相对价格的波动,也就加强实际工资(从就业工人的生活标准的观点来看)在市面暴跌期中增长和在兴旺期中降低的趋势。同时这意味着在暴跌期中稍微减轻产业工人的痛苦的实际工资的增长,大部分是以小农、农业工人和矿工的收入为牺牲,而不是出在利润的头上。

由于天气的变化无常,农产品的产量也比工业品的产量波动较多。相对于需求而言的产量上的变动会引起价格上猛烈的变动,因为需求对价格变动的反应一般是不敏感的。粮食价格的下跌会增加粮食以外其他东西的消费;原料价格的下跌,反映在有关制成品的价格下跌的比例小得多,对消费只有微弱的影响,即使人们对最终产品的需求很有弹性。价格的变幻无常由于商人的经营而被减弱,他们在价格下跌或上涨时收进或抛出存货;可是这些手段一般不足以防止农业生产者的总收入的减少,如果他们的总生产增加的话。由于这个原因,所以曾经有农场主在预期出产丰裕时自杀。

技术的改变在长期内也会引起相对于工业品价格而言的农产品价格方面强烈的波动。如果在一个时期中总产量不断增加而农业里技术的进步迟缓,原料的相对价格就会急遽上涨,增加农业生产者在总收入中分得的份额。农业生产方面一批新发明,或者新地区的开发,使得供给增加(相对于需求而言),接着往往在一段长时期内那些有关生产者的收入会减少,因为他们很难从自己惯于经营的生产事业转移到现在利润较大的其他行业里去。

有些人幸运地在供给具有弹性的情况下经营——当他们的容易卖钱的作物的价格有利时,他们就卖出这种作物,如果价格不利,他们就改种自己的粮食。可是在很多情况下已经习惯于专种容易卖钱的作物的土地,改种以后不能不牺牲未来的生产前途,那时候价格也许已经恢复;并且在很多情况下,有关地区的人口靠输入粮食已经增长到本地区不能养活的规模,即使完全放弃那种容易卖钱的作物。

资本主义经营方式的最给人深刻印象的矛盾之一,是农业生产者想要消除生产力增长的效果,因而打算烧掉他们产量的一部分,保持其余一部分的价格水平,使他们能维持生活。

进步中的牺牲者

技术进步、资本积累以及连带发生的消费范型方面的变化，不断地在破坏对专门化的生产要素的需求。就资本来说，这是风险的一种重要来源。资本财货的未来的获利寿命不能确定，由于不能不给可能的提前报废多留余地，使主观正常价格很高，并且有阻碍投资的影响。不平均的实现的报废的负担使得实现的利润很不平均。有些时候，所担心的获利能力的丧失不实现，资本财货在它们的成本已经勾销以后还继续产生收益；另一些时候，损失非常之大，以致假如事先预料得到，当初决不会投这笔投资。

专业化的土地也许会变化很大地损失价值或增加价值，可是土地一般总能至少作为空地保留一些价值，它是一种很容易变动的生产要素，当旧的用途不能获利时可以找到新的用途。

对于专业化的劳动（手织机的织工，电影音乐家），他们的技能丧失市场是一种严重的不幸（特别是对于在中年遭遇这种情况的那些人）。他们通常不能在他们收入比较好的年代积起一笔防废基金，并且在受了打击以后，他们想要限制新技术的使用来保护自己而做出的努力，从他们的观点来看，一般都是无效的，即使当他们给企业家和消费者带来很大麻烦的时候也是无效的。

整个经济的进步，在迅速发展中往往把许多集团的个人卷入悲惨的境遇。

第八篇

国际贸易

第三十五章 对外投资

国际贸易为何一直是经济理论中一个特别部门的主题,这有两类不同的原因。

第一是,对每个人来说,总有一个国家是我的国家,一切问题也许都可以从那个国家的观点来看,把世界的其余部分作为经济环境的一部分,和自然资源或者技术状态处于同样的地位。世界其余部分的利益,只有在世界其余部分的行为(比方说,它的利益遭受损害时的报复)影响到那个被考虑的国家的情况下才被提到。

这一种问题不决定于各个国家之间经济上的区别(不管是有一种单一的世界货币制度还是一些分开的国家范围的制度,不管劳动的迁移是不是可能,等等),而决定于利益的焦点。假如人们对自己居住的州郡的爱乡心和对国家的爱国心的程度相同,那就会有人写出关于州际贸易的书,就会有关于一个州会可能怎样运用它的权力来促进本州居民的福利的研究,并且就会有具有州际精神的经济学家的说教,大讲其运用这些权力使世界其余部分受损害的种种弊病。

第二类原因与从什么观点来看问题无关,而是起因于世界分为许多国家这一事实。政治上各有组织、具有自己的爱国心和自己的制度的不同地区之间的关系,和在单独一个政府统治下的各个地区之间的关系，有许多重要的区别。当人们把全世界作为一个整体来看，不以特殊情感对任何一部分有所偏爱时，这些特征必须考虑到。

我们将不讨论第一类问题（单独一个国家的利益），可是说明一下（虽然只是概略地）我们对积累的分析怎样和第二类（一个分成许多国家的世界的特征）有关，是有益处的。

资本主义地区和非资本主义地区之间的贸易

资本主义的经济（暂时我们把它作为单独的一个整体，虽然它是由许多独立的国家组成的）往往存在于一个非资本主义的环境里。有三种主要类型的非资本主义经济。第一种类型存在的那个地方，多少有一些空地已经被来自资本主义国家的移民所开发，他们和资本主义的工业进行贸易，很快地就被吸收到资本主义经济的轨道上去。我们在关于地租的分析中已经谈了一下这种现象，[1]将不再做进一步的解说。

第二种类型的非资本主义经济中的土地由一些文化水平简单的民族居住，第三种类型里的居民具有非常复杂的古老文明，由于某种原因未能发展形成资本主义的经营方式，那里的绝大多数人是农民，生活标准低，被地主、商人和放利者等少数富有阶级所统治。

---

[1] 参阅本书第336页"拓荒者"一节。

第三十五章 对外投资

资本主义地区和这些国家的关系,一部分在于贸易,一部分在于通过它们在自己的疆界范围内投资而取得发展,这种投资开发它们的自然资源,并就地雇用劳动或者从其他非资本主义地区输入劳动。这两种类型的关系在各种类型的文化下都存在,不过在和古老文明的关系中贸易占主要地位,而在和简单民族的关系中以在当地开拓为主。

让我们首先考虑贸易。和外国贸易的根本动机是取得一种在本国不能生产的特别的东西,或者因为本国没有那种自然资源(金属,特别的农作物)或者因为本国没有的技艺在其他经济里发达(细棉布、丝绸)。个别的商人不关心本国的贸易平衡,可是只进不出的单程贸易不得不用一种对方可以接受的交易媒介(比方,黄金)来支付,消耗本国的准备金,这是一种全国性的问题。要使贸易大规模继续进行,必须找到东西出卖,作为交换。个别的出口商人可以为自己谋利,并且附带地制止准备金的外流,如果他们能够做到这一点。

一个静止的自给自足的非资本主义经济,可能对来自世界上资本主义地区的输入品没有需求,那就产生了在外国商品的生产者当中创造欲望的问题,以便发动一种有进有出的两面贸易。这可以做到,部分地通过用廉价的、大规模生产的工业品和当地的手工业制品竞争,部分地通过供应富有阶级一些他们以前未曾见过的商品(或者吸引他们来访问资本主义国家,在那里用掉他们的钱),以及部分地通过改变整个人口的爱好,教导以前裸体的民族需要用布,以前不喝酒的民族需要威士忌酒,等等。这种方法的最惊人的例子是使中国人沾染上抽鸦片的习惯,以便平衡茶叶方面的贸易。

这种类型的贸易对资本主义地区的重要性,主要地在于使外国商品可以输入,可是在帮助维持积累方面有一种次要的影响,因为只要输出(外国商品输入的相对面)逐年增加,生产出口商品的工业里的投资在国内需求趋于减少时就能继续进行,扩充生产能力,因而缓和或者扭转这种需求减少的趋势。[1]

殖民地投资

通过贸易取得外来商品的可能范围颇为狭隘,因为除了很少的例外(古老文明的特别产品),资本主义地区感兴趣的那种产品不会有什么大量的出产,除非资本主义的企业家着手组织这种产品的生产。开发非资本主义地区的自然资源的主要方法是在当地投资——开采矿山、建立大农场等。

用于开发这些供给来源的投资,部分地在于从资本主义地区输出机器和技术人员。这种投资的资金供给和组织方法和国内投资一样,并且从经济的观点来看,它是国内投资,虽然地理上是在国外。可是投资的一大部分必须通过雇用当地的劳动来进行。(筑铁路的工人是当地的,或者是来自其他非资本主义地方的移民,钢轨和车辆是输入的。丛林由当地的劳工砍伐,以便建立农场,工具是输入的,等等。)在发展时期中,用在当地劳工上面的支出往往超过产品的价值,在这时期中资本主义地区在经济的以及

---

[1] 参阅本书第 242 页。

第三十五章 对外投资

地理的意义上是在做国外投资(输出资本)。

在当地用掉的钱(当地工人的工资以及外国技术人员和经理人员的薪俸中用在当地产品和服务方面的开支)增加当地的收入和当地的消费；不会有从当地收入中节省出来的东西，除了以输入的贵金属的形式出现。如果是这样，当地的投资支出就会增加当地的收入和开支到所有的输入品(工人穿的便宜布匹、有钱人的汽车或者国外旅行以及节约者购存的黄金)等于投资的价值为止。这样，投资中由运到被开发的地区去的资本财货来折抵还不够的那一部分，就要用来自资本主义地区的商品和黄金的一笔输出剩余来相抵；[①]这种输出的剩余，从那个资本主义经济的观点来看，等于投资。这一部分输出的剩余中，有从事于开发事业的一些公司的利润，有曾经从事于输出商品和黄金或者因投资所产生的国内需求而受益的一些公司的未分利润，也有由于投资进行期间获得利润而增多的食利者收入中的节约储蓄。

新资本构成的财产(包括由于开发而发生作用的自然资源在内)归于资本主义地区(除掉因取得特权让与而付给当地地主或政府的报酬)，它的对方是有关公司的资产和这些公司对供给资金的食利者的负债。

这种投资也许是一种有力的影响，有助于避免资本主义地区里可能发生的停滞。[②]

开发时期一经过去，新资源一经投入生产，其产品对资本主义

---

① 那黄金本身可能是已经投入生产的其他殖民地投资的产物。
② 本质上这是卢森堡的《资本积累论》的主题。

地区的输出靠这些项目来平衡：一部分是作为利息和股利分给资本主义地区里食利者的有关公司的利润中的支出，或者这些公司的未分利润，以及经理人员薪俸中的汇款，一部分是对当地人口的输出，他们的购买力，直接地由于资本主义企业所付的工资或者间接地由于这些工资在当地用掉，已经有了增加。（当地人口的每人收入不一定已经增加，因为他们的人数也许已经比他们的总收入增加得更多。）

在外国人的影响下当地的企业家可能产生，当地的食利者可能开始把他们的储蓄投入企业而不贮藏黄金，以致经济已经受着资本主义经营方式的支配，并且经过一个时期以后，当地的资本家会成为民族主义者，发动一种运动来没收外国人的财产。

第三十六章　国际投资

在资本主义区域的范围以内也可能有国际投资。假如资本主义地区是一个单一的统一的经济,在整个地区内劳动可以自由流动,企业家有机会可以任意在自己喜欢的地方组织投资;并且有一个统一的资本市场,使得每个国家的食利者可以买卖各种债务投资对象,不管它们是什么国家里发行的;而且,假如完全的放任主义在支配一切——各国政府在经济的事情上是完全消极的——那么,资本主义世界分成许多国家,对积累的过程就没有关系。整个资本主义世界里利润率和工资水平就会有趋于大致均等的倾向,我们以上陈述的对一个单一的经济组织的分析就会可以适用,比我们讨论一个在不同地区有不同工业占优势的国家范围以内的资本积累时,并不需要做较多的保留,也不更加复杂。

只要这些条件得不到满足,我们的分析里就得加进一些特别的限制条件。

实际上,这些条件在某种程度上是得到了满足的,但很不完全。工人在一个国家以内的不同工业和不同地区之间流动,比流动到边境以外更为容易:即使当劳动不能流动时,在一个国家以内,一种工业里的工资水平对其他工业里的工资水平有影响(由于树立了什么是公平的工资和什么是可能的工资的观念),这种影响在不同国家之间简直没有。企业家感到在一个语言了解和政府对自己同情的地方比较容易经营。食利者对来自不同国家的债务投资对象,有强烈的偏好(不一定喜爱他们本国的东西)。政府不是消极的,可是有目的地通过商业政策(保护税则,等等)或者附带地作为具有其他目的(禁止与潜在的敌人贸易,等等)的政策的一种副产品,而对贸易条件起作用。

为了辨别资本主义世界的统一性不完全方面这些不同因素的影响,我们将做出比实际情况更鲜明的区别。我们考虑一种世界,其中根本没有劳动的国际流动,可是有完全的放任主义,企业家有随意投资的完全自由,并且最初我们假设有一个完全统一的资本市场。在这些条件下,利润率和利率水平在整个资本主义经济里是差不多一致的,可是实际工资水平在一个国家和另一个国家之间可能大不相同。

我们将假设买方和卖方没有特殊的国家偏见,对特定的一种产品总是愿意在最便宜的地方买进,在最贵的地方卖出,可是我们将假设地理上的条件是本国以内的运输费用比国与国之间的少,因此在不同的生产地点需要很大的价格上的差别,才可能使货物的流动越过国境。

贸易差额

当贸易是由全世界无数独立的企业家(包括大小商人在内)根据纯粹的商业原则进行,不注意国家的利益,而每个人尽可能谋利的时候,贸易的范型,如果从一种全国的观点来看,将作为他们的活动的一种副产品而出现。当计算（比如说）一年的账目时，有些国家会发现出口货物的价值超过进口，再加上服务收入、游客用费等，以及外国债务投资的利息和股利收入，总计超过相应的进口货支出等；就是说，它们的收入账上有剩余；有些国家处于相反的地位。当运输费用包括在内时，所有各国的正负差额加起来等于零。关于相互抵销的支付怎样解决差额，以后再来讨论。

我们可以区别四种在任何局面下对差额范型的主要影响：(1)结构上的影响，这对某些类型的商品和资本财货的需求（相对于这些东西在不同国家中相对的正常价格而言）有关；(2)全面的成本上的差别（由于相对于生产力而言的工资水平上的差别）；(3)全面的需求上的差别（由于不同国家中不同的活动水平）；(4)汇率的变动或者防止汇率变动的国家政策的后果。

最后一类影响，必须等我们讨论过国际支付以后再来研究。我们简略地谈一谈头三类影响如下：

结构的范型　无论什么时候在不同国家内有不同范型的相对的正常价格。对范型区别的主要影响是人口数字——在土地－劳动比率高的地方，小麦相对于工业品而言，比在土地－劳动比率低的地方便宜。第二类的影响是历史性的——一个最早发展了一种工业（例如，制表）的国家，在资本设备、企业家的知识、劳动的技巧等方面长期地享受一种有利条件，使那有关商品在这个国家比在那些最近才建立这种工业的其他国家便宜（相对于其他商品而言）。另一方面，一种曾经在某方面（例如纺织品）技术上领先的老工业，也许已经陈旧过时，它的其他国家中年轻的竞争者具有一种有利条件，因为在开始投资时采用新的生产方法比较容易，而从一度曾领导全世界可是现在已被逼处于有关的生产者（企业家和工人一样）所不甘心承认的劣势地位的老方法改变过来，却比较困难。

第三类影响起源于大规模生产的经济。在一种特殊工业已经发展到很大规模的地方，它的产品的正常价格（相对于一般的工业品而言）就低，尽管没有什么显著的原因，为何那种工业会不在别处而在这个地方兴旺起来。

当各个不同国家的物价水平按当时的汇率折合成一种共同的记账单位时，各个国家范围以内价格上的相对差别好像是国与国之间的绝对差别。于是，在一个土地－劳动比率低的国家里供应市场的商人，发现小麦在外外比在国内便宜；一个具有年轻的制表工业或者年老的纺织工业的国家，发现表或者布在国外比较便宜；各人都发现在国外大规模生产的特种产品在国内买不到。从另一个方向来看这个问题，在一个土地－劳动比率高的国家里，小麦供应者会发现国外市场会吸收的数量比自己的国内市场多得多，等等。贸易在世界范围里流通的情况是，在运输和销售费用都加到生产费用（包括利润）上面以后，可以互相比较的东西的价格在任何一个市场上差不多是一样，不管它的产地是何处。

成本范型的结构随着人口的发展、技术的新发明和规模大小的变动而不断地变化，需求的范型随着国民收入和爱好而变化。基本的贸易范型时刻在发展之中，实际的贸易不断地适应于范型上的变化。随着变化过程的进行，某些国家时而出现出超时而出现入超，变化不定。特别是，一个小国，由于本国地理上的特征而专门精于少数一些输出品，可能在一个时候处于非常有利的地位

（当对它的特殊产品的需求很高时），而在另一个时候可能情况很惨，如果人们的爱好有了变化或者出现了一种竞争的供给来源。一个生产范围广泛的大国，地位巩固得多，既因为国外市场只吸收它的产量的较小的一部分，又因为它可以输出的货品种类繁多，当一种市场萎缩时，其他的市场可能在发展。

相对成本的结构范型决定其他各种影响对它发生作用的根本的贸易范型。

全面的成本上的差别　假设整个世界的利润率差不多，各个国家里一般的物价水平决定于每人产量对工资的关系（按当时汇率用任何一种通货计算各个国家里的货币工资）。

假定 A 经济里在广泛的生产范围内每人产量比 B 经济和 C 经济里高，并且工资也较高。那么，我们可以挑选一类商品，例如纺织品，它们在这三个国家里，以差不多相同的正常价格生产出来，因为，这时候在这个行业中，工资上的和生产力上的差别恰巧差不多可以相抵。这些商品本来是可能输出的，可是不流出国境，因为价格的差额不足以使贸易有利可图。就某些商品来说，比方汽车，A 经济里的生产力，相对于在其他两个经济里的生产力而言，比在纺织品方面高得多；而就其他商品来说，比方乳酪，生产力上相对的有利条件在 A 和 C 里都比 B 经济里少；还有其他方面，比方表，相对的有利条件在 A 和 B 里都比 C 经济里少。因此，当相对的工资水平使得纺织品不能输出国境时，A 会输出汽车，B 会输出乳酪，C 会输出表。

在各个国家里，技术进步和资本积累都会继续进行，实际工资会倾向于逐渐增长。现在假设在 A 经济里，相对于技术进步的速度而言，积累比在其他两个经济里慢（不管是因为技术进步特别快，还是因为促进积累的刺激较弱或者独占的成分较多）。A 经济里有一种形成劳动过剩的长期倾向，并且相对于每人产量而言的货币工资不如在其他国家里增长得快。汽车在世界市场上越来越便宜，乳酪和表相对地越来越贵。A 的纺织品，相对于 B 和 C 所生产的纺织品而言，也越来越便宜。为了简化说明，让我们假定我们从各个国家的贸易恰巧平衡的时候开始。然后我们必须考虑相对的全面成本方面所发生的变动怎样影响了平衡。

A 经济输出汽车的数量可能已经增加，因为当这些汽车相对于 B 和 C 经济里的收入而言比较便宜时，国外购买的会较多。A 经济的商人已经开始发现可能在国外出售纺织品。表和乳酪的输入量可能已经减少，因为国内的供给来源现在能跟进口货竞争，或者因为需求已转移到国内比较便宜的其他商品方面。

因此 A 经济有一种形成出超的倾向。可是这里有三种因素起相反的作用。首先，汽车的价格以乳酪和表计算已经降低。为了简化论证，我们将假定汇率不变（怎样会这样，我们在下文就可以看到），并且乳酪和表的货币价格不变（在 C 和 B 经济里货币工资已随每人产量而比例地增长），而汽车的货币价格已经降低（在 A 经济里货币工资比每人产量增加得少，如果增加了一些的话）。为了支付 A 的每年输入而需要的货币数目已经减少，因为输入品的数量已经减少，同时它们的价格不变。输出品的货币价值可能已经或者增加或者减少。新近开始的纺织品输出使它增加，可是就汽车来说，价格的降低可能已经超过销货额增加的比例，以致很可能 A 经济的输出品的全部货币价值已经降低，而且降低的数字可能超过输入品的价值。

第二，A 经济里有效需求的状态已经改变。汽车和纺织工业正在经历一次突然的市面兴旺。生产着跟表和乳酪竞争的物品的国内工业也是如此（它们可能是也可能不是在生产相同的商品，但无论怎样，购买力从进口货转移到国内产品，对它们总是有益的）。另一方面，某些国内工业，由于购买力已经从它们的产品转移到乳酪和表方面，也许在遭受困难（被买的乳酪和表的数量较少，可是按较高的相对价格；用在它们方面的收入的比例也许结果已经增长，以致它们从其他市场上吸取购买力）。在实际效果是增加 A 经济里的活动的范围内，收入倾向于增高，这会阻止输入品数量的减少。

第三，B 和 C 经济里的纺织工业，以及各自的特别出口工业，产量都在减少，而汽车输入（虽然价格较低但数量较大）也许在吸取其他商品的国内市场里的购买力。只要 B 和 C 经济里的收入减少了，失业出现了，汽车和纺织品输入数量的增加就会受到阻碍。

这些影响也许胜过 A 经济会发展成为出超的那种趋势。

所以关于成本水平的全面变化对贸易差额的影响，不可能做出概括的论断。一切决定于作为基础的需求和相对成本的结构范型，决定于相对价格的变动对有效需求的反作用。在长期内，在贸易差额的发展中有一种自己纠正自己的倾向。当最初 A 经济里物价的相对下降产生一种出超，并刺激国内生产来替代输入时，A 经济里对劳动的需求会增多，而不平衡的最初原因（A 经济里货币工资的增长太慢）会得到缓和。当最初的影响属于相反的方向，

B 和 C 经济都有了出超时，A 经济里的情况就会恶化，可是在 B 和 C 里对劳动的需求会增多，货币工资增长的速度会超过每人产量，乳酪和表的价格相对于 A 经济里的收入而言会更进一步上涨（A 经济里的收入本身已经减少，由于走向停滞的初期趋势加上贸易入超以后的种种萎缩情况），在某一点上输出的数量可能减少到足以抵消价格上涨的程度。在任何特定状态的需求和相对成本的结构范型下，原则上总有一种相对工资的水平会确保平衡的贸易，而不平衡本身的发展也会在工资水平方面引起一种变动，这种变动会纠正不平衡。然而，这方面的变动又慢又不完全，在一个不断变化的世界里这种纠正的势力长期地落后于它们所要纠正的那种发展。在纯粹逻辑的意义上，我们可以说有一种趋向于建立平衡的趋势，可是在历史的意义上，却有一种倾向使不平衡成为正常事态。

全面的需求上的差别　没有理由可以期待任何时候在世界上进行着的投资平均地分布在各个国家，因为它们在空间上占有不同的面积，从经济的观点来看，这简直是无可奈何的。任何时候，在整体世界里进行着的投资的速度支配着整体世界里对劳动的需求：投资所产生的对劳动的需求，不是仅限于投资发生的那个国家境内的劳动队伍，而是分布于全世界；其分布的状况决定于需求和成本的基本结构。比方说，必须在 A 经济里的地基上设置起来的资本财货可能是在国外生产的，而相应的对劳动的需求是在 B 或 C 经济的投资部门里。只要 A 经济的工人从事于投资，就可能输入商品来供给他们的消费（以及食利者的消费，这些食利者分享着正在进行的投资所产生的高利润）。假定 A 经济的投资部门已经从汽车工业和纺织工业两方面吸取了劳动。汽车的价格已经上涨，B和C经济都买得较少。A经济里纺织品的价格已经涨得足以吸引来自B和C的纺织品的输入（以及乳酪和表的输入）。或者也许只有C经济能输出纺织品，同时把劳动从粮食生产方面吸取到它的纺织工业里去，会造成对从B经济输入的乳酪的需求。

B和C两个经济，通过各自的出超，参与正在进行的世界投资。它们每个国家一年中的国民积累（国民的财富的增加）等于本年的国内净投资减收益账上的亏空或者加收益账上的盈余（输出、本国人民所有的外国债务投资的利息收入等和输入、利息支出等的差额）。为了简单起见，假设一年中仅有的投资是在A经济里：该年的世界积累是A经济里资本增加的价值。A的国民积累是这项价值减该年收益账上的亏空，B和C的国民积累是该年各自的盈余。[①]

在长期内和在周期性波动的过程中，投资的地理分布是对贸易差额范型的一种主要影响，即使世界上所有的国家从结构的观点来看都差不多相同，这种影响也会发生作用，所以，假如投资在所有的国家当中平均分布（并且相对的工资水平和相对的生产力

[①] 为了阐明论点，让我们假设只有B经济能生产资本设备，只有A经济能使用这种设备，一方面只有C经济里有收入超过消费的剩余（食利者的节余和未分配的利润）。在A经济里，全部劳动力量从事于为国内消费的生产，设备全靠输入（我们撇开当地的投资不谈）。A的每年入超等于它的每年国内投资，从全国范围的观点来看，它的净积累率是零。在B经济里，劳动队伍的一部分用在投资部门（生产对A输出的设备），可是消费等于净收入。从C经济输入的商品抵补净收入和国内商品生产的差额。B的贸易处于平衡状态，国民积累是零。C经济有商品的出超（供给B经济里投资部门中的就业所产生的需求），使国民积累等于在A经济的各基地上设置的资本财货的价值。

相一致），就根本不会有什么贸易了。

完善的资本市场里的支付差额

不同国家的人民之间的交易，以及对输入货物和服务的支出与输出货物和服务的收入，包括一个国家的企业家对其他国家的食利者的利息支付，并且包括不同国家的食利者之间转手的债务投资的买卖、一个国家的食利者对其他国家的企业家的贷款[①]和一个国家里的总公司供给设立在另一个国家里的分支机构的资金。一年内各种进出交易的全部内容构成任何一个国家的支付差额。

如果有一个完全统一的世界资本市场，并且食利者对于他们持有的债务投资对象没有国家偏见（没有偏爱也没有偏恶），支付差额就会自动地和贸易差额相一致。

整个国家的人民在一年内做出的资本积累，是该年的净收入超过消费方面的支出的超过额，这等于该年的净投资加或减收益账上的余额。它的对方是食利者的节余和未分配的利润。需要某种债务投资对象作为持有形式的新财富，于是超过或者不及该年中国内投资所吸收的资金，对债务投资对象的需求就有过剩或不足，其数目等于该年收益账上的余额（正数或负数）。例如，当 A 经济在一年内已经有了入超，一年中用于国内投资的资金超过了 A 经济的人民取得的财富的增加；A 经济售出了新发行的证券供

---

① 存在外国银行的存款可以包括在这个项目下。

给投资的资金(或者从国外有关方面转移了资金),此外还有 A 经济里食利者的储蓄和公司企业的未分利润可供投资之用。在一个完善的世界资本市场里,A 的证券的收益稍稍增长就足以使它们对外国食利者有吸引力;供给超过国内需求已经引起证券收益方面稍稍增长,吸引了国外人来购买;因而相应地有了一笔从国外借入的余额,恰好抵补国内节余的不足。或者当 B 经济有着出超时,一年中 B 经济里财富的增加超过该年 B 经济里企业家的借入和自备资金,B 的证券的收益稍稍降低就足以使人购买外国证券,达到填补此项差额所需要的数目为止。

要使国际交易可能进行,必须有一种国际上可以接受的交换媒介,用来解决逐日支付中任何暂时的差额,可是,在一年的过程内,在这些情况下,外国人对各个国家的通货的需求(用来支付它的输出品以及在它国内做债务投资),和各个国家的国内人民对外国通货的需求(用来支付输入品以及在国外做债务投资)是可以相抵的,没有实际的净差额移动。

外　　汇

当世界资本市场不完善的时候,相对收益上的小变化不足以使资本交易的流量和贸易的流量相一致。每种通货供求的自动调节不能发生作用,人们非常熟悉的外汇危机问题就会出现。

比方说,当 B 经济里食利者喜欢 A 经济里发行的证券而不喜欢他们自己的证券时,对 A 经济的通货的需求(人们买进这种通货,以便在 A 经济里做债务投资)可能超过当时 B 经济的出超所能供给的数目。A 经济的证券的收益会降低,可是没有理由预期这种降低会达到使 B 经济里食利者的需求中止的程度。首先,他们喜欢 A 经济的证券,也许是有重大原因的,所以,收益降低的程度必须很大,才可能使他们丧失兴趣;其次,A 经济里证券所有人对于怎样的收益水平是正常的这个问题大概总有一种看法,当价格有了一些上涨时,他们愿意卖给 B 经济里的食利者,而暂时持有货币,希望 A 证券的价格在不久的将来会回跌。因此 A 证券价格的上涨在没有达到会使来自 B 经济的需求中止的程度以前就会被制止。来自 B 经济的对 A 经济的通货的过多需求,于是就不能得到平衡,B 经济的通货在汇兑上就会贬值。

这时候如果有买卖世界各种通货的投机家相信那跌价是暂时的,他们就买进 B 经济的通货(动用他们为了经营这种买卖而持有的 A 经济和 C 经济两种通货的准备金),因而弥补支付差额上的空隙。可是,如果他们预期还要继续跌价,他们就做相反的经营。

既然世界资本市场实际上不是完善的,既然投机家(很合理地)对任何时候一时占优势的汇率一般地没有信心,既然不断波动的汇率对商人和持有外国证券的食利者是一种很大的麻烦,各国的货币当局就必须采取计划来确保稳定。金本位就是这样的一种计划,虽然它的产生是经过进化的程序,而不是作为一种有意识的控制汇率的对策而产生的。

国家当局一经参与其事,他们就不能不对于需要保持什么样的汇率采取一种看法,因此国家的汇率政策便作为一种独立的、影响贸易范型的力量而发挥作用。

第三十六章 国际投资

汇率政策的种种问题既是错综复杂的又是人们所熟悉的,我们在这里将不加讨论。可以概括地说,当国内对外币的需求过多时,一般说来当局可以或者提高国内利率(以便抑制对外国证券的过多需求)或者让汇率降低。第一种办法会限制国内投资,从而招致国内活动水平降低的一切后果。第二种办法会影响本国货物和外国货物的相对价格,招致全面成本水平降低的一切后果。[1] 因此,国际货币政策是一项影响贸易差额范型的独立的势力,它通过我们已经讨论过的那些影响而发挥作用。

国家当局也通过商业政策(税则等)而影响贸易的范型,不管这种政策是为了一些零零碎碎的目的——偏护某种特殊集团的企业家,或者保护某一部分工人,使他们不受需求变动的影响;还是为了一些全面的目的——要影响贸易差额或者国内的就业水平。这也是现实生活中和经济学文献中都非常熟悉而麻烦的一个课题,既然我们的模式中没有包括政府的行动这一因素,在这里讨论它就不适当。

世界的积累

由于通过上面讨论的四类影响的相互作用而偶然形成的贸易差额的范型而偶然引起的国际投资,和非资本主义地区的整个资本主义部门的外部投资,有很大的区别。当被投资用于开发原料

---

[1] 我们已经看到,这可能和所需要的相反,因为成本降低可能减少贸易的平衡。可是当局很不容易正确地判断形势,他们也许让汇率降低,而实际上是害多于利。

或者外来商品的来源时,对新资本设备的产品的需求已经存在(且不说预料不到的提前报废和短期波动),就没有给这种产品找市场的问题。投资的利润可以从出产物在资本主义部门的销售中取得,结果殖民地区的出超会自然而然地偿付它的债务。

当一个资本主义国家一直在从其他国家输入资本时(由于入超,售出证券相抵),它陆续承担了很多付出利息的义务,而无须增加输出的能力。这时它可能在支付平衡方面发生困难。如果它的资本输入是由于贸易结构上的不利条件或者由于工资和生产力不相称,就特别会发生这种情况,因为它这时的向国外借款不是由于在国内工业中投资有任何优越的获利机会(不如说是相反)。即使它的亏空是由于国内投资很多,也没有特殊的理由可以预期新资本设备的未来产品能很容易地在国外卖出,以便偿付在投资期中借下的对外国食利者的债务。全世界作为一个整体来说,由于 A 经济里的投资而变得较为富裕,全世界的实际收入,整个地说,由于 A 经济的劳动的生产力增高而变得较多,可是世界也许不需要消费以 A 经济的货物的形式的额外收入。

世界投资的每一种状态在造成一种新的局面,并且需要一种有了改变的贸易差额范型,而没有任何特殊倾向会改变需求和成本的结构,使得所需要的范型的改变可以产生。

世界上许多国家各有各的劳动队伍,各有各的地理上和历史上的特点,这使得积累的程序非常复杂,并且使黄金时代可能实现的机会变得十分渺茫。

结　　论

　　读者一定会为自己找出结论。在即将分别的时候,我只要求他回顾第二章并记住我们始终在讨论的产量是可以销售的商品的产量;这种产量的范围不和经济财富的范围相同,更莫说人类福利的基础了。

附录：
关于各种问题的一些意见

福利经济学

在"福利经济学"的名称下进行的分析是在当时流行的思想习惯中发展起来的，这些思想习惯现在已为人所不取，虽然我们还没有完全摆脱它们的影响。这种学说的提倡者，如果受到责难，一定会否认他们把效用作为商品中包含的一种精髓（像可燃物中的燃素）；可是，如果我们读的时候认为他们的想法好像就是那样的，那就能最好地了解他们的学说。现代的经济学者都注意避免这种天真的想法。他们把效用作为一种序数的数量而不是基数的数量（并且许多人说得还更精细），就是说，他们把消费者看作这样的人，他们使商品经过一种竞争的考试，从而选择那些获得分数最高的东西。

可是他们仍然是追逐一种虚无缥缈的东西。从外面观察，消费者是选择他们所选择的东西；可是我们每一个人根据自己的内心经验，都知道一个消费者即使在买一磅茶叶这种很平常的行动中，也是对复杂的整个社会形势起反作用，而不是仅仅对它的经济方面起反作用。我们知道他受一时心情的影响，所以他的行为不

附录:关于各种问题的一些意见

是天天一致的,并且他还受一些他自己莫名其妙的动机的影响("我想不出是什么动机使我买了那顶帽子")。我们知道(或者至少推销员相信)广告者狡猾地利用他的害怕和势利的心理,使他受了影响。我们知道他的消费是一种物品和服务复杂的交织的范型,因而所谓使任何一对东西或者任何一项东西和一般购买力经过一番竞争的考试那种观念,应用在消费问题上是一种很容易引起误解的比喻。我们知道他的消费范型很受祖先的习惯的影响(在一个有饮茶习惯的国家里生长的人,就爱饮茶)。我们知道他往往买一些自己并不特别喜欢消费的东西,为了使一般人对他有深刻的印象,或者故意不买某些他喜爱的东西,因为怕别人觉得他平凡庸俗。

如果我们看内心,我们就会陷入关于财富对福利的关系的种种模糊的推测。如果我们看外表,我们可以通过贸易数字和家庭预算的研究,考察人们买的是一些什么东西。如果我们要对一个社会的经济福利做出判断,我们就应注意所消费的食品、居住和工作场所的条件、所消费的各种东西的花样等(因为我们知道,在财富增长时,家庭中购买的东西花样增多,而不一定是数量增多)。我们注意婴儿死亡率这一类的现象,从而了解消费水平对社会健康的影响,并且观察酒精中毒和神经病这些现象,从而判断人们当前的经营方式使人性紧张到多大程度。

所谓"福利经济学"对这一切方面的贡献是对指数的理论做了重要的推敲和精细的研究。可是就指数来说,并没有什么确切不移的准则。当接触到真正问题的时候,我们不得不尽可能地判断任何一种计量财富的特殊方法是否切合我们的问题,以及这种方法是否能产生在常识上说得过去的结果。

新古典派的工资和利润学说

构成新古典派学说的背景的工资和利润理论有些模糊,因为,第一,那种理论的主要着重点是在相对价格上,以致对整个产量的种种问题讨论得很少,并且说得不清楚;第二,那种理论的严密的逻辑适用于静止的状态,可是以这种逻辑为基础的论证大部分是关于积累,①以致往往不容易弄清楚所讨论的是什么问题。

就其可能辨别的范围来说,那理论似乎有两个部分,一个部分是由马歇尔发展的,另一个部分是由魏克赛尔发展的。

按照马歇尔的说法,②有一种利润率(它支配利率)代表资本的供给价格。相对于劳动的供给而言的资本拥有量倾向于能够建立这种利润率。利润率偶然降低到这个水平以下,就会使资本家的消费超过现在的利润,因而不能更换补充那些损坏的资本财货,不能维持资本财货的拥有量。结果资本对劳动的比率下降,会降低实际工资,提高利润率。反过来说,利润率偶然上涨,就会引起积累,提高资本对劳动的比率,因而压低利润率。所以,在特定的劳动供给和技术知识状态下,处于平衡状态中的资本拥有量能够建立所需要的利润率。生产的技术于是被决定,实际工资总额(虽然从来不用这许多字来说明)就是从总产量中减去必需的利润以

---

① 马歇尔在这一点上很坦率。参阅所著《经济学原理》(第7版),第460页和附录H。

② 庇古说得非常清楚,参阅《静止状态的经济学》。

后的剩余。

按照魏克赛尔所发展的那种说法,以商品计算的现有资本的价值简直是一定的。一定的资本值所提供的就业量决定于实际工资率。在较低的工资下,一种特定类型的机器的价值就较小(这一点只有魏克赛尔说得清楚,但似乎没有被好好地消化吸收到古典派学说的理论中去)[1],同时机器的设计适合于一种机械化程度较低的技术,并包含较少的资本(每单位劳动按特定的工资计算)。在平衡状态中,工资水平的情况使得每人占用资本的价值能够使全部劳动队伍在特定的资本价值下获得就业。

静态平衡论的这两种说法都常常被用来支持那种议论,即工资的任意上涨会引起失业,由于它会减少现有的资本总额(把利润率压低到资本的供给价格以下),并且使所余的资本以种种提供较少的就业的形式体现出来。[2]

这种议论的一点严重困难是工资契约必然以货币(一般化的购买力)计算,在完全竞争的条件下实际工资怎样能受到工资契约的影响,不是显而易见的。在凯恩斯的《通论》未出版以前,普通只是假定工资契约决定实际工资率[3](这和新古典派学说的其余部分显然不一致,按照后者的说法,商品的货币价格决定于生产的货

---

[1] 就我来说,我在自己偶然碰到这个问题以后才知道魏克赛尔已经有了说明。这是乌赫尔提到的,他称之为"魏克赛尔影响"。(《论魏克赛尔,百年纪念的评价》一文,载《美国经济学评论》,1951年12月。)

[2] 关于最近对这一点的重新说明,参阅罗伯森:《论工资》,见《斯坦普纪念演讲集》,1954。

[3] 参阅例如希克斯:《工资学说》。

币成本和以货币开支计算的需求水平①)。现在比较常见的说法是加入一种假设,认为银行系统的作用能够在货币工资变动时保持货币收入总额不变。② 这需要银行系统提高利率,使总投资减少,在货币工资上涨时造成失业。当就业工人的人数减少时,对商品的货币需求增加的比例小于每一工人的货币工资增加的比例;因此物价增加的比例小于工资增加的比例,实际工资就增高。可是现在这理论似乎发生了混乱,因为利率已经提高,这可以促进节约储蓄,而论证所需要的却是资本的消费应该开始。企图在静态平衡理论的基础上讨论短期的一些问题,必然会引起困难。

新古典派学说的真正的意思,似乎不如说是实际工资水平决定于资本供给的情况,决不会受工资谈判的影响。

魏克赛尔对这种理论的说法,我们在黄金时代的分析中已经采用,可是我们的论证中没有和马歇尔的资本的供给价格相一致的东西。供给价格的观念属于资本的食利者方面。他认为当利润率降低到一定水平以下时资本量就开始减少的原因,是"对未来贴现"的资本家,在"等待的报酬已经减少"的时候,不愿意拥有那么多的资本。资本家被想象为从食利者的观点来看资本,把资本看作可供消费的收入的一种来源,当每单位资本的收入降低时,他们就消费掉原有资本量的一部分,由于对损旧的资本财货不肯用同样价值(以商品计算)的新资本财货来补充更换。

在我们的论证中,资本的企业家的一面是主要的,他们想要利

---

① 关于这一点,罗伯森在《斯坦普纪念演讲集》里重新说明这种理论时没有澄清(参阅本书第437页注②)。

② 参阅庇古:《充分就业的衰退》,以及前引罗伯森《论工资》。

润,主要是把它作为一种积累资本的手段,而不是想要资本主要是把它作为一种消费利润的手段。

很难相信,假如资本主义的食利者一面是主要的,假如比企业家的一面更重要,资本主义制度会存在这样长久,或者这样地繁荣发达。①

财产收入是等待的报酬

政治生活的一大部分在于争取改变社会制度的斗争,使社会制度改变得有利于某一个集团;始终有一个重大的辩论在进行着(在我们这个时代越来越剧烈和深刻),总的来说,人们所争论的,根据经济的理由(提供较好的生产技术配备),或者根据道德的理由(会形成一种比较不那么讨厌的人类品格)。是社会主义的制度还是资本主义的制度比较可取;经济学家和这种辩论很有关系,经济学说的阐述受政治思想的影响(往往是不知不觉地),而表现在所用的语言上。在有关财产收入的概念方面,这一点特别显著。劳动者应该取得他的工资报酬。财产所有者应该取得的是什么呢?

为了提出一种答案,得自财产的收入被说成是"禁欲的报酬"或者"等待的报酬",②因为财产给它的所有人一种对消费能力的权利,因此,如果他继续保有财产,那是他忍住不使用这种能力。

---

① 参阅凯恩斯:《和约的经济后果》,第16页。
② 马歇尔:《政治经济学原理》(第7版),第233页。

这往往和"节约的报酬"混淆不清。个人通过节约（就是忍住不消费他的现时收入），能增加他的财富现有量。"节约的报酬"是财富的增加，实际上也许带有一种增加未来收入的期望。现在的财产收入或许可以说是过去曾经节约的报酬，可是那节约不一定是由现在的所有人实行的；他可能是"通过遗产继承或者其他任何道德的或不道德的、合法的或不合法的手段，取得了事实上的财产占有"。① 再则，既然节约主要是出于利润，同时利润率越高实际工资就会越低，和节约有关联的禁欲主要地是工人方面的牺牲，他们在"报酬"中并不分取一份。

还有一种比较微妙和难以捉摸的观念和等待的概念有密切关系。个人借钱给一个靠得住的债户时，他仅仅坐待时间过去就能取得约定的利息。这是不是相当于一种需要经过时间的技术生产性呢？在自然程序发生作用的场合，像酒的酿成或者树木的成长，生产通过时间而进行，不花费任何劳动。假使一切生产都是这样，我们就会处于安乐乡中。一般说来，生产需要做一番工作；工作需用时间，可是时间并不做工作。在生产手段（土地、设备和原料）不是那么丰裕，不够满足一切可能的需求的场合，必须有对这些生产手段的财产权，以便它们可以被有效地使用；如果社会制度排除集体财产，那就必须有私有财产。使财产收入成为可能的，是资本财货的稀少性，而不是时间的生产性。②

然而，有一种与社会制度无关的技术的意义，在这种意义上投

---

① 马歇尔：《政治经济学原理》（第 1 版），第 614 页。
② 凯恩斯：《通论》，第 213 页。

资可以说是生产的。由于现在使用劳动和生产手段来生产设备，可能使未来的每人单位产量有永远的净增加——就是说，一定的就业人数将来使用增加的设备时，其产量超过在假如没有这些设备的情况下可能获得的产量的超过额，足以供给这些设备的损耗补充并且还有多余。这种在无限未来时期内的额外产量，就是投资的生产力。① 相应的未来利润率就是投资的"报酬"。因为那是未来的事，只能做一种估计，而且估计可能错误。再则，一个资本家所得的增加的准租金也许大部分或全部都是牺牲别人而取得的——新设备生产一种绿颜色的商品，把市场上淡红色的一种给淘汰了，使旧设备丧失获利能力。但是一般说来，预期的利润增加和实际的产量增加是完全相符的，足以使投资的社会生产力的概念具有意义（虽然不能精确）。

资本的所有权和增加资本现有量的观念含糊不清地混在一起，以致一般对节约和投资等活动的道德上的赞许，使收取利息的活动显得很体面。

这使人迷乱的复杂情况中还有另一种思想，认为利率是未来的贴现率的尺度。据说，人人都比较愿意现在消费，而不愿换取在将来消费的希望，部分地由于那种合理的想法，认为在将来的日期未到以前他可能死掉，部分地由于一种不合理的或者笨拙的头脑，现在不能按将来对他的真正所值算出将来的消费的价值。因此，人们将不肯放弃使用自己所能支配的购买力，除非他们获得保障，对于现在所放弃的一切将来都可以享受较多的消费。

---

① 凯恩斯：《通论》，第307页。

人类对未来往往要打上一个折扣,这种想法确实似乎符合每个人的主观经验,可是由此得出的结论是一种错误的推论,因为大多数人充分意识到要能够在自己的一生中长期地使用消费能力,并且许多人的情况是现在的收入高于他们预期将来会有的收入(挣薪俸的人总有一天退休,生意买卖也许现在的情况要比将来似乎可能的情况好,等等),许多人的处境是他们对消费能力的需要将来比较大(子女必须受教育的时候,等等),还有许多人顾到自己的身后,情愿遗留一些消费能力给他们的继承人。所以,任何时候,总有很多的人不仅愿意保有财富不加消费,而且还节约储蓄,以便增加自己的财富,[1]同时急于要找一种可靠的手段把购买力留到将来。实际上,也有另一些人,由于花钱很多,入不敷出,而在消费财富,或者借债。假如有一个市场专做现在购买力对未来购买力的交易,除了受个人关于自己要在什么时候消费的意愿的影响而外,不受任何其他的影响,那么,结果会造成什么价格,不可能臆断。很可能是这种市场通常会产生一种负的贴现率——节约储蓄的人比花钱的人多,他们在必要时情愿现在牺牲较多的消费,换取将来较少的消费。[2]

利率通常是正数,由于一种完全不同的原因。现在的购买力可贵,一半是因为在资本主义的经营方式下,它使所有者可以(直接地或者通过借给一个企业组织)雇用劳动,进行生产,从而产生盈余。在一个经济里,如果利润率预期是正数,利率就是正数。正

---

[1] 参阅哈罗德:《动态经济学》,第39页。
[2] 参阅哈罗德:《动态经济学》,第288页,注。

的利率既然确立,对个别的财富所有人来说,购买力的现在价值超过未来价值的程度就以利率为标准。于是按相当的利率扣算,就可以得出预期的未来收入的现在价值。这和当事人主观的未来的贴现率完全没有关系,虽然他的主观贴现率和能够得到的利率之间的比较,确实可以说是会影响他的节约习惯的(如果他知道怎样根据这种比较来说明他所受的影响)。

魏克赛尔关于资本的学说

魏克赛尔的关于阿克曼博士的问题的那篇论文①根本不容易读,《价值、资本和地租》的英译本的出现又使人注意到一种比较简单的解说,这有助于弄清楚魏克赛尔对资本学说的贡献的深透之处,也暴露了它的局限性。

魏克赛尔效法庞巴维克,用生产时期的长短代表我们所说的机械化的程度。即使当他在论证中提到固定资本时(在斧头的例子里),他认为实际资本比率的增长只是由于投资于更耐久的斧头。② 这不是一个主要的论点;生产时期的加长或者设备的耐久性增加,是机械化程度增加的特殊情况,魏克赛尔仅仅用它们作为对一般情况的简单的说明。

魏克赛尔指出,生产时期的长短本身并不决定资本对劳动的比率,因为一种特定的生产方法所需要的资本的价值决定于实际

---

① 《实际资本和利息》,见《演讲集》第1卷(英文版)。
② 《演讲集》第1卷,第276页。

工资率。① 这是对庞巴维克理论的一种根本性的批判,比说以生产时期的长短代表实际资本比率是一种过分简单化的方法那种指摘重要得多。我们知道,魏克赛尔的这一论点是有关资本积累以及工资和利润的决定的全部理论的关键。

另一方面,魏克赛尔在《演讲集》里②对于实际工资上涨会加长生产时期(机械化程度提高)的解说,有些令人莫名其妙;而且在《价值、资本和地租》里③似乎是错误的;因为在那里他说因为利息是资本财货的成本的一部分,"所以机器的价格上涨的比例决不会和工资相同",并且以这一点作为关键。这是一种似是而非的说法。即使各种类型的机器的价格(以产品计算)完全和实际工资比例地上涨(像在我们的简单化的例证里那样),仍然是当工资上涨时,每人产量较高的机器方面的利润率降低得较少,而每人产量较低的机器方面的利润率降低得较多。理由仅仅是每一工人产生的利润是每一工人产生的收入和他的工资的差额,工资的一定的增长在每一工人产生的收入较少的场合减少这种差额的比例较大。

魏克赛尔(这在开辟道路的创始工作中是很自然的)弄得他的说法处于一种凌乱的状态。他把静态下的全部资本量分别为耐久的设备(这是已知的且是逐项固定的),以及以产品计算的若干资本(可以不同形式进行投资的)。这种分法当然是很武断的,并且它的意义十分明白,只要产品保持自己的实物面貌——年复一年地被吃掉又重新生产出来的一定数的谷物。可是他对于在有两种

---

① 《价值、资本和地租》,第137页;以及《演讲集》第1卷,第148页和第268页。
② 《价值、资本和地租》,第162页。
③ 《价值、资本和地租》,第37页。

商品(谷物和亚麻布)而它们彼此以对方计算的价格变化时,那所谓特定数量的资本意味着什么这个问题,很快地跳过,没有详细加以说明。① 他没有说明,在一个时候握有一定数量的以亚麻布计算的资本的一群资本家,当谷物和亚麻布的价格变动时,怎样或为何保持他们的资本以谷物计算起来不变。

魏克赛尔的分析所呈现的主要困难是他似乎同时既比较一些具有不同数量的资本的静止状态,又讨论一种随着时间进展的积累程序。我们觉得,他的基本命题在论证的两个方面同样的重要,可是除非把这两个方面分开,它就不能被人很好地理解。

自然利率

在一个黄金时代里,"自然利率"的概念(像我们在马歇尔和魏克赛尔身上看到的那样)②往往恢复到它自己原来的意义。"自然利率"是资本的利润率,③在黄金时代中,利润率具有一定的和明确的意义。

在黄金时代,利率水平受利润率的支配;在适合于一种特殊黄金时代的利润率下,只有一种利率水平可能出现而不致破坏黄金时代的条件,因为假如利息太低,就会刺激过度投资(向外面借款

---

① 参阅《价值、资本和地租》,第153页。
② 马歇尔的见解散见于对几个皇家委员会提出的证词中(《公务问题研究报告》),魏克赛尔的意见陈述在《利息和价格》一书中。
③ "我的意见是,平均贴现率决定了平均利息水平(长期内不同时间通行的利率的平均数),并且完全决定于企业的利润。"马歇尔《向金银委员会作证的记录》,见《公务问题研究报告》,第41页。

供给资金),以致造成膨胀,假如利息太高,就会使投资停顿。可惜这不过提供一种关于利率水平必须是怎样才能满足黄金时代的条件的理论,而不是一种关于在我们这个决不是黄金时代的世界里利率水平可能是怎样的理论。

凯恩斯在《就业、利息和货币通论》里的议论的一大部分是为了说明利率也许会停留在一种太高的水平,并且为了使人们相信在那种时候降低利率是可能的,也是有益的。

这虽然需要大量的论证来突破一些固有的观念,在他的对失业原因的分析中还是一层比较表面的东西。比它重要得多的是,充分就业的维持需要有足够的刺激促使投资继续进行,在缺乏这种刺激的时候,利率的影响(纵然金融当局以最巧妙的手段和智慧来管理利率)不足以支配投资率。我们不能单靠控制利率来把我们的时代变成黄金时代。

凯恩斯的议论的缺点是,它似乎没有给"生产力和节俭这两种基本事项对利率的影响"[①]留下任何地位。生产力是已经存在的若干物质资源的一种特性,而节俭与以价值计算的资本拥有量的增加有关,所以很难使它们互相影响。可是在某种意义上,投资的生产力受经济组织的潜在的增长比率的支配。[②] 如果可以认为生产力意味着一个黄金时代经济的增长比率,那就可以说生产力和节俭决定黄金时代的利润率。当利润的节储是百分之百时(像在我们最初的模式里那样)利润率就等于增长比率,而增长比率决定

---

① 罗伯森:《货币理论文集》,第25页。
② 参阅本书第204页。

于人口增长和技术进步这两种基本事项和企业家按适当速度积累资本的情况。在有从利润中支出的消费时,被消费的利润的比例越大,具有特定的增长比率的黄金时代的利润率就越高。资本家(企业家和食利者合在一起)节俭的程度越差,能产生和增长比率相称的节储速度的那种利润率就越高。在特定的节俭程度下,增长比率越高,所需要的利润率也越高。

如果我们设想黄金时代的平静状态是完全的,不仅是一般的而是对每个人都如此,我们就必须假设没有资产是否容易变成现金的那种所谓灵活性偏好的问题。借款的供给价格就会等于贴现率,包括银行作为交换媒介的供给者所需要的费用在内。可是这种利率一般地会低于利润率很多,并且不能让它处于支配地位,因为恐怕引起膨胀。当局必须规定利率水平,使企业家愿意借入的数目恰好相当于在黄金时代的收入水平下外面会节储的数目。①这完全可以满足一种以生产力和节俭为基础的理论的要求(连同上面提出的作为生产力的意义的修正)。

在一种虽然大体上平静而从各个人的观点来看还是有些不平静的黄金时代,食利者会愿意用银行存款的形式保持他们的财富,以便在突然有意外开支时可以应付,不必售出债务投资(这是凯恩斯所谓人们所以持有货币的预防性动机)。这种对存款的需求在相当范围内会受债务投资的收益水平的影响(收益水平越高,为了方便而牺牲的收入越大),可是在任何合理的利率的幅度以内变化

---

① 放款人就享受一种"经济地租"——收入超过他们放出贷款的供给价格的超过部分。

不可能很大。银行必须注意，存款的总额应该在黄金时代的条件所要求的利率水平下满足这种需求。

在任何特殊的时刻，那种利率水平自从黄金时代开始以来一直是稳定的，并且预期会持续下去。因此它一天一天地保持不动，因为任何偶然的上涨会使食利者看涨，用他们的预防性存款余额买进债务投资对象（期望在利率回跌到以前的水平时很快地获得，一笔资本利润），反之，食利者因看跌而售出债务投资，会防止利率的偶然下降（这是凯恩斯所谓灵活性偏好中的投机因素）。

在一个不平静的世界里，无论什么时候，总有一种低水平的利率，假如这种水平实现，膨胀就会开始（虽然在萧条的情况下这也许比任何可能的实际水平还低得多；也许需要一种负数利息形式的津贴，使得企业家肯冒投资的风险，把投资增加到足以产生对劳动的额外需求）；也有一种高水平的利率，假如这种水平实现，人们就会认为受不了，就会发生某种反作用使利率回跌。这两种水平，大略地说，是受投资的利润希望的支配；在一个不平静的世界里，"自然利率"不过如此。

实际的利率一定是在这两种水平之间。实际利率究竟在哪里（在可能的幅度以内）决定于灵活性偏好和货币政策的相互作用，而灵活性的偏好又决定于人们的预期，就是相信那些相互作用可能是怎样。

从学术研究上来看这个问题，在正数的利率下所以有借款的需求的原因是投资有一种利润率；靠得住的放款的供给价格受现有债务投资的收益的支配，而这种投资的收益是正数，因为灵活性偏好和货币供给之间的关系使得它这样。

储蓄和投资

关于所谓节储的速度等于投资的速度这一命题,一直有很多混乱的争论。如果任何一段时期内的总收入,从这笔收入怎样赚来的观点来看,被详尽地分别为从用在消费方面的开支中产生出来的,和从用在投资方面的开支中产生出来的两部分;再从怎样使用的观点来看,分别为用在消费上的和节省下来的两部分,那么,就任何一段时期来说,节约储蓄和投资相等。关于收入、消费、节余和投资这些字眼的最有用的定义究竟应该怎样,大有争论的余地,并且可能那样地解释收入,使得(当按那样的意义使用收入一词时)节约储蓄和投资相等的说法并不确实。这和字典有关。

现在来争论一下。甲说,大家决定加多节约储蓄(投资的速度仍然不变)就会使节储超过投资,结果利率将下降。乙答辩说,这是错误的(根据他的定义),因为储蓄必然等于投资。甲指出,这是不合理的推论,因为字眼的解释不能给我们说明经济制度怎样运行。甲于是做出结论,认为既然他的对方搞不清楚,所以他自己的原来的命题是正确的。这也是一种不合理的推论。

这一切假想的问答的基本要点是:还是投资的决定支配节约储蓄的速度呢,还是个人方面忍住不消费以便节储的决定支配投资的速度呢。按照资本主义经营方式,应该由企业家领先来组织投资;同时,无论在什么时候,可能的投资速度显然有一种绝对的最高限度,决定于最大可能的总产量和消费能被压低到的水平之间的空隙。社会越是节俭,空隙越大,或者产生一定的空隙所需要的压力越小。经验说明只有在罕有的情况下(比方,战时),在资本主义经济里这种空隙会接近于填满(经济组织很少会不断地趋向于膨胀的限度)。① 因此通常可以说,假如企业家所决定的投资速度比较高,收入(根据任何合理的对收入的解释)就会比较高,节储的速度(根据任何合理的对节余的解释)也会比较大。这不是一种重复的累赘的说法。如果要攻击这种说法,必须攻击它的不切实际,而不是为了它不合逻辑。

错误似乎起因于他们认为企业家在投资计划上受资金供给的严格限制(这是一种逻辑上的可能性,可是实际上似乎不是这样),以及认为忍住不消费就能提供资金,这似乎完全是混淆不清。②

就字典来说,可以有很多理由来赞成回到《论货币》中的用法,对一些名词做那样的解释,以致任何一段时期中(比方,一年)的节储和这段时期中投资的价值之间可能有差额。我们已经看到,收入是一个非常模糊的概念,可是一个时期中的进款就比较明确得多。让我们把企业组织(企业家)和公众的成员(工人、食利者和专门职业者)很清楚地分开,把用在投资方面的支出和用在消费品方面的支出很清楚地分开(一些两可的情况,例如个人造了一所自用住宅,可以随便放在哪一边,只要始终一致)。那么,就公众来说(企业组织除外),节储可以解释为进款和支出的差额。企业组织的支出(生产费用,利息和地租等,以及利润的分配)是公众的进款。公众的支出(消费品的购买)是企业组织的进款。任何一个时

---

① 某一个特殊国家感到支付平衡的困难,不是这样稀罕的。参阅本书第66页。
② 参阅本书第452页。

期中(比方一年)公众的支出通常是少于他们的进款,因为他们在节约储蓄;企业组织的支出会多于进款,因为他们的投资往往超过他们保留未分的利润。这种超过额可由他们所获得的资本财货的价值抵补。因此储蓄超过投资的超过额就是企业组织的损失(或者,相对于收入而言,是利润的分配过多),它的对方是对外负债的增加(相对于资产的价值而言);投资超过储蓄的超过额是企业组织的未分利润,它的对方是资产的增加(相对于负债而言)。

可以借出的资金的供给

我们可以给予任何时候可以使用的资金的供给以一种明确的数量的意义。只有在那样的一个经济里才可能给它下定义,就是,在那个经济里有一定的一班人,具有企业家的特征,只有他们设计和组织投资计划,他们当中每一个人,在一定的时候,能支配一定数量的可以随时动用的购买力(容易变为现金的准备)和一定的借款能力,包括他的售出新股票的能力在内。那样,就会有一种肯定的可是极其复杂的多方面的函数,使资金的供给和对不同借款人的一套复杂的利率发生联系,这种函数类似一种在不完全竞争的条件下生产的商品的供给曲线。

然而,信用(借款的能力)实际上是没有定型的,任何一个能支配财富的人是一个潜在的企业家,所以不可能对资金供给的情况做出这样肯定的说明。

然而,我们可以说资金的供给松一些或紧一些,意思就是在短期的意义上人们的信心好一些或差一些,使借钱容易一些或困难一些，或者意味着在长期的意义上金融系统的组织好一些或差一些，增进或损碍潜在企业家接近潜在放款人的机会。

我们在现代文献中[①]看到的"可以借出的资金的供给"这种说法，似乎不是指像上面这样的东西。它有时候似乎指的是可以用于投资的实际资源，就是，大略地说，劳动供给总量超过从事于为消费而生产的那一部分劳动的多余部分；有时候似乎指的是可以用于持有债券和股票的资金总额——就是，全部私人财富减土地价值和黄金的供给。（流通券和银行存款代表第二手的债权。所有人是银行的债权人，银行又是政府或产业的债权人。）有时候似乎指的是可以用于持有银行系统以外的债权和股票的全部资金，就是全部财富减土地和货币的供给。再则，有时候它似乎意味着某一个时刻存在的一笔某种东西，有时候又意味着一种随着时间进展而出现的某种东西的流量。总之，它的各种意义那样的多和容易混淆，使得你毫无办法，只能像果戈理说的那样，发发牢骚，然后在胸口画个十字。

货币数量论

数量论的要点，例如像我们在休谟的著作里看到的那样，[②]是打击庸俗化的重商主义，说明货币不是财富：使货币的数量加一倍，你只是使价格加一倍；实际上没有一个人因此而比以前富裕些。

---

① 罗伯森：《货币理论文集》；汉森：《凯恩斯学说指南》，第七章；菲尔纳：《货币政策和充分就业》，第140页及以下。

② 《论货币》，载《道德、政治和文学论文集》。

当这个道理被变为一种正面的关于价格水平的决定的学说时,它揭示出错误的研究方法的一个又有趣又对人有启发作用的实例。

它的最简单的形式是 $MV = PT$,其中 T 代表一个时期中发生的交易,P 代表物价,M 代表货币数量,V 代表这个时期中一个单位那种货币参加交易的平均次数。

我们问:在切合本题的意义上,货币是什么?答:法常货币和银行存款。我们问:是否包括定期存款,或者只包括活期存款?开发一张银行账户的支票和开发一张汇票,有什么区别?答:这是纯粹讲逻辑的道理。一切经济学上的范畴在某种程度上都是武断的。让我们一致同意把实际上在交易中用作交换媒介的任何东西都叫作货币。那么,上面那个公式显然是对的。

当然是对的,可是这一来它就没有任何因果关系的意义了。另一方面,如果我们把 M 解释为任何一种特殊的交换媒介(比方,钞票、硬币和一种特殊的银行存款)的数量,我们就必须用 $PT/M = V$ 这个方程式来解释 V。如果由于任何原因 PT 增加,同时 M 根据我们的定义是不变的,V 就已经增加。可是这是一种完全空洞的说法。第一,比以前多的交易也许通过 M 以外的其他媒介做了清算(比方,由各个企业间转账,或者以各种物品交换香烟)。第二,纵然我们知道事实上在被比较的两个时期中一切交易是用我们的 M 进行的,所谓 V 已经增加那种说法的意义还是很有限(并且它所有的一点意义是跟货币市场和利率有关,而不是跟物价水平有关);它仅仅说明以前放在定期账户上的一些 M(在那里它代表对某人的准永久的财富的所有权)已经转移到活期账户上(在这里它代表在收进和用出之间一个短期中的一笔暂时的余额)。

用另一种说法,如果我们把 V 规定为一个独立的一定的数量,作为交易中所用的任何媒介的一个单位在一个时期中经过的交易的平均数,那么,我们就必须用方程式 $PT/V=M$ 来解释 M。货币的供给就不能被局限在任何特殊的一种对财富的所有权上面,而是包括所有参加 T 所代表的交易的各种东西。

这公式似乎告诉我们,PT 不能增加,除非某些特殊的交换媒介的供给有增加,或者支配某种交换媒介的流通率的种种习惯有改变。可是它并不说明这一点;因为,如果我们限定 M 的定义,V 就无法控制,变成不能解释(除了作为一种计算结果的差量,使得方程式在形式上不错),或者如果我们限定 V 的定义,M 就无法控制,变成不能解释。

这种论证陷入了那非常普通的研究方法上的错误,就是,给某些名词所下的定义过分精确,不完全符合它们所代表的事实,然后企图从这些名词上而不是从事实上来说明因果关系。

哈罗德先生的动态经济学

我们对长期中的积累的分析,大部分是就哈罗德先生的模式加以推敲,[1]然而我们始终没有碰到他的中心问题。研究一下为什么会这样,是很有趣的。

哈罗德的问题,如果我理解得不错的话,是这样:在特定的储

---

[1] 哈罗德:《动态经济学》。

蓄对收入的比率下,无论什么时候都有一种投资速度,会保证有足够的需求水平,可以"使生产者满足于他们所做的事"。[①] 这种投资速度究竟是怎样决定的,不很清楚,可是我们可以认为它是那样的一种速度,恰好产生那样程度的卖方市场,使企业家要继续投资。就是说,这种投资速度足以吸收和生产能力充分运用时所达到的收入水平相适应的那种储蓄速度。这种投资速度,如果实现,使资本拥有量按一定的速度增加。在特定的资本对收入的比率下,这使收入按一定的速度增长。这是有保证的增长速度——收入增长的速度得到本经济里人们节俭的保证。在特定的资本比率下,储蓄对收入的比率越高,增长速度越高。

最大可能的长期增长速度,哈罗德称为自然速度,这种速度决定于人口的增长和技术的进步(技术进步假设是没有偏向的,并且按一种预先料到的稳定的速度在发展)。这种增长速度需要一定的投资速度来辅助和维持。

哈罗德的问题是这两种投资速度决定于完全不同的原因(一种决定于节俭,另一种决定于技术条件),没有理由可以期望两者一致。两者只有侥幸才可能相等,当两者不相等时,经济会不断地因两者的矛盾而受到折磨。

自然速度就是我们所谓的黄金时代经济的潜在的增长比率。我们曾经说过,只要(1)黄金时代的基本条件——技术进步没有偏向,储蓄比率不变,等等——获得满足;(2)增长比率所需要的投资速度,和连带发生的从利润中支出的消费合在一起,吸收的资金不

---

① 哈罗德:《动态经济学》,第86页。

超过生产减去一种相当的实际工资以后的全部剩余；以及(3)企业家过去一贯地在实行这种投资,因而现有资本量和它相适应,并且现在继续在实行；那么,一种黄金时代在原则上是可能的,而且我们不会遇到由于一种独立形成的有保证的增长速度而引起的麻烦。

哈罗德很符合我们的这些条件。他假定技术进步没有偏向以及储蓄比率不变。他承认有保证的增长速度可能太低,使自然速度不能实现。(他认为这是一个对落后经济的问题。)他非常注意那第三个条件。他的论证的一大部分是讲,如果企业家的投资低于有保证的增长速度,有效需求就会太少,不能使他们满足,经济就会陷入萧条状态,如果他们的投资超过增长速度,就会造成不能持久的一时兴旺。可是对他来说,三个条件都满足以后还有一个问题存在。

我们的模式里没有这种问题出现。这是什么原因呢,我们的说法和他的说法有什么区别呢?

区别在于哈罗德的两种基本比率——储蓄对收入的比率和收入对资本的比率——怎样决定。

我们始终把储蓄对收入的比率看作决定于(1)从利润中的节余和从工资中的节余,(2)收入在利润和工资两者之间的分配。我们为了简单起见,曾假设从工资中的节余等于零。可是这并不重要。假如工人家庭和食利者家庭是同样的节俭,仍然可以说工资方面消费对收入的比率比利润方面高得多,因为食利者并不取得利润的全部。利润的很大一部分被企业家留下,建立准备金和供给投资所需的资金。

把各个阶级分开来说,在特定的节约倾向下,工资在总收入中分取的份额越高(这一定使利润的份额较低),意味着总消费对总收入的比例越高。在任何特定的技术状态下,实际工资越高,从一笔特定的总收入中能产生的节约储蓄数额就越少。

为实现潜在的增长比率所需要的投资额也受实际工资的影响。工资越高,一种特定类型的机器的成本(以商品购买力不变的货币计算)就越高。有些时候机器的成本在较高的工资下反而比在较低的工资下低,因为它的以劳动时间计算的成本上的假定利率相应地较低;可是在这样情况的时候,利润取得的份额越低(由于较高的工资),对节约储蓄的影响就越大。[①]

这样,在特定的机械化程度下,实际工资越高,可以实现的节约储蓄的数额越少,所需要的投资的数额(除了可能在一定的幅度以内)也越大,并且必定有一种能使它们相等的实际工资率。

如果在论证中再谈到技术的不同等级,那就更加复杂。较高的实际工资需要较高的机械化程度,这可能(虽然不一定)意味着利润在产品价值中取得较大的份额(较多的每人占用资本胜过较低的每单位资本的利润率),可是同时它使为实现潜在的增长比率所需要的投资额较大。在某种工资水平上(除了利润率等于零的那种水平),后一种影响一定胜过前一种。

因此,只要那三个条件获得满足,在任何一种节约倾向和技术条件相结合的状态下,总有一个可能的和这种状态相适应的黄金时代。在黄金时代中实际的增长速度和自然的增长速度彼此相

---

① 参阅里特尔《论标准的经济成长》,见《牛津经济学研究报告》1957年6月。

等，有保证的增长速度已与它们相适应。节约储蓄的倾向和技术条件之间的关系，决定那能使经济组织的自然增长速度实现的利润率。

在独占和竞争下的新发明

在一种充分运用着生产能力并且主观正常价格占优势的竞争的产业里，一些进步的公司在 B-型设备的使用寿命未满以前就采用 B 型技术的设备。一个拥有部分损旧的 B-型设备的企业家不得不接受一种准租金，它所产生的按他的设备的原始成本计算的利润率，比进步的公司得到的利润率低，因为后者的生产成本较低。只要旧设备还能产生一些准租金（每年产品收入超过每年基本费用，不包括使用折旧费在内），他废弃它就不合算。当有关商品的价格降低到单位产品的基本费用时，他必须装置新设备或者停止营业。其他的企业家，因为他们的 B-型设备的寿命已经届满，都装置 B 型技术设备，于是商品的价格逐渐降低。如果在 B 技术下的主观正常价格（这包括总平均成本和一笔按当时的预期利润率估计的投资利润）少于在 B-技术下的基本费用，在新技术的传播过程中价格就降到 B-技术的基本费用，于是有些 B-型设备会在它的物质寿命届满以前报废。

有时候有人说，一个独占者面对着一种新技术的蓝图时也会根据同样的原则采取行动，如果在新技术下他的独占商品的平均单位成本低于现有设备下的基本费用，他就会装置新设备。这种说法似乎是错误的。那独占者不会因为有人发明了一种成本较低的技术他自己就不得不降低他的价格。他的标准是,一年产量上基本费用的节省(由于不用 B - 技术而改用 B 技术)应该在新投资上产生一种利润率,不低于他用任何其他方法所能获得的利润率。如果,由于某种原因,他只限于生产这种商品,那么,他会认为值得更换所用的技术设备,只要新技术下的平均成本低于旧设备下的基本费用;可是通常的情况是,一个独占者能够继续利用他的旧设备,而按照自己的意愿在其他方面进行新的投资。只有节省他的商品的成本是他可能办到的最有利的投资时,他才会在他的原有设备的物质寿命届满以前将它丢弃。为了这个原因,所谓独占不会妨碍新发明的普及那种看法,似乎没有根据。

图　　解

以下的图解说明前面的分析中能用平面图来表现的那些部分。在一个平面图里不可能既说明各种关系(例如资本对劳动的比率)又说明经历时间的动态(例如资本的积累)。各种关系可以根据各种静止状态的比较来说明。为了这个目的,我们假设我们在比较一些局面,其中资本财货拥有量逐项都保持不动,川流不息的产量都被消费掉。每年利润方面的差别是由于食利者消费支出的不同。产量由各种按固定比例生产的商品构成,并且用一种由具有代表性的生产样品组成的复合商品作为计量单位。

技术的边界

说明劳动对资本的关系的基本图形,是根据魏克赛尔所用的那种图形改做的。[①] 纵轴代表每年产量,以复合商品为计量单位。横轴代表资本财货拥有量,以生产这些东西所需要的劳动时间为计量单位,按一种特定的假定利率计算。经常就业的劳动额假定不变,所以纵轴代表每工年的产量,横轴代表实际资本比率。在一个特定的静止状态下,一种特定的利润率已经长期占优势,并且预期将来仍然占优势,我们可以用每人产量和实际资本比率来表示已有的技术的等级,这时候加入资本财货成本的假定利率等于利润率。OA 是所有的工人在 A 技术下就业时的每工年产量;OB 是在 B 技术下的产量,OC 是在 C 技术下的产量,OD 是在 D 技术下的产量。Db 是一套 B 技术设备雇用一个工人时以劳动时间计算的成本,所用的假定利率等于当时的利

---

① 《价值、资本和地租》,第 122 页。

润率。Oc 和 Ob 之间是资本财货拥有量,共中 B 型设备对 C 型设备的比例越来越高,所以 CB 表示由于不用 C 技术而改用 B 技术的每人产量差额,cb 表示这种差额所包含的实际资本比率。曲线 $\delta\gamma\beta\alpha$ 是一种生产力曲线,表示当资本按特定的假定利率计算时产量和实际资本比率的关系。

在图 1 所说明的局面中,实际工资率是这样,以致 C 和 B 两种技术产生同样的利润率。OW 所表示的工资率是我们曾经称为 CB 工资率的那种东西。WC 表示只使用 C 一种技术时的每人每年利润,WB 表示只使用 B 一种技术时的每人每年利润。在 C 技术下,以产品计算的每人占用资本价值是 $OW \cdot Oc$,利润率是 $WC/OW \cdot Cc$。在 B 技术下,每人占用资本价值是 $OW \cdot Ob$,利润率是 $OB/OW \cdot Ob$。既然 OW 是使这两种利润率相等的工资率,$W\gamma$ 和 $W\beta$ 的斜度就相同,$W\gamma\beta$ 是在一条直线上。

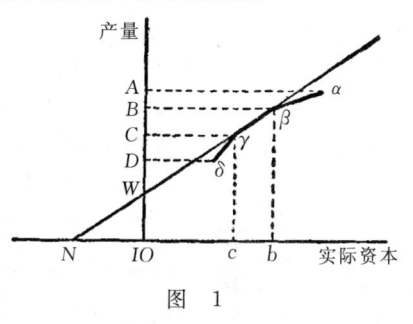

图 1

当实际资本比率从 Oc 增加到 Ob 时,利润比例地增加(从 WC 到 WB),利润率不变。较高的实际资本比率会需要改变到 A 技术,在 OW 工资率下,利润的增加会低于和资本价值成比例的程度。较低的需要 D 技术的实际资本比率,会使利润比资本价值还要减少得多。在 OW 工资率下,C 和 B 两种技术对个别企业家无关得失,A 和 D 两种技术都不合用。

斜度线 $W\gamma\beta(WC/Oc)$ 表示 BC 投资的边际产品。利润率是投资的边际产品除以实际工资率。βW 被引长,和横轴在 N 相交。可以证明,和 OW 工资相应的利润率是由 I/ON 表示。当产量是 OC 时,利润是 WC,资本价值是 $OW \cdot Oc$,利润率是 $WC/OW \cdot Oc$。既然 OW/ON 等于 WC/Oc,$WO/OW \cdot Oc = I/ON$。

在我们最初的模式里我们假设了没有从利润中支付的消费,利润水平是积累速度的结果。现在我们在说明静止的状态,用食利者的消费来说明利润。要使经济在 Ob 所表示的实际资本比率下处于静止的平衡状态,就必须有一种按每一工人计算的食利者每年消费率,像 WB 所表示的那样。同样地,当实际资本比率是 Oc 时,按每一工人计算的食利者消费是 WC。

这个图说明和 OW 工资率适合的可能的静态平衡局面。我们现在可以进一步比较一些具有不同工资率的局面。技术的条件不变。不管工资率怎样,相应于各种技术的出产率是相同的,各种技术所需要的资本财货配备,从工程的观点来说,也是一样。可是,如果当时的工资率不同(并且久已不同),就有不同的利润率,而且因此有不同的假定利率。因此那生产力曲线必须按各种利润率重画,来表现由于一套特定的资本财货的以劳动时间计算的成本中不同的利息成分而产生的实际资本比率的不同。

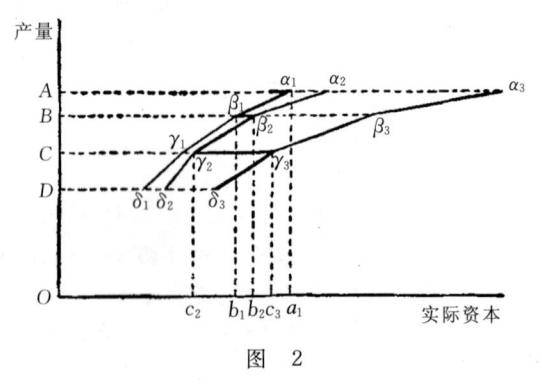

图 2

在图 2 里,有三条生产力曲线相应于三种利润率,比较低的利润率的曲线在比较高的利润率的曲线的左面。利润率跟 BC 工资率合拍时和利润率跟 BA 工资率合拍时在 B 技术下所需要的实际资本比率的差别,是 $Ob_2 - Ob_1$ 或者 $\beta_1\beta_2$。同样地,在 CB 工资率下 C 技术的实际资本比率是 Oc_2,在 DC 工资率下实际资本比率是 Oc_3,差别是 $\gamma_2\gamma_3$。浓线表示,在从 DC 工资率到一种略高于 BA 的工资率的幅度以内,在特定的技术条件下可能达到的各种静态平衡的局面。这可以叫作一种实际资本比率曲线。[①]

---

① 传统的"生产函数"把产量作为劳动和"资本"的一个函数,而不详细说明计量"资本"的单位。它的意图是显示劳动、资本和产量之间纯粹技术的关系。技术的关系可以由我们的生产力曲线中任何一种来表示。可是"生产函数"也企图显示工资和利润的关系,这种关系在特定的技术知识状态下会造成平衡。这不能从生产力曲线中推论出来,因为每条曲线是根据一种特殊的利润率做出的。在特定的技术条件下,我们必

在特定的技术条件下,像一系列的生产力曲线中所表示的那种条件下(每一种曲线相应于一种不同的假定利率),实际资本比率可以像下面讲的这样来构成。采用任何 ON 的价值(像图1里那样),选择适合于利率 I/ON 的那条生产力曲线。从 N 到那曲线,做一条切线。任何既在切线上又在曲线上的点,表示一种可能的平衡局面,这种局面在工资率使利润率等于 I/ON 时能够实现。不断地使 ON 的价值变化,从零变化到无限大,那实际资本比率曲线可以从工资是零的局面起顺着推移下去,直到利润是零的局面。当不同技术之间有显著的间断时,像我们的图解里那样,切线往往就在和相应的生产力曲线接触的点上构成角度。这时候潜在的平衡局面的所在点就在实际资本比率曲线上的一道横线里,例如 $\gamma_3\gamma_2$ 或者 $\beta_2\beta_1$。在(表示不同的每人产量的)不同纵标上的任何一对平衡点之间,有一根切线,它和它的一条相应的生产力曲线相吻合,指示一种工资率,在这种工资率下两种技术产生同样的利润率。这样,在 $\gamma_3\gamma_2$ 横线上的一套平衡点和 $\beta_2\beta_1$ 横线上的一套平衡点之间,有一段引申线 $\gamma_2\beta_2$,表示所有和 CB 工资率相适合的平衡点;在 $\beta_2\beta_1$ 横线上的一套平衡点和在 a_1 左面的一套平衡点之间,有一段引申线 β_1a_1,表示所有和 BA 工资率相适合的平衡点。

以食利者的消费代替净投资所雇用的工人的工资,我们可以用这个图解来说明第十二章里陈述的对各种黄金时代经济的比较。

A 技术在 a_1 点的左面。AB 和 BA 两种技术在 β_1a_1 线上,分别靠近上端和下端。"B 上"技术在 β_1 的右面一些,"B 下"技术在 β_2 的左面一些,C 技术在 γ_2 和 γ_3 之间。

图3说明实际资本比率和以价值计算的资本对劳动的比率之间的关系。在图的上半部中,横轴表示实际资本,在下半部中,横轴表示以商品计算的资本价值。$OW_{\beta\alpha}$ 是 BA 工资率,$OW_{\gamma\beta}$ 是 CB 工资率。I/OM 和 I/ON 是相

须知道实际工资率(或者利润率)作为一项单独的资料(在静止状态下决定于食利者的节俭程度)以便决定那些可能的平衡局面在一些什么实际资本比率的幅度以内存在。当技术的等级之间距离很小时,能和一种特定的工资率相适应的不同局面的幅度就很窄。因此,我们可以说技术条件和工资率决定平衡局面的所在。或者如果我们知道平衡的所在,工资率就可以决定。"生产函数"所根据的基本错误观念,是认为劳动的边际产品决定工资率。

464 图 解

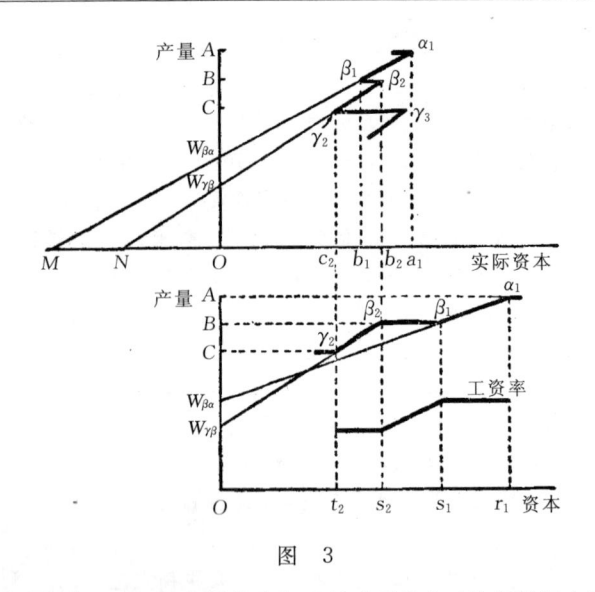

图 3

应的两种利润率。Oc_2 是全部劳动在 C 技术下就业时的实际资本比率，Ot_2 是相应的以商品计算的资本价值。同样地，Ob_2 和 Os_2 相应于 B 技术。我们用 O 和 $W_{\gamma\beta}$ 之间的距离（$OW_{\gamma\beta}$）作为下部横轴上以价值计算的资本的单位，并且用一种尺度使得 Ob_2 的距离等于 Os_2，以及因此 Oc_2 等于 Ot_2。于是那两条直线 γ_2 和 β_2 便成为同一条线。

γ_2 和 β_2 之间资本价值的差别（t_2s_2 所表示的）是由于 c 技术和 B 技术所需要的资本财货设备的区别。在 β_2 和 β_1 上资本价值的差别（s_2s_1）是由于较高的工资加上和它相应的较低的假定利率。

一个平面的图形不能说明在时间上发生的各种关系的变化，可是如果我们用投影线把它变作一种立体的图形，使表示时间的一面对版面构成直角，我们就能形象地看得出一种变动，从图中垂直地在某一点后面的位置移动到垂直地在另一点前面的位置；对版面构成直角的那一面中两点之间的距离代表从一点过渡到另一点所用的时间。

我们图里的产量轴是以商品单位计量的，不能表示不断变动的投资对消费的比率。我们可以设想投资（不妨说）是在图外进行，而我们的图说明那一部分劳动队伍的以商品计算的每人产量，他们从事于生产川流不息产量的商品，同时使相应的设备拥有量保持不减。在这个基础上我们可以用上面的图来说明第十四章的论点。从 Ot_2 到 Os_2 的变动，表示 CB 积累时期，其时工资率不变；从 Os_2 到 Os_1 的变动，表示 B 时期，其时工资率从 $W_{\gamma\beta}$ 增长到 W_{β}，利润率从 $1/ON$ 降低到 $1/OM$。

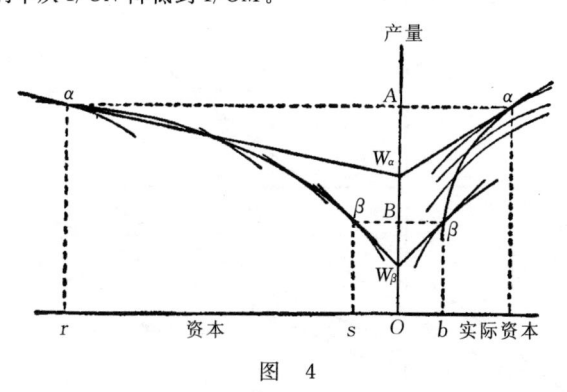

图 4

当技术的等级很密，以致机械化程度能以很小的步子变动时，和利润率变动相应的曲线的角尖就被弄得看不出。因此生产力曲线和实际资本比率曲线都可以画成平的连续的曲线，像在图 4 里那样。产量 OB、OA 等，以及潜在的平衡位置 β、α 等，就不表示邻近的不同技术。图中注明的每一对平衡位置之间，有一系列可能的平衡局面，和这幅度以内的各种利润率相应。我们在图的右手一部分表示实际资本，在左手一部分表示资本价值。

和右手的一系列生产曲线中每条曲线相应的，是左手的我们可以叫它假生产力曲线的一种东西，表示每人占用资本的价值会是怎样，假如工资率和那对应的生产力曲线所根据的利率是适合的。各条假生产力曲线只有在和它所根据的工资率相应的平衡点的附近才有意义。

实际资本比率曲线在上升时从下面和一系列的生产力曲线相交。资本价值比率曲线从上面和假生产力曲线相交。

各条曲线上的 β 点相当于产量 OB。通过 β 做一条对生产曲线的切线。它在产量轴上的交点，OW_{β}，是使相应的技术能被采用的工资率。和以前一样，我们用 OW_{β} 作为资本价值轴的单位，所以通过资本价值比率曲线上 β 点的那条对假生产力曲线的切线，被画作和通过实际资本比率曲线上 β 点的那条对生产力曲线的切线相等的。切线的弹性，$W_\beta B/OB$，是利润对产量的比率，或者资本在产品中取得的相对份额。

同样地，在 α 点做切线。那一对切线的弹性是相同的，α 的左手位置的左方的较大距离补偿了切线的较小斜度。左面的切线的斜度（$W_a A/A_\alpha$）是资本的利润率。

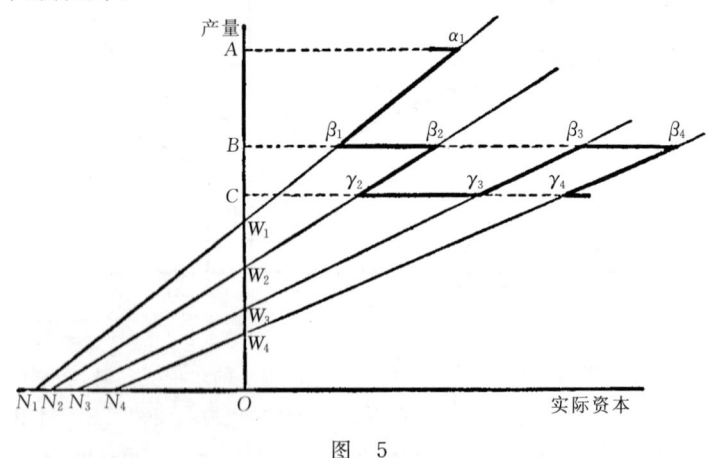

图 5

图 5 说明一种实际资本比率曲线，包含着"不正常的"关系，较低的利润率和机械化程度较低的技术相对应。当实际工资率从 OW_4 增长到 OW_1 而利润率从 $1/ON_4$ 降低到 $1/ON_1$ 时，产业系统从 B 和 C 两种技术同样有利并且积累把机械化程度从 C 技术提高到 B 技术的那种局面，经过一个 B 技术单独使用的阶段，然后进入一个 B 和 C 两种技术又是同样有利的阶段，可是机械化程度在降低，从 B 降到 C。对高于 OW_3 的工资率来说（同时利润率低于 $1/ON_3$），关系是"正常的"，在 OW_2 工资率下机械化程度又开始提高。实际资本比率曲线，在间断的情况消除以后，就会像图 6 里表现的那样。

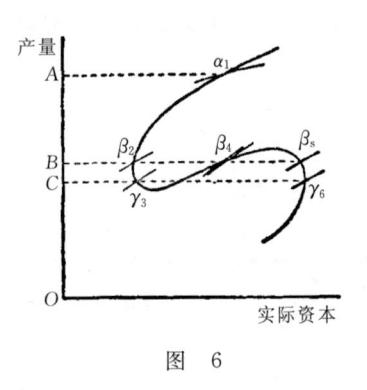

图 6

技术进步

再用前面那种方法,画投影线把平面图变成立体图,使表示时间的一面和版面构成直角,我们就能说明一种黄金时代经济在没有偏向的技术进步下的发展。在图7里,经过 β 的那条生产力曲线属于一个特殊时期的技术知识状态。利润率是 I/ON,实际资本比率是 OF。那三条较高的生产力曲线表示后来达到的一种高级的技术知识状态。经过 β_+ 的那条曲线是根据一种和利润率 I/ON 相等的假定利率做出的,经过 γ_+ 的那条曲线代表一种较高的利润,经过 α_+ 的那条曲线代表一种较低的利润率。β 和 β_+ 两条生产力曲线的关系说明技术进步曾经是没有偏向的。β_+ 技术是(在后来的情况下)根据 β 利润率 (I/ON) 而采用的,这种技术需要同样的实际资本比率(OF)。这可以说是,对 β 和 β_+ 生产力曲线的切线在相同的实际资本比率下具有相等的弹性($W_\beta B/OB$ 等于 $W_{\beta_+} B_+/OB_+$)。实际工资的增长(从 OW_β 涨到 OW_{β_+})和在实际资本比率 OF 下每人产量的增加(从 OB 加到 OB_+)的比例相同。

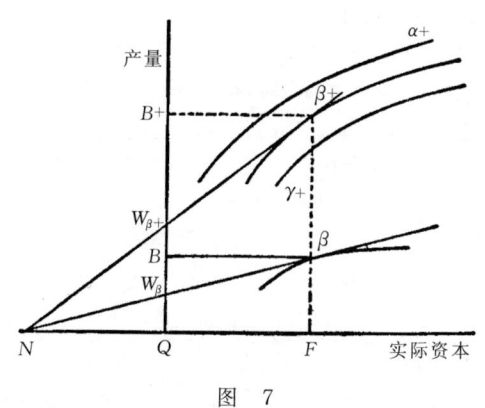

图 7

图8表示一种具有耗用资本的偏向的技术进步。这表现于和一种不变的利润率(I/ON)相对应的实际资本比率已经从 OF 提高到 OG。β_+点切线的弹性(β_+点表示按老的利润率在新的情况下会被采用的技术)大于 β 点切

线($W\beta_+ B_+/OB$ 大于 $W_\beta B/OB$)。在新的技术和老的实际资本比率(OF)下,经济会处于 γ_+,利润率会涨到 $1/OQ$。

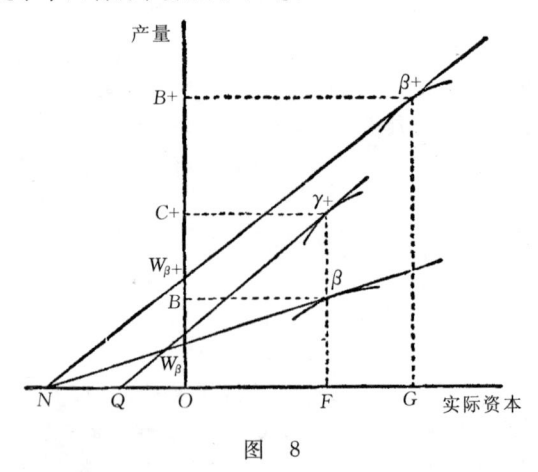

图 8

要维持一种准黄金时代(在不变的利润率下),必须使积累足以把实际资本比率从 OF 增加到 OG。这时,实际工资已经从 OW_β 增高到 $OW_{\beta+}$,而每人产量已从 OB 增加到 OB_+。工资率($W_\beta W_{\beta+}/OW_\beta$)方面比例的增长少于产量($BB_+/OB$)方面比例的增长。

技术进步具有耗用资本的偏向时,和一种不变的利润率相应的实际资本比率就减低,同时在一种不变的实际资本比率下的利润率就增高。在图中,β_+ 就会在 β 的左面,G 就会在 F 的左面。W_β 和 $W_{\beta+}$ 之间的实际工资方面比例的增长,就会大于每人产量方面的增长。和实际资本比率 OF 相应的局面就会在 α_+,相应的利润率($1/OM$)就会较低(M 会在 N 的左面)。

土地和劳动

当技术和一种特定的利润率相适应的时候,土地的边际产物对劳动的边际产物的关系可以像图9里那样把它表示出来。纵轴表示雇用的工年人数,横轴表示土地亩数。经过 β 的那条曲线表示土地和劳动的配合情况,这些土地和劳动,在静态平衡的条件下,可以用那些当 B 技术的利润率占优势时会被使用的技术(以及相当的资本物)求生产一种特定产量的商品。

这条曲线在任何一点上的斜度表示当土地减少一个单位时维持产量不变(在和那个点相应的土地—劳动比率下)所需要的劳动数量上的增加。由于减少一亩土地而损失的产量是土地的边际产品。为了补足一个单位的产量损失而需要的人数上的增加,是劳动的边际产品的反数。因此曲线的斜度是土地的边际产品对劳动的边际产品的比率。一条和劳动轴在 R 相交同时和土地轴在 W 相交的切线,说明土地的边际产品对劳动的边际产品的比率是 OR/OW。

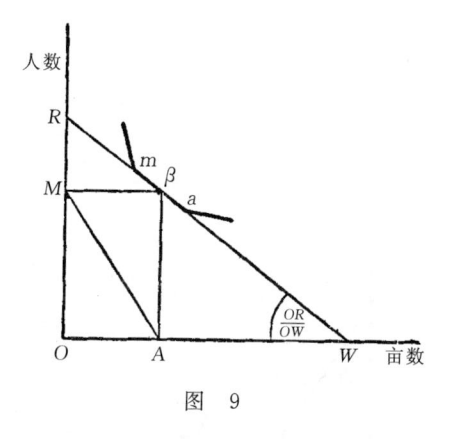

有时候 BR 技术(它使用的土地-劳动比率高于整个经济当时所有的比率)和 BW 技术(它使用一种较低的比率)所需要的要素比率之间有显著的距离,在这种场合就有一种土地-劳动比率的幅度,像曲线的片段所表示的那样,例如 ma,在这范围以内两种边际产品的比率不变,只须在 BR 和 BW 两种技术之间转换改变,就会保持产量(尽管要素比率有变动)。在这种幅度以内,切线和曲线相一致;在 m 的左边,土地对劳动的比率降到低于所有的劳动能在 BW 技术下就业的程度,并且如果土地对劳动的比率再降低,土地的边际产品对劳动的边际产品的比率就会较高,切线的斜度就大。地租对工资的比率就会增长,一对新的 BR 和 BW 技术就可以采用。相反地,在 a 的右边,曲线的斜度较小。因此,曲线的一般形态是向原点凸出的。

在图里,整个经济中土地对劳动的比率表现为 OA/OM;经济在 β 点处于平衡状态,这时候(在 B 技术的利润率占优势的情况下)每亩地租对每人工资的比率是 OR/OW。

在图 10 里,表现出三种局面具有同样的土地对劳动的比率($OA_1/OM_1 = $

470 图解

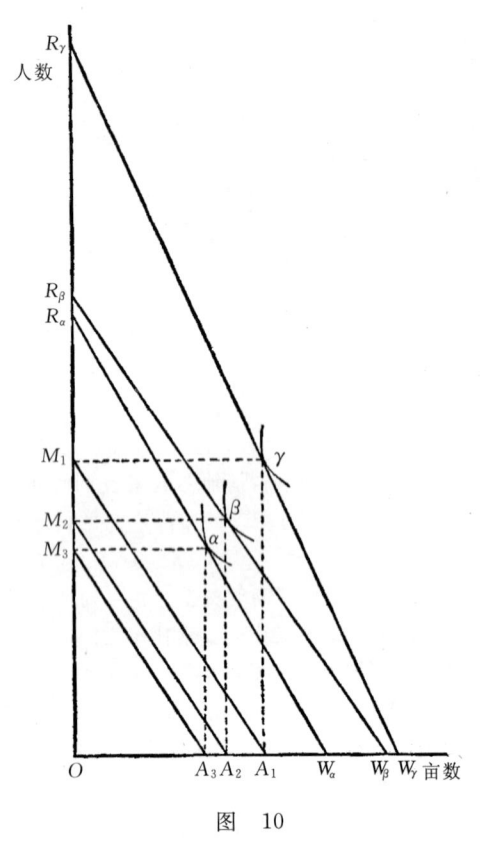

$OA_2/OM_2 = OA_3/OM_3$），代表着在 C 技术、B 技术和 C 技术的利润率下的平衡。每种局面下生产着同样的产量，较高机械化程度的优越性表现在所需要的生产要素的数量的减少上。在所说明的情况中，OR_β/OW_β 小于 OR_γ/OW_γ，表示 B 技术和 C 技术比较起来，具有耗用土地的偏向。OR_α/OW_α 大于 OR_β/OW_β，表示 A 技术和 B 技术比较起来，具有节省劳动的偏向。如果积累把机械化程度从 C 提高到 B 到 A，工资和地租合在一起计算就增长（同时利润率减低）。从 C 到 B，地租增长得比工资少（甚至可能减低）；从 B 到 A，工资增长得比地租少（甚至可能减低）。

图 10

投资资本的价值

在一些彻底简单化的假设下，可能构成一种几何图，说明资本财货设备的成本。① 这些假设是：(1)整个系统内利润率是一律的，已经长期是这样，

---

① 这一节说明钱珀瑞恩和康恩的笔记，并且是在他们的协助下编写的。

图 解

并且人们有信心地预期会继续是这样;(2)资本财货设备能在一段一定的时期内充分利用,然后变为无用,没有丝毫残余价值;①(3)资本财货的建造时期和使用时期没有交叉重叠;(4)在建造期中特定的一批劳动力量连续地被雇用一定的时间。除了工资和利息,没有其他的费用。

生产一套资本财货设备的工资费用是在建造时期内用掉的。这工资费用可以像在图 11 里那样加以表示。工资每隔一段时间 t 支付一次,全部建造时期 T 是由 $7t$ 构成的。全部工资支出 wT 是 $7w$。第一期的工作由工人垫支给企业家,而在 t_1 期末领得工资。在第一次工资支付中投入的资金要延搁 $6t$ 之久才偿还,第二次工资支付中投入的资金要延搁 $5t$,其余类推。这样,堆叠的一块块东西代表用掉的资金,由延搁的时间予以加权。所有引起利息费用的投资,包括由工人以实物垫支的资金的利息在内(虽然他们并不取得这种利息),是这三角形的面积,就是 $\frac{1}{2}wT^2$。

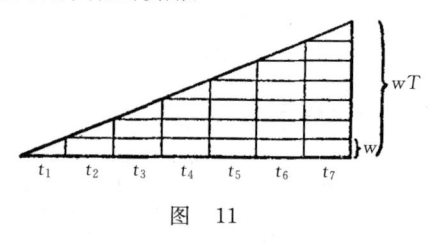

图 12

图 12 表示那包括资金上最初两次的复利在内的投资。假定的利率是平静的静态经济里流行的利润率,既然利润连续不断地取得,假定利率最好是由同时发生的利率 r 来表示。必须算利息的资金从建造时期开始时的零增长到期终的 wT。最后的时候,在全

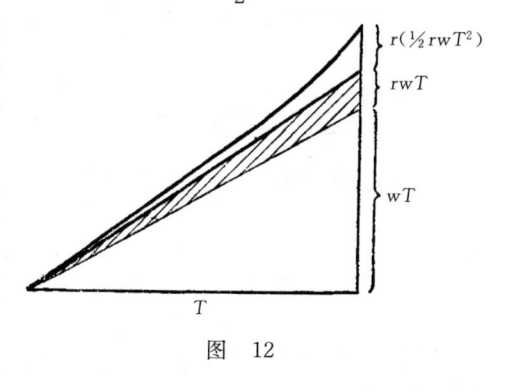

---

① 这曾经被人叫作"单马马车"假设。参阅席夫:《略论折旧和发展》,《经济学和统计学评论》1954 年 2 月。

部工资已经付出以后,资金上就按 rwT 计算单利。代表单利的画有阴暗线的那个小三角形的面积,因此是 $\frac{1}{2}rwT^2$。这上面的单利从零增长到利率 $\frac{1}{2}r^2wT^2$。由于工资支出上的单利而需要的资金所延搁的加权平均时间是 $\frac{1}{3}T$。代表第二次复利的那空白的细长条的面积因此等于 $\frac{1}{6}r^2wT^2$。

资本财货设备的成本,包括最初两次的利息在内,因此是 $\frac{1}{2}wT^2 + \frac{1}{2}rwT^2 + \frac{1}{6}r^2wT^2$ 或者 $\frac{1}{2}wT^2\left(1+r+\frac{1}{3}r^2T\right)$。

这是直到资本财货可以使用的时候为止投资的成本 K 的一种近似数。现在我们来考察资本财货的使用时期。这些资本财货将在一段我们可以称为 T 的时期内挣得准租金。当一般投资可以取得的利润率是 r 时,这些资本财货设备必须产生什么样的收益才能使这种投资值得一试呢?第一个条件是在 T 时期内准租金的收益要足以偿还成本 K。因此准租金必须至少等于 K/T,以便在 T 时期终了时有资金可以做再投资。那资金在投资时期内需要一笔总利息 $\frac{1}{2}rKT$,折旧基金在这时期内也产生 $\frac{1}{2}rKT$。在图 13 里,左边的三角形表示投资时期内投入的资金,右边的三角形表示有收益的时期。既然投资时期先于收益时期,在两者中间的一段时期内必须挣得利息,才能使这笔投资值得一试。在图 14 里,资本财货的寿命由距离 OR 代表。OQ 是 $\frac{1}{2}T$。在 Q 日期,按 K/T 速度积累起来的一笔折旧基金已经积聚了原始成本 K 的半数。假如准租金不多于 $K/T+\frac{1}{2}rK$,三角

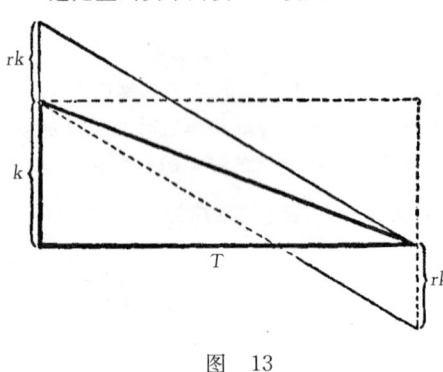

图 13

图　　解

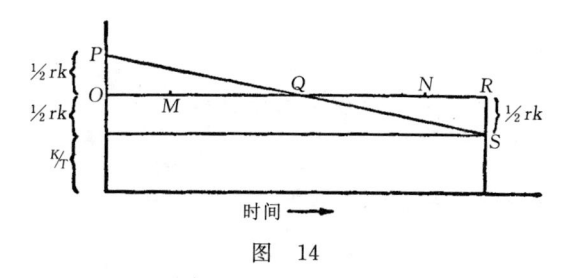

[图 14: 矩形与三角形示意图，标注 P, O, Q, M, N, R, S，纵轴标注 ½rk, ½rk, K/T, ½rk，横轴为时间]

图 14

形 OPQ（等于 $\frac{1}{8}rTK$）就代表利息支出超过收益的超过额，三角形 QRS（这等于 OPQ）就代表折旧基金方面的利息收益超过支出。OM 是 $\frac{1}{3}OQ$，代表三角形 OPQ 的重心。同样地，QN 是 $\frac{2}{3}QR$。支出先于收益的加权平均时间是 MN，这等于 $\frac{2}{3}T$。支出超过收益的超过额上的单利因此是：

$$r\left(\frac{2T}{3} \times \frac{rTK}{8}\right)$$

这是等于 $r^2T^2K/12$。这代表在投资方面必需的利息上再提供利息所需要的额外准租金的一个近似数。因此，要使得投资可以一试，准租金必须是(只包括第一次的复利在内)

$$\frac{K}{T} + \frac{1}{2}rK + \frac{r^2Tk}{12}$$

按这个比率产生准租金的资本财货具有资本价值

$$\frac{K}{2}\left(1 + \frac{rT}{6}\right)$$

投资资本的价值

钱珀瑙恩和康恩合写

1.这篇笔记将讨论利率对于在平衡状态下使用一种特定的生产技术所需要的资本的价值的影响。讨论的范围只限于一套年龄构成均匀的设备的价值和一套全新的设备的成本之间的关系。这套全新的设备的成本本身包含一种由于决定于设备生产的时间范型的利息的成分;至于怎样决定,是一个需要单独研究的问题,这里将不加讨论。

为了简化论证,我们将假设这样的一种平衡:(1)制成的设备的平均年龄分配是一律的,从 0 岁到 T 岁(这意味着没有发展的平衡状态);(2)在 T 年的寿命中,设备的每一项东西始终效率不变,寿命届满后变为毫无价值;(3)风险和变化无常的情况不存在。

既然没有利息,一件制成的设备的价值就会和它的未满的寿命成比例,因此年龄构成均匀的制成设备的价值就会是设备全新时的价值的一半。这篇笔记的其余部分将考虑这种论证必须怎样加以修改,以便可以把(1)利率和(2)半制成的设备包括在内。

2.我们将考察两种情况,分散的情况和整体的情况。当考虑整个经济的一个横断面时,后者是切合的。

利息是按每年 r 利率计算,而用附加尾字 r 和 0 来表示利率计算在内或者不计算在内。我们将始终根据以每单位制成设备为计量标准的数量进行计算。

在分散的情况下,屠主在设备的每一项东西的 T 年寿命终了时予以更换,用成本 K_r 购买新设备,因此,他用在补充一套年龄构成均匀的设备方面的支出是每年 K_r/T。

在整体的情况下,雇主用成本 K_0(不包括利息)制造他自己的设备。他用在补充一套年龄构成均匀的设备方面的支出是每年 K_0/T,这些支出的形式是要素-付款。

假设 C_r 是分散的情况下年龄构成均匀的设备的价值。那么,在整体的情况下,那一套年龄构成均匀的设备将另外包括一些正在生产过程中的未制成设备,因此,如果 C'_r 在这种情况下表示所有的一切设备的价值,C'_r 就会超过 C_r,因为它包括未制成设备在内。事实上,C_r 和 C'_r 的差额是在分散的情况下设备制造者所使用的资本。这是为了补充更换而供给的新设备的价值中所包括的利息支出的资本化的价值,就是,$\frac{K_r}{T} - \frac{K_0}{T}$ 的资本化的价值;因此,$C'_r - C_r$ 等于

$$\frac{K_r - K_0}{rT}$$

我们的目的是找出表现 $\frac{C_r}{K_r}$ 和 $\frac{C'_r}{K_r}$ 的方式,从而把我们的知识归纳为一种通则,就是,当利率是零时 $\frac{C_0}{K_0} = \frac{1}{2}$。

3. 所需要的表现方式可以用各色各样的方法取得,可是以下这种论证似乎最直接。

假设一个正要购置一套设备的雇主,可以或者买一套完全新的设备或者买一套年龄构成均匀的设备。在前一种情况下,他必须现在投下 K_r 这笔钱,并且在每次设备需要更换时投下一笔同样的数目,就是,每隔 T 年一次。在后一种情况下,他马上就要开始在补充设备上花钱,并且继续按一种不变的比率无限期地这样做。否则,两种情况将产生同样的结果——生产成本(且不管补充更换)将相同,销货收入也相同。因此那雇主对以下这三种办法应该是无可无不可的:

(i) 在 $0, T, 2T$ 时……一次又一次地付出 K_r,购买成套的新设备;

(ii) 一次付出 C_r(买一套平均年龄的制成设备),然后经常不断地每年在补充设备方面付出 $\frac{K_r}{T}$(分散的情况);

(iii) 一次付出 C'_r(买一套平均年龄的设备,连同在生产过程中的设备的补给线),然后经常不断地每年在补充设备方面付出 $\frac{K_0}{T}$(整体的情况)。

这三种方法的全部付出款项的现在价值是：

$$K_r\{1 + e^{-rT} + \cdots\cdots\} = \frac{K_r}{1 - e^{-rT}} \quad \cdots\cdots \quad \text{(i)}$$

$$C_r + \frac{K_r}{rT} \quad \cdots\cdots \quad \text{(ii)}$$

$$C'_r + \frac{K_r}{rT} \quad \cdots\cdots \quad \text{(iii)}$$

(r 是利率)这些一定都是相等的。所以

$$\frac{C_r}{K_r} = \frac{1}{1 - e^{-rT}} - \frac{1}{rT} \quad \text{由于用(i)与(ii)构成方程式} \quad (1)$$

$$\frac{C'_r}{Kr} = \frac{1}{1 - e^{-rT}} - \frac{K_0}{rTk_r} \quad \text{由于用(i)与(iii)构成方程式} \quad (2)$$

或者
$$C'_r = \frac{K_r}{1 - e^{-rT}} - \frac{K_r}{rT} \quad \cdots\cdots \quad (2a)$$

可以看出，像在第2段的最后部分所指出的那样，

$$C'_r - C_r = \frac{K_r - K_0}{rT}$$

这样地来看，投入一种平均年龄的设备的资本 C_r，是两种永久年金的差数，两种都是按每年 $\frac{K_r}{T}$ 的比率，可是在一种情况下支出是每隔 T 年一次，而在另一种情况下支出是连续在进行。论证差不多是这样：

假设 a 是购置一套新设备 K_r 的利益，和用同样数目 C_r 购置一套平均年龄的设备比较起来的利益。

那么，a 就包括这一事实，如果我们每年拨存 $\frac{K_r}{T}$ 作为折旧基金，在 T 年期满时我们有折旧基金上所生的利息可以运用；再则，我们然后又享有同样的 a 利益。既然一笔 $\frac{K_r}{rT}$ 资本会产生折旧基金所需要的资金，在 T 年后这基金积得的价值将是

$$\frac{K_r}{rT}(e^{rT} - 1)$$

所生的利息因此是：

$$\frac{K_r}{rT}(e^{rT} - 1) - K_r$$

投资资本的价值

这笔利息的现在价值是

$$\frac{K_r}{rT}(1-e^{rT}) - K_r e^{-rT}$$

所以

$$a = \frac{K_r}{rT}(1-e^{-rT}) + e^{-rT}(a - K_r)$$

$$\therefore \quad a = K_r\left\{\frac{1}{rT} - \frac{1}{e^{rT}-1}\right\}$$

$$\therefore \quad C_r = K_r - a = K_r\left\{\frac{1}{1-e^{-rT}} - \frac{1}{rT}\right\}$$

4.下面的另一种研究方法也许有些读者认为可取。在平衡的条件下,任何一件设备的需求价值总是等于它的成本价值,因此我们可以明确地讲它的在这些条件下的价值。

假设一件 t 年龄的设备的价值是 $K_r(t)$。这个价值,从需求方面来看,是由于它可望提供$(T-t)$年的服务。因此,$K_r(t)$是未满的寿命$(T-t)$年的一种年金的价值。

既然未满的寿命$(T-t)$的一种年金的价值是

$$A(T-t) = \{1 - e^{-r(T-t)}\}A(\infty)$$

这里 $A(\infty)$是相应的永久年金。所以

$$\frac{K_r(t)}{K_r} = \frac{1-e^{-r(T-t)}}{1-e^{-rT}}$$

既然 C_r 一套平均年龄的设备的价值,等于从 $t=0$ 到 $t=T$ 期内 $K_r(t)$ 的平均价值。所以

$$C_r = \frac{1-qe^{-rT}}{1-e^{-rT}}Kr$$

这里 q 是从 $t=0$ 到 $t=T$ 期内 e^{rT} 的平均价值。　　……　3)

q 可以用积分计值,或者如下:假设1镑按 r 复利在 T 年内生息;它的平均价值是 q,产生的利息是 $e^{rT}-1$。所以

$$rTq = e^{rT} - 1, 并且 \quad q = \frac{e^{rT}-1}{rT}$$

代入(3),

$$C_r = \left\{\frac{1}{1-e^{-rT}} - \frac{1}{rT}\right\}K_r$$

5.如果我们认为资本值是由于成本而来,求得公式就比较稍微难一些。

假设以 D 代表一件成本是 K_r 的设备的总收入。

那么，t 年以后成本减少到

$$K_r - (Dt + D') = K_r(t)$$

这里 D' 代表收入上产生的利息。$Dt + D'$ 可以看作一笔资本 $\dfrac{D}{r}$ 按利率 r 在 t 年后产生的利息。所以

$$Dt + D' = \frac{D}{r}(e^{rt} - 1)$$

$$\therefore \quad K_r(t) = K_r - \frac{D}{r}(e^{rt} - 1)$$

可是，如果利率是那种能达成平衡的利率，T 年龄的资本的成本一定是零；

$$\therefore \quad K_r - \frac{D(e^{rT} - 1)}{r} = 0$$

$$\therefore \quad D = \frac{rK_r}{e^{rT} - 1}$$

$$\therefore \quad K_r(t) = \left\{1 - \frac{e^{rt} - 1}{e^{rT} - 1}\right\} K_r = \left\{\frac{1 - e^{r(t-T)}}{1 - e^{-rT}}\right\} K_r$$

所以，像在第四段里那样，我们又得到

$$C_r = \left\{\frac{1}{1 - e^{rT}} - \frac{1}{rT}\right\} K_r$$

6. 相当有趣的是，可以得到一些和这种算法很接近的省略算法，如

$$\frac{C_r}{K_r} = 1 - \frac{1}{rT}, \text{如果 } rT > 4; \quad \cdots\cdots \quad (4)$$

$$\frac{C_r}{K_r} = \frac{1}{2} + \frac{rT}{12} - \frac{r^3 T^3}{720}, \text{如果 } rT < 4; \quad \cdots\cdots \quad (5)$$

$$\frac{C_r}{K_r} = \frac{1}{2} + \frac{rT}{12}, \text{如果 } rT < 2 \text{（比(5)较为粗略）} \quad (6)$$

这些公式是可能求得的对(1)最接近的省略算法，可以表现为两项或三项的和，其中分别包含着 $\dfrac{1}{rT}$ 和 rT 的乘幂。

只有当 rT 的值在 4 左右时，结果(4)（适用于利率或者设备的寿命相当大，足以补偿另一方的小那种情况）或者结果(5)（适用于利率低或者设备寿命短的情况）才不能得出很接近的近似值。

7. 从下面这种直觉的方法来看省略算法(4)，是很有趣味的。如果设备

的寿命是无限的,投入资本的价值显然等于设备新时的成本。C_r/K_r比率就是一,这是最高价值的限度。这种有限度的情况中比率的这个价值"一"可以看作是由两个相等的部分组成的——一个$\frac{1}{2}$,它会上升虽然没有加入利息,另一个$\frac{1}{2}$,通过利息的作用而来。如果设备的寿命虽然不是无限,可是很长(而利率不是相应地低),比率就会被拉到低于极限的价值"一",像省略算法(4)所显示的那样。

省略算法(5)和(6)显示比率C_r/K_r怎样提高到高于最低限度的价值$\frac{1}{2}$,这时候利率虽然不是零,可是很低(而设备的寿命不是相应地高)。

8. 省略算法(5)和(6)中加入分数$\frac{1}{3}$(化装为$\frac{1}{12}$),令人想起魏克赛尔曾提到的一个三角形的重心和它的底边的距离。他是在《阿克曼博士的问题的一种数理分析》①中提到这一点的,有些地方和我们这篇笔记的题材有关系,因此对省略算法(6)直接说明一下,也许是很有趣的。

我们可以假设一套新设备的资本成本K_r是由C_r和K_r-C_r两部分构成的。C_r在平衡状态下可以从设备挣得的收入(在减去了折旧基金的每年摊提K_r/T之后)中取得正常的利润。既然每年需要$\frac{K_r}{T}$以便在T年后更换设备,那么,在设备的使用寿命期内所存折旧基金上的利息就等于同时期内K_r-C_r上的利息。

我们首先计算前者。T年期满时得到的单利包含逐年的年金成分,

$$\frac{K_r}{T}rT, \frac{K_r}{T}r(T-1) \quad \cdots\cdots$$

因此加起来等于$\frac{1}{2}K_r rT$。这种单利在一个加权平均时期$\frac{1}{3}T$期内挣得一次方的复利,因此那一次方的复利结果是$\frac{1}{6}K_r r^2 T^2$。

现在我们必须把最初一笔数目K_r-C_r在T年期满时的利息计算到同

---

① 见该书第283页。

样近似的程度。单利的数目达到$(K_r - C_r)rT$。它在一个平均时期$\frac{1}{2}T$期内挣得一次方的复利,那一次方的复利因此是$\frac{1}{2}(K_r - C_r)r^2 T^2$。所以

$$K_r \left(\frac{1}{2} rT + \frac{1}{6} r^2 T^2 \right) = (K_r - C_r)\left(rT + \frac{1}{2} r^2 T^2 \right)$$

因此
$$\frac{C_r}{K_r} = \frac{1}{2} \frac{1 + \frac{2}{3} rT}{1 + \frac{1}{2} rT}$$

如果不管 rT 的二次方和更高次方,这结果是

$$\frac{C_r}{K_r} = \frac{1}{2} + \frac{rT}{12}.$$

图书在版编目(CIP)数据

资本积累论/(英)琼·罗宾逊著;于树生译.—北京:商务印书馆,2018
(汉译世界学术名著丛书)
ISBN 978-7-100-16482-5

Ⅰ.①资… Ⅱ.①琼… ②于… Ⅲ.①资本积累—经济理论 Ⅳ.①F014.391

中国版本图书馆 CIP 数据核字(2018)第 188831 号

权利保留,侵权必究。

汉译世界学术名著丛书
资本积累论
〔英〕琼·罗宾逊 著
于树生 译

商 务 印 书 馆 出 版
(北京王府井大街36号 邮政编码100710)
商 务 印 书 馆 发 行
北京市艺辉印刷有限公司印刷
ISBN 978-7-100-16482-5

2018年12月第1版　　开本 850×1168　1/32
2018年12月北京第1次印刷　印张 15¼
定价:52.00元